Als ich meine Augen wieder öffnete, lag ich auf dem Boden, beide Hände an ein Metallrohr gefesselt. Mein Schädel fühlte sich an, als hätte mir jemand einen Korkenzieher mitten durchs Gehirn gedreht. Der Schmerz klackerte wie eine stählerne Billardkugel von Schläfe zu Schläfe, mir wurde schlecht. Bloß nicht wieder ohnmächtig werden, befahl ich mir, doch meine Lider wogen zu schwer; mein Blinzeln zerhackte die Umrisse des Kellers, ich sah gespenstische Schatten, mit silbernen Lichtfäden durchzogen.

Ich wusste, was mir blühte, der große Knall stand unmittelbar bevor. Ich hätte kämpfen müssen, mich befreien. Aber ich war zu schwach. Alles verschwamm vor meinen Augen, und ich dachte noch: Du hast getötet – und jetzt wirst du getötet werden.

1

Der Straßenlotse

Der Auftrag war so läppisch, dass ich mit dem Gedanken spielte, ihn abzulehnen. Stellen Sie sich vor, ich sollte einem Mütterchen von 94 Jahren über die Straße helfen. Dafür winkten mir 8.000 Euro, der ortsübliche Tarif. Das Geld reizte mich kaum, meine Girokonten waren so voll, dass mein Bankberater nervöse Anfälle bekam. Zumindest rief er einmal pro Monat an, um mich davon zu überzeugen, das Geld in den Rachen irgendeines windigen Fonds zu schieben. Aber für solche riskanten Finanzspielchen bin ich zu clever.

Was mich an diesem Auftrag deutlich mehr interessierte, war die Frage: Warum nahm jemand so viel Geld in die Hand, um zu beschleunigen, was ohnehin bevorstand? Manchmal leuchten mir Aufträge ein. Warum ein Zuhälter dem anderen kein langes Leben wünscht – geschenkt. Aber warum ich bei einer 94-Jährigen, die schon fast auf der anderen Straßenseite war, mit einem Schubser nachhelfen sollte – rätselhaft.

Vielleicht sagen Sie: Der Sensenmann wartet auf uns alle. Das ist bei einer 94-Jährigen grob untertrieben. Auf ein solches Mütterchen »wartet« der Tod nicht – er tritt ungeduldig von einem Bein aufs andere, greift nach ihr, um sie auf seine Straßenseite zu zerren. Er erledigt seinen Job immer, nur muss man ihm ein paar Tage geben. Aber Zeit schien mein Auftraggeber nicht zu haben

Warum mir der Auftrag läppisch erschien? Ich bitte Sie, es war ein groteskes Wettrennen: Wer würde das Mütterchen schneller erreichen, er oder ich? Stellen Sie sich vor, ich schleiche in ihre Altbauwohnung an der Alster, finde sie unter ihrer Bettdecke, taste nach ihrem Mund und bemerke: Sie ist kalt wie eine Tiefkühlpizza, der natürliche Tod war schneller. Sicher, mein Auftraggeber wäre von meiner scheinbaren Diskretion begeistert. Aber welcher Fußballer wird gern als Torschütze gefeiert, obwohl ein anderer den Ball versenkt hat? Solche Almosen gehen gegen meine Berufsehre.

Der zweite Haken lag darin, dass ich kaum gefordert war. Ich hätte mir eine sportliche Herausforderung gewünscht, die mir jenen Kick gab, den ich in meinem bürgerlichen Beruf nicht mehr fand. Dass ich eine 94-Jährige ins Visier nahm, war genauso langweilig wie ein Schuss aufs leere Tor.

Weil Sie es sind, will ich es verraten: Mein Hauptberuf ist es, Menschen auf der hiesigen Straßenseite zu halten. Ich verlängere Leben, statt sie abzukürzen. Meine exotische Freizeitbeschäftigung stellt dazu nur einen gesunden Ausgleich dar. Oder haben Sie noch nie gehört, dass dieser Planet überbevölkert ist? Leute wie ich tragen beruflich dazu bei. Wenn Sie so wollen, bessere ich in meiner Freizeit nur meine Ökobilanz auf. Mal wieder einer weniger, der seine Supermarkttomaten in ein Plastiksäcklein packt, unter Trinkwasser duscht und mit jeder Autofahrt die Luft verpestet.

Je länger ich über den Mütterchen-Auftrag nachdachte, desto mehr ging mir ein reizvoller Aspekt auf. Normalerweise stieß ich die Menschen überraschend auf die andere Straßenseite, aber diesmal würde ich erwartet werden. Glauben Sie nicht auch, dass eine 94-Jährige den Sensenmann längst um ihr Haus schleichen hört? Dass sie schon weiß, dass alle Pillen, die sie schluckt, alle Ärzte, die sie besucht, alle Gebete, die sie ausstößt, nur um *ihm* zu entgehen – dass diese ganze Überlebensakrobatik den Sensenmann nicht aufhalten kann.

Und nun würde er tatsächlich kommen, aber völlig unerwartet in meiner Gestalt. Das war ein herrlicher Gag. Halten Sie mich jetzt nicht für eitel, aber ich habe mit einem Straftäter so wenig Ähnlichkeit wie eine Friedenstaube mit einer Fledermaus. Vielleicht sind Sie mir gestern noch begegnet, als Sie besorgt um Ihre Gesundheit waren. Vielleicht haben Sie gedacht: was für ein hilfsbereiter, netter, empathischer Mann. Oder, falls Sie eine Frau sind: was für ein smarter Typ!

Dass ich anderen über die Straße helfe, ohne ihre, sagen wir, ausdrückliche Zustimmung – nie wären Sie darauf gekommen. Und lassen Sie bitte Klischees beiseite, sehen Sie mich nicht als »Berufskiller«. Erstens übe ich, wie erwähnt, einen anderen Hauptberuf aus. Und zweitens dürfen Sie jedes Mal, wenn laut Medien ein Berufskiller zugeschlagen hat, ganz sicher sein: Das war ein Stümper.

Denn wer diesen Job wirklich beherrscht, so wie ich, schlägt zu, ohne eine Visitenkarte am Tatort zu hinterlassen. Hier hat mich meine Expertise zu einem gefragten Mann gemacht. Egal wie jung oder gesund Sie sind, in kürzester Zeit könnte ich Sie unauffällig auf die andere Straßenseite bringen.

Theoretisch könnten Sie bei Ihrer nächsten Autofahrt einschlafen und gegen einen Baum fahren – so was passiert jeden Tag. Theoretisch könnten Sie einen Herzinfarkt erleiden – so was passiert jeden Tag. Oder Sie Ärmster könnten von einer Depression gepackt und zu einem Spaziergang auf den Bahngleisen verleitet werden – so was passiert jeden Tag. Es braucht nur ein wenig Fachwissen, um geschehen zu lassen, was oft von allein geschieht.

Aber Sie können beruhigt sein, ich bin ein zivilisierter Mensch: Ich schiebe kein Schnellfeuergewehr durch das Fenster eines gestohlenen Autos, um Ihren Brustkorb zu durchlöchern. Ich schlitze Ihren Hals nicht mit einem Teppichmesser auf, trete mit meinen Stiefeln Ihr Gehirn nicht zu Brei und sehe auch davon ab, Fleischermesser abseits der Küche zu verwenden. Ich mache Tatortreiniger arbeitslos, denn ich hinterlasse keinen Tatort.

Alle, die durch Blutlachen waten, sind für mich Pöbel. Gescheiterte Bordellbesitzer, abgehalfterte Kampfsportler oder eichengroße Türsteher, deren Fäuste ebenso hart sind, wie ihr Gehirn weich ist – solche Typen tummeln sich in meinem Metier.

Bei mir aber dürfen Sie gehobene Manieren voraussetzen, wenn ich Sie verabschiede. Sei es durch einen Handschlag. Oder sei es für immer.

Also gut, ich werde dem Mütterchen über die Straße helfen – durch sanftes Ersticken. Ich besuche es bei Nacht, lege wie ein zärtlicher Enkel meine Hand auf ihren Mund und ihre Nase. Kein Schrei wird ihrem Hals entweichen, kein Kratzer ihre Haut beschädigen, keine Schürfung, kein Würgemal. Kein Gerichtsmediziner wird die Todesursache nachweisen können – erst recht kein Hausarzt, der den Totenschein einer 94-Jährigen im Halbschlaf der Routine ausfüllt.

Das Ersticken, sollten Sie wissen, läuft in fünf Phasen ab, die erste ist die Atemnot. Für jüngere Opfer kann das anspruchsvoll sein, denn wenn sie sich wehren, steigt im Blut der Kohlendioxidspiegel. Dann landen sie unsanft auf der anderen Seite der Straße: durch asphyktisches Ersticken. Und ihre Haut, ihre Lippen und ihre Fingernägel können sich blau wie ein Winterhimmel färben, wir nennen das Zyanose.

Das Mütterchen jedoch, das verspreche ich Ihnen, wird sanft über die Straße gleiten: schnell geschockt und ohne große Gegenwehr. Wenn nur der Sauerstoffgehalt im Blut sinkt, es also zu einem primär nicht asphyktischen Ersticken kommt, sind die letzten Sekunden sogar ein Highlight: Sie kann eine Art Höhenrausch erleben, ehe das Bewusstsein aus ihr weicht wie schmutziges Wasser aus einem gewrungenen Schwamm.

In der zweiten Phase, geprägt durch Sauerstoffmangel, gleicht das Gehirn einem stotternden Motor; es kommt zu Erstickungskrämpfen. Noch rast der Puls, noch schießt der Blutdruck nach oben.

Aber dann, in der dritten Phase, setzt die präterminale Atempause ein: Der Motor geht aus, der Blutdruck sackt ab, nur der Puls galoppiert noch. In der vierten Phase – bitte nicht erschrecken, falls Sie mal jemanden ersticken – kann der Motor noch einmal kurz anspringen: Die Atmung setzt wieder ein, laut und schlürfend, wir nennen das terminale Schnappatmung. Und in der fünften Phase schmiert der Motor endgültig ab: Der Atem bleibt stehen, der Kreislauf macht langsam schlapp, und das Gehirn ist hinüber. Gute Nacht!

Ich hoffe, meine Auskünfte beruhigen Sie. Ich werde das Mütterchen fachmännisch über die Straße begleiten. Sie hat wirklich Glück, dass sie an mich gerät. Ein anderer würde sie eine Treppe hinabstoßen. Und Gewalt – da sind wir uns sicher einig – muss nun wirklich nicht sein.

2

Zusammengekauert lag ich da, die Oberschenkel an den Bauch gezogen, während der Mann mich ansprach. Je lauter er wurde, desto mehr erstarrte ich. Mein Körper fühlte sich an wie ein viel zu enges Kleidungsstück, in das jemand meine inneren Organe gepresst hatte. Der Brustkorb quetschte mein Herz zusammen und ließ es hektisch zittern. Mein Mund war trocken wie Schmirgelpapier. Und die Luft, die ich atmete, schmeckte nach verbranntem Gummi und erreichte meine Lunge nicht. Als hätte mir jemand einen Korken in den Hals gehämmert.

Der Mann packte mich am Arm und begann zu rütteln. »Nein!«, rief ich, »loslassen, ich will da nicht runterfallen!« Meine Arme ruderten, ich schlug um mich. Die Augen hielt ich dabei geschlossen, das Licht sollte nicht wie ein blitzendes Messer in sie fahren.

Es war immer dasselbe Duell: er oder ich? Und jedes Mal hatte ich die schlechteren Karten, denn er war ein Mann von über hundert Kilo, mit harten Muskeln und ohne Hemmungen. Und unten, auf der Fahrbahn, kam der Tod angebraust und lauerte darauf, dass ich ihm vor die Räder stürzte. Ich wollte mich nicht ergeben, ich musste kämpfen. Aber der Schrei, der mir auf den Lippen lag, geriet nur zu einem Krächzen, ich spürte Speichelfäden über mein Kinn rinnen.

Endlich vernahm ich die Männerstimme deutlicher: »Hören Sie auf mit diesem Theater! Mich können Sie nicht täuschen. Ich weiß genau, worum es Ihnen geht.«

Ich blinzelte einen schnauzbärtigen Mann in Uniform an, dessen fülliges Gesicht wie ein Vollmond über mir aufging. Ich sah alles nur verschwommen, wie durch dichten Nebel, und hatte keine Ahnung, wer der Typ war und was er hier wollte. Ich richtete mich auf.

»Was wollen Sie von mir? Wer sind Sie überhaupt?« Ich strengte mich an, meine Schnappatmung zu unterdrücken.

»Sie wissen genau, was ich will. Machen Sie sich nicht lächerlich! Und dass Sie sich jetzt blöd stellen, bestätigt mich in meinem Verdacht.«

»Ich habe keine Ahnung, wovon Sie sprechen, wirklich nicht.«

»O doch, das wissen Sie! Sich schlafend stellen, wenn ich komme, ist der älteste Trick der Welt. Das erlebe ich jeden Tag. Und Sie haben noch die Mitleidsnummer obendrauf gepackt – husten, keuchen, zappeln. Aber nicht mit mir!«

Mein Herz sprang wie ein Knallfrosch in meiner Brust herum, und meine Gedanken fuhren Karussell. Ich fühlte mich hilflos und ausgeliefert, immer noch sah ich alles verschleiert. *Ruhig atmen, Susanne, ruhig atmen.*

»Sagen Sie mir endlich, was Sie von mir wollen.«

»Ihre Fahrkarte will ich sehen«, antwortete er gereizt. »Aber nach diesem Schauspiel bin ich sicher: Sie haben keine!«

Erst jetzt verstand ich, wo ich war. Mein Blick wurde klarer und suchte das Fenster. Draußen rauschte gerade ein herbstlich gesprenkelter Laubwald vorbei, wie von einem riesigen Fließband fortgerissen. Darüber spannte sich ein blauer Himmel mit weißen Schlieren. Und ich nahm das rhythmische Stampfen wahr, das gedämpfte Rauschen der Luft vorm Fenster, das Fahrtgeräusch.

Ich kramte ein frisches Papiertaschentuch aus der Verpackung und fuhr mir über den Mund, um den Speichel wegzuwischen.

»Ich will kein Taschentuch sehen, sondern Ihre Fahrkarte!«, fuhr mich der Schaffner an. »Oder Sie geben mir gleich Ihre Personalien.«

»Ich muss mich von Ihnen nicht so behandeln lassen. Ich bin Fahrgast in diesem Zug.«

»Bis jetzt sind Sie Schwarzfahrerin. Ich habe immer noch kein Ticket gesehen.«

Hektisch durchsuchte ich meine Tasche. Wo hatte ich bloß die Fahrkarte verstaut? Mein Gedächtnis glich in letzter Zeit einem Buch, aus dem dauernd jemand die wichtigsten Seiten herausriss.

Das Mondgesicht des Schaffners verzerrte sich zu einem hämischen Grinsen. »Hab ich's doch gewusst! Dann brauche ich Ihren Personalausweis. Und kommen Sie mir nicht mit weiteren Ausreden!«

In diesem Moment ertastete ich mein Handy, und es fiel mir wieder ein. Ich rief die digitale Fahrkarte auf und hielt ihm das Display mit zitternder Hand unter die Nase.

»Glück gehabt«, murmelte er, zog einen Scanner über den Code und sagte: »Hamburg Hauptbahnhof dann bitte aussteigen, der Zug fährt bis Altona durch.« Er klang kalt. »Noch eine gute Reise.« Ohne Entschuldigung verließ er das Abteil, in dem ich allein saß. Auf ein gebrochenes Bein hätte er vermutlich Rücksicht genommen, den Gips gesehen, dachte ich. Aber eine gebrochene Seele sieht man eben nicht. *Pech gehabt, Susanne!*

Ich setzte mich aufrecht hin, atmete tief aus, wie es mir mein Therapeut empfohlen hatte, und zählte bis drei, ehe ich wieder einatmete. »Durch diese Pause atmen Sie tiefer ein, das beruhigt Ihren Organismus«, hatte er gesagt. Diesen Vorgang wiederholte ich 25 Mal, bis sich mein Brustkorb geweitet hatte und das Taubheitsgefühl aus meinen eiskalten Fingern wich. Langsam schaltete mein Herz vom Vibrieren wieder auf regelmäßiges Schlagen um.

Ich rief Iris an, sie meldete sich überschwänglich: »Hey, Prinzessin, die haben dich mit Handkuss genommen, stimmt's?«

»Iris, ich sitze noch im Zug.«

»Dann werden Sie dich noch mit Handkuss nehmen, ist doch klar wie Kloßbrühe. Du bist die Idealbesetzung für diesen Posten, du kannst Boulevard.«

Sie schwieg einen Moment, als ich nichts sagte, dann fragte sie etwas leiser: »Geht's dir gut?«

»Abgesehen davon, dass ich schon wieder eine Attacke hatte und dabei fast einen Schaffner erschlagen hätte, ist alles in bester Ordnung. Um diesen Schaffner wäre es allerdings nicht schade gewesen. Der einzige Ort, wo man mich noch mit Handkuss nimmt, ist eine Irrenanstalt.«

»Prinzessin, jetzt mach mal halblang! Du bist durch die Hölle gegangen, da ist es doch klar, dass hier oder dort mal was anbrennt. Das ist deine Post-Last, da klebt ein hohes Porto drauf.«

Iris konnte es nicht lassen, alles Schwere im Leben mit dem Lachgas ihres sonnigen Gemüts zu besprühen. Eine posttraumatische Belastungsstörung zur frankierten »Post-Last« schönzureden brachte auch nur sie fertig.

»Ich weiß nicht, ob ich schon so weit bin. Ich habe immer noch diese Aussetzer – als würde ein Wolf mir Fetzen aus meinem Gedächtnis reißen. Stell dir vor, gerade wusste ich nicht mehr, dass ich in einem Zug bin. Der Schaffner hat mich so was von runtergeputzt. Ich werde das Gespräch abblasen.«

»Hey, Prinzessin, jetzt mach keinen Mist! Du gehst da hübsch hin, und zwar ohne Asche aufm Haupt! Du hast Reinstadt von einem Scheißkerl befreit. Sebastian ist so was von stolz auf dich.«

»Sebastian muss mich jeden Monat anbetteln, damit ich ihm meinen Anteil des Unterhalts nach London überweise. Und das klappt nur, weil ich es von den Raten fürs Haus abzwacke. Ich mache die Umschläge mit den Mahnungen schon nicht mehr auf.«

»Das ändert sich, wenn du den Job hast. Dann fließt die Kohle wieder in Strömen. Wahrscheinlich streichst du da ein Traumgehalt ein.«

»Vergiss nicht, ich müsste in Hamburg leben. Der Markt für Wohnungen ist leer gefegt, jeder Quadratmeter wird mit Gold aufgewogen. Da würde ich am Ende noch Geld drauflegen. Aber ich fühle mich einfach noch nicht fit genug.«

Sie ignorierte meinen zweiten Einwand, aber knöpfte sich den ersten vor: »Hast du nicht erzählt, dass du bei Martha einziehen kannst? Ich fresse einen Besen, wenn die einen Cent Miete von dir verlangt.«

Martha, die ältere Schwester meines Vaters, war meine Lieblingstante und wohnte allein in einer herrschaftlichen Altbauwohnung an der Alster. Durch meine Krankheit hatte ich sie im letzten Jahr viel zu selten gesehen. Nach dem

Tod meines Vaters waren wir eng zusammengerückt. Noch auf dem Totenbett hatte ihr mein Vater sein größtes und gruseligstes Geheimnis anvertraut.

Ich schüttelte meinen Kopf. »Martha wäre nur eine Übergangslösung, Iris – außerdem hab ich doch eh keine Chance auf den Job. Warum sollten die ein Wrack wie mich nehmen? Die haben doch Dutzende von jungen, fitten Bewerbern.«

»Du bist kein Wrack, hey, sondern ein prächtiges Segelschiff, Prinzessin. Klar, der Sturm hat dir in letzter Zeit ein paar Fetzen aus dem Segel gerissen, die Sache mit Markus war ja auch richtig heftig. Aber ich bin sicher: Du wirst den Laden rocken!«

Der Name »Markus« bohrte sich wie eine heiße, spitze Nadel in meinen Körper. Ich spürte, wie mein Herz beschleunigte und mein Brustkorb wieder enger wurde. *Tief atmen, Susanne, tief atmen.*

Iris deutete mein Schweigen falsch: »Genieß das Bild: Du segelst auf einen neuen Hafen zu.«

»Auf den falschen Hafen, und das weißt du! Oder warum wollte ich den Journalismus aufgeben und Medizin studieren – weil ich so hochmotiviert bin, neue Schlagzeilen zu fabrizieren?«

»Ruhig Blut, Prinzessin. Es dauert halt noch ein paar Wartesemester, bis du den Doktorkittel überstreifst, na und? Bis dahin bringst du deine PS als Journalistin wieder auf die Straße – heimlich freust du dich doch darauf!«

»Ich freue mich darauf, meine Rechnungen wieder bezahlen zu können.«

»Sag ich doch: Du freust dich. Die Details spielen keine Rolle.«

»Details? Ich meine ein finanzielles Desaster. Und das geht ganz allein auf meine Kappe.«

Ich hörte sie unwirsch schnaufen. »So ein Quatsch! Dass Sebastian als Austauschschüler ein Vermögen kostet, darauf wäre nicht mal ich gekommen.« Sie lachte, weil sie wusste, dass sie mit Geld nicht umgehen konnte.

»Habe ich gewusst, dass ich die Raten für unser Haus bezahlen muss? Ja! War mir klar, dass sich am Ausgang jedes Supermarktes eine Kasse befindet? Ja. Es war total naiv von mir, mit über vierzig noch studieren zu wollen. Jetzt zahle ich den Preis dafür.«

»Welchen Preis? Du kommst zurück nach Hamburg, Prinzessin: Alster, Elbe, Jungfernstieg. Wie damals, als wir an der Journalistenschule waren. Du wirst dich wieder sauwohl fühlen.«

»Du weißt, wie sie mich das letzte Mal aus Hamburg verabschiedet haben?«

»Du hast Charakter gezeigt. Das wirst du jetzt wieder tun.«

»Ich werde anrufen und sagen, dass ich nicht komme. Ich hatte schließlich gerade eine neue Attacke.«

»Und ich bekomm eine Attacke, wenn du nicht hingehst! Du rechnest doch ohnehin mit einem Arschtritt. Also hol ihn dir gefälligst persönlich ab. Oder bist du feige geworden?«

Damit hatte sie mich am Haken, ich musste an einen Satz meines Psychologen denken: »Angst wächst, wenn Sie meiden, was Sie fürchten. Aber Angst schrumpft, wenn Sie nach vorne gehen und sich ihr stellen.«

Vor einem knappen Jahr auf der Autobahnbrücke, als es um Leben und Tod gegangen war, hatte ich Mut bewiesen.

Und noch dazu meine größte Phobie überwunden. Im Vergleich dazu fühlte sich ein Vorstellungsgespräch in der Tat nicht mehr ganz so schlimm an.

»Also gut, ich geh hin – aber nur unter einer Bedingung: Die Absage geht dann auf deine Kappe.«

»Abgemacht«, rief sie so fröhlich, als hielte sie schon ein Sektglas zum Anstoßen auf den neuen Job in der Hand.

»Iris, der Job ist meilenweit entfernt. Und außerdem geht das Gespräch erst in zwei Stunden los.«

»Dann ist der Job eben noch etwas mehr als zwei Stunden entfernt. Ruf mich wieder an, Prinzessin, hörst du?!«

Sie gab mir einen dicken Schmatzer und legte auf. Die naheliegende Idee, ich könnte beim Vorstellungsgespräch eine Panikattacke bekommen, lag für sie so fern wie ein unentdeckter Planet.

3

Das Verlagsgebäude der *Hamburger Allgemeinen* schraubte sich vor mir in den Himmel, als wollte es den Wolken die Bäuche kitzeln. Ein Architekt hatte viel Glas verbaut, und der Schriftzug des Blattes lief in großen Leuchtbuchstaben über die Fassade. Entweder war die Krise der Printmedien hier noch nicht angekommen. Oder das Polster der guten Jahre war so fett, dass man es sich leisten konnte, den Einbruch des Anzeigengeschäftes lächelnd zu ignorieren.

Ich betrat das Gebäude, stellte mich am Empfang vor und wurde in einer Sofaecke geparkt. Die Titelblätter der letzten fünf Ausgaben der *Hamburger Allgemeinen*, alle mit fetten Schlagzeilen, waren neben mir in einer Vitrine drapiert, wie Kunstwerke.

Mein Herz hüpfte in meiner Brust wie ein Knallfrosch herum, und ein leichtes Schwindelgefühl umhüllte mich. Ich fühlte mich so fit wie ein 100-Meter-Läufer mit Gipsbein, und der Startschuss stand unmittelbar bevor.

Nichts lieben Firmen mehr, als Bewerber warten zu lassen. Um 15 Uhr hätte es losgehen sollen, aber es wurde 15.05, 15.10 und 15.15 Uhr, ohne dass mich jemand abholte. Sicher kein Zufall, denn wer froh ist, überhaupt noch empfangen zu werden, kommt nicht auf dumme Ideen. Etwa übermütige Gehaltsforderungen zu stellen.

Als leitende Redakteurin des *Tagesboten* hatte ich es immer gehasst, Vorstellungsgespräche zu führen, denn in Wirklichkeit waren es *Ver*stellungsgespräche – als träfen sich Pinocchio und Münchhausen.

Ich hatte mich damals entscheiden müssen, wem ich dienen wollte: der Wahrheit oder meinem Arbeitgeber? Und mir war klar, wer von den beiden meine Brötchen bezahlte. Deshalb stellte ich ein »Medienhaus mit großer Tradition« vor, ohne zu erwähnen, dass diese Tradition im Grab des Altverlegers auf dem Stadtfriedhof vor sich hin rottete.

Und was taten die Bewerber? Sie logen genauso schamlos, gaben kinoreife Beispiele für ihre Erfolge, immer passend zur Ausschreibung. Und jede Lücke im Lebenslauf, die nach Weltreise roch, redeten sie zu einer »Sprachreise mit Studium der lokalen Medien«. Ein lächerliches Theater.

»Gleich kommt jemand«, rief die Dame vom Empfang zu mir rüber. Wurde auch Zeit, es war jetzt 15.22 Uhr. Ich stand auf, atmete tief durch und stöckelte an der Vitrine mit den reißerischen Schlagzeilen entlang. Mein Blick blieb kleben am Aufmacher der fünf Tage alten Ausgabe: »Oma-Mörder schlägt zu: 94-Jährige erstickt.«

Ich dachte sofort an Tante Martha.

Der Moment, in dem ich die Kontrolle über mich verlor, kam überraschend. Denn das Gespräch hatte erfreulich begonnen, zwei Vertreter des Verlages saßen mir gegenüber: Frank von Leibringen, der Chefredakteur, ein Zwei-Meter-Hüne mit tiefblauen, leicht vereisten Augen, der sich etwas zu eckig bewegte; und Jane Sternberg, die Leiterin des Lokalressorts, eine mädchenhafte Mittvierzigerin, etwas älter als ich, deren spitzes Kinn vor lauter Tatkraft aus dem sommersprossigen Gesicht zu springen schien, obwohl sie bei der Begrüßung etwas schüchtern gewirkt hatte.

»Erzählen Sie etwas über sich«, hatte von Leibringen das Gespräch eröffnet. Der Knallfrosch in meiner Brust machte Eskapaden, und für einen Moment malte ich mir aus, die Wahrheit zu sagen: »Ich habe meinem letzten Verlag einen bundesweiten Skandal bereitet. Meine große Liebe hat mich aus ihrem Leben gekegelt. Und mein bester Kumpel ist ein Obdachloser, der auf den schönen Namen *Ratte* hört – noch weitere Fragen?«

Doch ich beherrschte mich und sagte: »Mein Name ist Susanne Mikula, und ich möchte Ihnen drei Gründe nennen, warum wir gut zusammenpassen würden: Erstens suchen Sie jemanden, der Lokaljournalismus lebt – darauf können Sie sich bei mir verlassen, ich habe jahrelang das Lokalressort des *Tagesboten* in Reinstadt geleitet. Ich habe ein feines Näschen für Storys aus dem Rathaus. Ich weiß, wie man Quellen auf dem Polizeirevier abschöpft. Und ich bin geübt darin, die Themen der großen Politik durch lokale Gesichter sexy zu machen.« Die blauen Augen des Chefredakteurs tauten unter meinen Worten auf. Er nickte mir aufmunternd zu.

»Zweitens ist es Ihnen wichtig, dass Ihre neue Redakteurin einen Bezug zu Hamburg hat – ich habe hier die Journalistenschule besucht und eine Entwicklungsredaktion geleitet. Ich weiß also, wie diese Stadt tickt und wo man den Teppich lupfen muss, um auf spannende Storys zu stoßen.«

Nun wandte ich meinen Blick Jane Sternberg zu, der Leiterin des Lokalteils: »Und drittens legen Sie Wert darauf, dass Ihre neue Stellvertreterin Erfahrung in Menschenführung mitbringt – ich habe eine Lokalredaktion geleitet: Volontäre ausgebildet, Redakteure eingestellt und Mitarbeitergespräche geführt. In diesen Punkten könnte ich Sie, Frau Sternberg, bei Bedarf entlasten.«

Von all den Redakteuren, die ich eiskalt entlassen hatte, erwähnte ich kein Wort. Es reicht ja, dass sie nachts durch meine Albträume spukten. Jane Sternberg nickte mir freundlich zu.

Von Leibringen heftete seinen Blick an meinen Lebenslauf, der vor ihm auf dem Tisch lag: »Und was haben Sie im letzten Jahr gemacht?«

Autsch, mein wunder Punkt! Der Knallfrosch in meiner Brust hüpfte schneller, und das innere Teufelchen soufflierte mir: »Ich habe mir von einem Psychiater erklären lassen, warum ich nicht mehr richtig ticke: warum die Bilder von damals immer wieder über meine Netzhaut stürmen, warum ein Wolf mir Fetzen aus meinem Gedächtnis reißt und warum ich ein einziges Nervenbündel geworden bin.«

Doch ich beherrschte mich und sagte: »Ich bilde mich autodidaktisch fort. Gerade analysiere ich die große Studie der Bertelsmann-Stiftung über Lokalmedien unter dem Aspekt: Wie sieht die Lokalzeitung der Zukunft aus, welche Themen packen die Leser?«

Anders gesagt: Ich hatte einen flüchtigen Blick auf die Studie geworfen, ehe ich mich wieder meinen offenen Rechnungen und dem Trash-TV zuwandte. Aber ein Bewerbungsgespräch hieß so, weil man Werbung für sich machen sollte, und das tat ich. Ich schlug mich tapfer. Und doch kamen mir meine Antworten viel zu glatt vor. Wo blieben meine Ecken und Kanten?

In der zweiten Phase des Gespräches musste ich erzählen, wo ich mich in fünf Jahren sah (nicht auf dem Stuhl meiner Chefin!), welches meine größten Schwächen waren (nur solche, die mit dem Job nichts zu tun haben!) und was ich in meinem Leben am meisten bereute (ein verjährter Fehler aus Schulzeiten!).

Dann, als wäre es die normalste Frage der Welt, wollte von Leibringen wissen: »Und was würde mir Ihr letzter Chef über Sie so erzählen?«

Der Knallfrosch in meiner Brust explodierte. Die Bilder von der Autobahnbrücke rasten durch mein Gehirn wie ein schnell gespulter Film, vorwärts, rückwärts, durcheinander. Meine Hände klammerten sich an der Stuhllehne fest, als wäre sie das Brückengeländer von damals. *Ruhig atmen, Susanne, ruhig atmen.*

Und wie von fern soufflierte das Teufelchen mir: »Mein letzter Chef kann Ihnen nichts mehr erzählen, weil er tot ist – ich habe eigenhändig dafür gesorgt, es war eine gute Tat! Und alles, was er Ihnen vorher erzählt hätte, wäre faustdick gelogen gewesen. Er war ein Schwein, und er hat mich selbst zum Schwein gemacht. Wenn ich jetzt meinen Verstand verliere – und ich glaube manchmal, das tue ich –, dann nur wegen ihm.«

Ich wollte mich beherrschen, etwas anderes sagen. Aber an der Art, wie Frank von Leibringen seine rechte Augenbraue nach oben zog, als müsse er sich verhört haben; an der Geste, mit der sich Jane Sternberg an ihr fliehendes Kinn fasste, als wollte sie es vor lauter Schrecken festhalten; an dem Schweigen, das sich wie Packeis in den Raum schob – daran merkte ich, dass etwas Unwiderrufliches geschehen war. Die Bilder von damals hatten mir die Kontrolle über mich geraubt, wieder einmal.

Frank von Leibringen kniff die Augen zusammen und visierte mich wie ein Scharfschütze: »Was haben Sie da gerade gesagt, Frau Mikula?«

»Die Wahrheit«, antwortete ich.

Damit war das Gespräch gelaufen.

Kurz vor dem Fahrstuhl holte mich Jane Sternberg ein: »Ich bewundere Sie für Ihren Mut zur Wahrheit, Frau Mikula. Hut ab!«

»Es war nur der Mut zur Dummheit«, sagte ich.

»Ich kenne Ihre Geschichte aus Reinstadt, ich habe das damals in den Medien verfolgt. Das war …« Sie führte den Satz nicht zu Ende. Mir fiel auf, dass ihr Oberkörper von einer Seite zur anderen pendelte, wie bei einer Boxerin.

»Haben Sie mich deshalb eingeladen?«

»Ich schätze investigativen Journalismus.«

Jane Sternberg lächelte und hielt mir ihre Visitenkarte hin. »Vielleicht können wir uns privat mal treffen? Melden Sie sich, wenn Sie wieder in Hamburg sind.«

Ihre Herzlichkeit sprang aus jeder Sommersprosse und tat mir gut. Ich mochte sie, ihre natürliche Art, und nahm die Visitenkarte an.

»Tut mir leid, dass ich Sie vor Ihrem Chef so blamiert habe«, sagte ich.

Sie fasste mich am Arm und sagte ernst: »Sie haben mich nicht blamiert: Er war richtig scharf darauf, eine so bekannte Journalistin kennenzulernen.«

4

Als ich das Verlagsgebäude verlassen hatte, fühlten sich meine Beine so schwer an, als hätte sie jemand mit Blei übergossen. Vor lauter Müdigkeit hätte ich im Stehen einschlafen können. Ich war beschämt über meinen Auftritt und wütend auf mich selbst: Warum hatte ich mir dieses Gespräch von Iris aufschwatzen lassen? Wenn Sebastian wüsste, was ich hier abgeliefert hatte, würde er sich wieder für seine Mutter schämen – wie damals, als ich noch die eiskalte Redaktionsmanagerin war. Nur dass ich jetzt keine anderen Existenzen mehr zerstörte, sondern unsere eigene.

Gedankenverloren ließ ich meinen Blick die Straße hinaufschweifen. Sie schmiegte sich wie mit dem Lineal gezogen an hanseatische Firmengebäude, die nicht mit Reichtum protzen wollten, es aber gerade deshalb taten. Eine schwarze Limousine, übertrieben lang, die Scheiben getönt, rollte die Straße hinab und hielt vor dem Verlagsgebäude, nur ein Stück von mir entfernt. Ich war gespannt, welcher Superstar zum Interview vorgefahren wurde. Ich tippte aufs Showbusiness, vielleicht gab es in Hamburg eine Filmpremiere. Oder war es der Verleger persönlich, der es für nötig hielt, in einem solchen Schlitten durch die Stadt zu gleiten?

Ein livrierter Chauffeur, höchstens 1,65 Meter groß, braunes Haar mit elegantem Seitenscheitel, erhob sich aus dem Wagen, wechselte in erhabenem Gang die Seite. Aber statt die Beifahrertür zu öffnen, stolzierte er auf den Eingang des Verlages zu. Aha, er brachte keinen Promi, er holte einen ab.

Auf meiner Höhe blieb er stehen: »Susanne Mikula?« Seine Stimme klang wie flüssiger Honig, beruhigend.

Ich starrte ihn an. »Woher kennen Sie mich?«

»Ich habe die Ehre, Sie abzuholen.«

»Mich abholen?« Bestimmt machte ich ein Gesicht, das mich für die Geisterbahn qualifiziert hätte. »Das muss ein Missverständnis sein.«

»Voilà, bitte steigen Sie ein.« Er verbeugte sich, öffnete die hintere Tür und wies mir mit einladender Hand den Weg. »Darf ich bitten!«

Die Wahrscheinlichkeit, dass die *Hamburger Allgemeine* mich mit einer Limousine zurück zum Bahnhof fahren ließ, lag weit unter null. Aber hatte der Chauffeur nicht meinen Namen genannt? Es konnte keine Verwechslung sein.

»Jetzt mal ganz langsam. Wer schickt Sie?«

»Dazu darf ich mich nicht äußern, aber selbstverständlich werden Sie alle nötigen Informationen noch erhalten.« Er nickte in den Fond des Wagens hinein.

Ich stand wie angenagelt auf dem Asphalt. »Dann werden Sie wohl ohne mich fahren müssen.«

»Das würde ich zutiefst bedauern. Und ich fürchte, Madame: Sie würden es noch viel mehr bedauern.«

Allmählich spürte ich, dass mein Kampfgeist erwachte. »Wollen Sie mir etwa drohen?«

Er lächelte gegen meinen Zorn an. »Ich will Sie nur darauf aufmerksam machen, dass Ihnen eine exquisite Chance entgehen könnte.«

»Die Chance, mich von Ihnen entführen zu lassen! Darauf kann ich verzichten.«

Er beugte sich etwas in meine Richtung, und seine Honigstimme sagte: »Mit Verlaub, Madame: Für Entführungen gäbe es unauffälligere Kraftfahrzeuge als dieses.«

Wo er recht hatte, hatte er recht. Und meine Beine wogen so schwer, dass ich mich allzu gern in die weichen Polster hätte fallen lassen. Zumal sich die Müdigkeit immer mehr in meinem ganzen Körper ausbreitete. Allmählich wurde ich neugierig: Wer wollte mich so dringend sprechen? Wer wusste überhaupt, dass ich heute in Hamburg war, zu dieser Minute an diesem Ort? Das war unheimlich. Und welches Thema war wichtig genug, mir eine Limousine vorbeizuschicken, groß wie ein Ein-Zimmer-Appartement und wohl so teuer, dass ich von der Tagesmiete meine Jahresstromrechnung endlich hätte bezahlen können?

Mein inneres Teufelchen wisperte: *Bloß jetzt keine Fahrt ins Blaue, nachdem du heute schon zwei Attacken hattest. Wer garantiert dir, dass du beim nächsten Anfall an deiner Angst nicht erstickst? Die Brust kann dir auch in der größten Limousine verdammt eng werden.*

Der Chauffeur sah mich aufmunternd an: »Madame, bitte lassen Sie mich wissen, wie ich Sie überzeugen kann.«

»Sagen Sie mir, worum es bei unserem Ausflug geht.«

»Das darf ich nicht, bedauere. Mein Auftraggeber legt allergrößten Wert auf Diskretion.«

»Dann werde ich Ihren Auftraggeber nie kennenlernen. Ich wünsche Ihnen noch eine gute Fahrt.« Ich drehte mich um und lief so schnell, wie es meine müden Beine zuließen, in Richtung Rathausmarkt.

»Madame«, rief er mir hinterher, »ich darf Ihnen aber sagen, wohin es geht.«

Ich blieb stehen und drehte mich um.

»Zum Hotel *Atlantic.*«

Eine halbe Minute später sanken meine müden Knochen in die weichen Polster der Limousine. Sofort wollte ich Iris anrufen, damit jemand wusste, wo ich war. Ich kramte mein Handy aus der Handtasche und legte es auf meinen Schoß. Die Polster fühlten sich wie Wolken an, ich versank immer tiefer, meine Müdigkeit riss mich mit sich. Ich tauchte in einen Traum mit unscharfen Konturen ein.

Als ich wieder aufwachte, befand ich mich in einer Tiefgarage – und mein Handy war verschwunden.

5

Der Mann mit dem schattigen Gesicht thronte hinter einem riesigen Eichenschreibtisch, die muskulösen Arme hinterm Kopf zu einer Kobrageste gespreizt. Ich blinzelte gegen die tief stehende Sonne, die ihr Zitronenlicht durch die breite Fensterfront der Hotelsuite in meine Augen träufelte. Die Gemälde an den Wänden schienen zu leuchten, feine Staubkörner tanzten durch den herrschaftlichen Raum.

»Nun beruhigen Sie sich doch bitte wieder, liebe Frau Mikula. Niemand will Ihnen ein Haar krümmen, okay?«

»Das ist bereits passiert: Sie haben mich entführt und zu sich schleppen lassen!«

»Ich entschuldige mich in aller Form dafür, falls Ihre Anreise mit Beschwerlichkeiten verbunden war. Aber jetzt habe ich Ihnen doch gesagt, mit wem Sie es zu tun haben und worum es geht. Ich bin kein Krimineller, ganz im Gegenteil.«

»Und warum verhalten Sie sich dann wie einer? Warum lassen Sie mir mein Handy wegnehmen und kappen mich von der Außenwelt ab?«

»Niemand darf von unserem Treffen erfahren. Sonst ist der ganze Plan zum Scheitern verurteilt.« Er ließ seine Hände auf den Schreibtisch sinken.

»Und damit alles unauffällig abläuft, schicken Sie mir eine Stretchlimousine vor das Gebäude der größten Boulevardzeitung dieser Stadt? Toller Plan zur Geheimhaltung, gratuliere!«

»Niemand weiß, dass ich die Limousine geschickt habe. Und wir treffen uns hier im *Atlantic*, weil es sein kann, dass mein Haus in Blankenese beobachtet wird. Verstehen Sie jetzt?«

»Das rechtfertigt die Sache mit meinem Handy aber noch lange nicht!«

»Niemand, liebe Frau Mikula, darf ein Handy benutzen, wenn er mit mir in einem Raum ist. Wegen der Fotos. Das ist eine Eigenart von mir, vielleicht haben Sie davon schon gelesen.«

Natürlich hatte ich das! Heiner Stagemann – so hatte er sich vorgestellt – grüßte regelmäßig von einem Spitzenrang aus der Liste der reichsten Deutschen. Er musste Ende fünfzig sein, und seine Immobilienfirma *StageBau*, die er mit seiner Schwester Patricia leitete, hatte ihn steinreich gemacht. Mehrfach hatten die Wirtschaftsteile der überregionalen Zeitungen die Aktien seiner Firma als Investment mit Zukunft empfohlen, da der Wohnraum, gerade in den Städten, immer knapper wurde.

Und schon während meiner Hamburg-Jahre war mir aufgefallen, dass Berichte über ihn stets ohne Foto erschienen – offenbar fürchtete er sich vor einer Entführung. Einmal hatte ein großes Boulevardblatt einen Mann von hinten fotografiert, auch noch unscharf, und die Leser gefragt: »Ist ER das? Sieht so der Hinterkopf eines Immobilien-Milliardärs aus?« Lächerlich – als sähen die Hinterköpfe von Stinkreichen anders als die von Stinknormalen aus.

Ich rutschte auf meinem Stuhl ein Stück nach vorne: »Meinen Sie denn, ich hätte nichts Besseres zu tun, als Sie heimlich mit meinem Handy zu fotografieren?«

»Ein exklusives Foto von mir – das könnte ich Ihnen als Journalistin ja kaum verübeln. Sofern Sie eine gute Journalistin sind. Und davon gehe ich aus, denn darum sitzen Sie ja schließlich hier.«

»Und was wäre auf dem Foto zu sehen? Kein Gesicht, nur ein bisschen Haut hinter einer verspiegelten blauen Sonnenbrille, deren Gläser groß wie Spiegeleier sind. Dass Sie sich einen teuren Zweireiher leisten können, womöglich mit roter Fliege, darauf würden die Leute auch ohne Foto kommen.«

Es ärgerte mich, dass er seine Brille nicht abnahm. Auch wenn sein Gesicht doch durch die Ohren einen gewissen Wiedererkennungswert hatte: Sie standen von seinem länglichen Kopf mit dem grau melierten Haar ab wie die roten Henkel eines Topfes.

»Liebe Frau Mikula, ich brauche Ihre Hilfe! Ich habe eine Journalistin gesucht, die den Riecher und den Mut hat, krumme Dinger aufzudecken. Beides haben Sie in Reinstadt bewiesen, ich habe die Berichte über den Skandal intensiv verfolgt. Wenn jemand Vetternwirtschaft aufdecken kann, dann Sie.«

»Richtig, ich bin Journalistin. Aber was Sie mir vorgeschlagen haben, wäre eine verdeckte Ermittlung. Oder wie soll man es sonst nennen, wenn ich offiziell als Mieterkontaktfrau in Ihrer Firma anfange, heimlich aber hinter Ihrer Schwester herschnüffele?«

»Soweit ich weiß, nennt man das eine investigative Recherche. Und Sie würden sich für eine gute Sache einsetzen. Ich habe Hinweise darauf, dass Mieter mit übelsten Methoden aus unseren Wohnungen vertrieben werden, nur damit die Immobilien zu höheren Preisen veräußert oder vermietet werden können. Zu meiner Zeit waren die Mieter noch Könige. Aber in den letzten Jahren habe ich mich aus dem Tagesgeschäft zurückgezogen. Und alles, was ich seither höre, beunruhigt mich zutiefst.«

»Sie klingen, als hätten Sie es mit Mietpreissenkungen zu einem Milliardenvermögen gebracht.«

Mir war, als zuckte er leicht zusammen. »Das habe ich nie behauptet. Aber soll ich wegschauen, wenn Psychoterror gegen Mieter ausgeübt wird? Wegschauen, wenn man ihre Wohnungen überschwemmt oder ganze Häuser zu lärmenden Großbaustellen macht, nur um sie zum Kündigen ihrer regulären Verträge zu treiben? Dann wird aufwendig saniert und mit hoher Marge verkauft. Da werden Menschen durch Psychoterror auf die Straße getrieben. Ich bin ein hanseatischer Kaufmann der alten Schule, es beschämt mich, wenn solche schmutzigen Geschäfte unter meinem Namen laufen. Nur fehlen mir die Beweise, wer die treibende Kraft dahinter ist. Ich möchte dieser Sache ein Ende setzen, okay?«

Er klang verzweifelt. Oder spielte er nur Theater? Wer garantierte mir, dass er nicht ganz andere Pläne verfolgte, etwa seiner Schwester Patricia eins auszuwischen und wieder aktiv ins Tagesgeschäft einzusteigen? Ich hätte mich zu seinem Werkzeug gemacht – so wie ich schon einmal das Werkzeug eines Chefs war, mit fatalen Folgen für mich und andere.

Dabei hätte ich das Geld dringend brauchen können. Ich dachte an Sebastian, wie schön es wäre, ihn in London zu besuchen. Oder ihm mal ein paar Euro mehr zu überweisen. Aber wie war die Stelle überhaupt dotiert?

»Vielleicht kenne ich jemanden, der für den Job geeignet ist. Welche Konditionen stellen Sie sich denn vor?«

»Ich könnte Ihnen 7.500 Euro pro Monat anbieten, liebe Frau Mikula – und zusätzlich eine Erfolgsprämie.« Er schien zu durchschauen, dass sich die Frage auf mich bezog. Mit diesem Geld hätte ich in wenigen Monaten meine Gläubiger befriedigen und meine Post wieder öffnen können. Außerdem wollte ich mir schon lange ein Ruderboot an meinen Lieblingssee legen, um dort endlich in den abgelegenen Buchten zu angeln. Überhaupt war ich im letzten Jahr seltener am Wasser gewesen, als es das Andenken an meinen Vater verdiente. Ich vernachlässigte mein Hobby, und ich vernachlässigte mich.

Aber wie wollte ich einen Undercover-Job antreten, wenn ich nicht mal eine Zugfahrt oder ein Vorstellungsgespräch ohne Panikattacke über die Bühne brachte? Ganz von dem Wolf zu schweigen, der mir Fetzen aus meinem Gedächtnis riss. Ich war eben doch ein Wrack. Ein solcher Job hätte mich gnadenlos überfordert.

»Ich glaube, ich bin die Falsche für Sie.«

Er ließ sein Kinn in den Handteller sinken. »Und wenn ich Ihnen jetzt sage, liebe Frau Mikula, dass es um viel mehr als nur Mietermobbing geht?«

Er stockte, und sein Gesicht schien noch schattiger als zuvor. Ich spürte, dass ihm die Worte kaum über die Lippen wollten. Gebannt starrte ich ihn an. »Nämlich?«

»Ich kann nicht ausschließen, dass eine unserer Mieterinnen …« Er legte seinen Kopf in den Nacken und holte tief Luft: »… dass eine unserer Mieterinnen ermordet wurde. Nur weil sie dem Verkauf eines Hauses im Weg stand. Ich habe keine Beweise, aber einen starken Verdacht.«

»Aber so ein Mord bleibt doch nicht unbemerkt«, wandte ich ein.

»Wohl wahr«, sagte er. »Aber die Ermittlungen gehen in eine andere Richtung. Niemand kommt auf die Idee, dass sie von ihrem Vermieter, einer renommierten Immobilienfirma, aus dem Weg geräumt wird. Die Polizei sucht jetzt einen ›Oma-Mörder‹.«

6

Der Himmel trank Rotwein, und spiegelglatt lag die Binnenalster da, nur von ein paar hektischen Enten durchpflügt. Irgendwo hupten Autos, ein Motor heulte auf, die Stadt machte Feierabend.

Ich saß auf einer Bank und schaute aufs Wasser hinaus. War meine Entscheidung richtig gewesen? Ich hatte ein Monatsgehalt von 7.500 Euro abgelehnt, als würde ich in Geld schwimmen, dabei ging mein Hintern auf Grundeis. Ich hatte einem womöglich aufrichtigen Geschäftsmann zu verstehen gegeben, er solle sich selbst um die Schweinereien in seiner Firma kümmern. Nicht mal ein Mordverdacht brachte mich auf Trab. Wollte ich wirklich nicht? Oder hatte ich meine wacklige Gesundheit mal wieder als Alibi genommen?

Die ersten Wochen nach dem Drama auf der Autobahnbrücke waren ein einziger Rausch gewesen, Reinstadt feierte mich, und ich strotzte vor Tatkraft. Ich kaufte mir medizinische Fachbücher und büffelte los, als hätte ich meinen Studienplatz schon ergattert. Ich wirbelte durch unser Haus als gute Kochfee, las Sebastian jeden Wunsch von den Augen ab. Er war stolz auf mich, führte mich sogar mitsamt Lena ins Kino aus; wenn die Mama in Gegenwart der Freundin nicht peinlich ist, will das bei einem 15-Jährigen schon was heißen.

Dann, ausgerechnet wieder beim Joggen, brach mein Leben zusammen: Die Bilder des Todeskampfes fielen über meine Netzhaut her, rissen mich aus der Gegenwart und schubsten mich zurück auf die Brücke. Ich spürte wieder das Geländer in meinem Rücken, spürte, wie ich das Gleichgewicht zu verlieren drohte, fürchtete mich vor dem Sturz in die Tiefe. Und dann stürzte er statt meiner in den Tod, Hans-Otto Gleim.

Dieses Szenario überrollte mich so wuchtig, dass es die Gegenwart ausradierte, meine Brust zuschnürte und mich auf den Boden des Waldweges drückte, wo ich zuckend liegen blieb und Schaum spuckte. Bis mich zwei Wanderer fanden und den Notarzt riefen. Der sprach von einer Panikattacke, das könne immer mal passieren. Aufstehen und weitermachen.

Doch die Anfälle häuften sich, ich bekam nichts mehr auf die Reihe, nicht mal den Haushalt. Sebastian kümmerte sich mehr um mich als ich um ihn. Iris redete mich mit Engelszungen in eine Fachklinik für psychische Erkrankungen. Dort überraschte mich Dr. Menders, der erfahrene Chefarzt, mit seiner Diagnose: posttraumatische Belastungsstörung.

»Vielleicht haben Sie bislang gedacht, das kriegen nur Soldaten«, sagte er. »Aber das ist nicht wahr. Jeder, der eine lebensbedrohliche Situation erlebt hat, kann diese Krankheit bekommen. Flashbacks, verbunden mit Panikattacken, sind dabei ganz normal.« Eine Therapie, Medikamente und sehr viel Zeit – damit, meinte er, ließe sich die Krankheit überwinden.

Ich kann gar nicht sagen, wie erleichtert ich über diese Diagnose war. Ich kam mir vor wie eine Schülerin, beschenkt mit einem Attest, das sie vom Unterricht befreite. Nur dass der »Unterricht« meine berufliche Zukunft war.

Ich warf meine medizinischen Handbücher in die Ecke, betrachtete die Wartesemester fürs Medizinstudium als endgültige Absage und gab mich dem Nachmittags-TV hin. Nur in den Keif-Talkshows fand ich noch Menschen, die mir durchgeknallter als ich selbst vorkamen. Auch wenn ich mir nicht ganz sicher war, ob dieser Eindruck stimmte.

Die Panikattacken überfielen mich aus dem Nichts und schnürten mich ein. Aber zugleich zog meine Krankheit einen Schutzwall zwischen mich und die Welt. Alles, was schiefging, lag jetzt an meiner gesundheitlichen Krise, nicht an mir. Ich traf keine Freunde, ich war ja krank. Ich machte keinen Haushalt, ich war ja krank. Ich bezahlte keine Rechnungen, ich war ja krank. Ich plante keine Zukunft, ich war ja krank.

Und was mich zurück in ein geregeltes Leben hätte führen können, wehrte ich energisch ab. Wann immer sich beruflich eine Tür öffnete, trat ich sie wieder zu. Etliche Vorstellungsgespräche hatte ich abgesagt, Aufträge als freie Journalistin abgelehnt. Ich war eine Soldatin, die den Kampf nur knapp überlebt hatte, Kranksein wurde mein Hauptberuf.

Nur Iris trat mir immer wieder in den Hintern. Sie diktierte mir Bewerbungen in den Block und verschickte mich zu Vorstellungsgesprächen wie ein Kind ins Ferienlager. Sie war die Einzige, die über meine Krankheit Scherze riss, sonst gab es wenig zu lachen.

Als Sebastian die Chance bekam, als Austauschschüler nach London zu gehen, nahm ich meine letzten Ersparnisse in die Hand – um ihm die Auslandserfahrung zu ermöglichen. Und um ihm die Erfahrung *dieser* Mutter zu ersparen.

Wo war die Susanne von früher geblieben? Die Susanne, die ihren Hut in den Ring warf, auch wenn sie verlieren konnte? Die Susanne, die Ehrgeiz für zwei hatte? Die Susanne, die zwar oft auf die Schnauze gefallen, aber immer wieder aufgestanden war?

Ich dachte an den Hund im Tenger Forst, der mein junges Leben fast in Stücke gerissen hätte, die Hundeattacke beim Joggen. Aber ich hatte mich nicht unterkriegen lassen und meine große Hundephobie am Ende sogar abgeschüttelt. Ich dachte an meine beruflichen Niederlagen, an den Tiefschlag in Hamburg, wo ich entlassen worden war, an das Desaster in Reinstadt. Aber nie war ich am Boden liegen geblieben, immer war ich wieder auf die Beine gekommen. Ich dachte an meine gescheiterte Ehe mit Heiko, die mich stärker gemacht hatte – zu stark und zu hart, das gebe ich zu, aber nie hatte ich mich hängen lassen. Und sogar eine neue Liebe hatte ich gewagt, Markus, wenn auch mit verheerenden Folgen.

Der Knallfrosch in meiner Brust hüpfte wieder los. Ich spürte, wie sich meine Finger um etwas krampften, und blickte nach unten: ein Zettel, jetzt zerknüllt. Dort wellte sich in blauer Tinte die geheime Handynummer von Heiner Stagemann, die er mir »für alle Fälle« zugesteckt hatte. Als er hörte, dass ich bei meiner Tante übernachten würde, hatte er mir angeboten, mich mit der Limousine fahren zu lassen. Ich hatte abgelehnt, mein Bedarf an solchen Fahrten war fürs Erste gedeckt.

Aber je länger ich über Stagemann nachdachte, desto sicherer war ich, dass ich diese Nummer niemals wählen würde. Ein obskurer Typ mit gespiegelter Sonnenbrille, der genau weiß, zu welcher Zeit ich an welchem Ort der Stadt bin, der mich einfangen lässt wie einen streunenden Hund, mir mal eben das Handy entwendet, bei der Audienz rührselige Geschichten erzählt und dann mit einem großen Geldbündel winkt – das war völlig indiskutabel. Sogar ohne meine Krankheit.

Auch wenn ich schon ahnte, dass Iris die Sache komplett anders sehen würde.

7

»Kind, lass dich drücken!« Tante Martha umarmte mich, wie sie es immer tat, erstaunlich lang und sanft, ihre warmen Hände malten zärtliche Kreise auf meinen Rücken. In tiefen Zügen atmete ich ihr *Chanel N° 5*, ein Geruch aus meiner Kindheit, nach Zitrone, Jasmin, Vanille, ihr Geruch. Wenn ich es an einer anderen Frau roch, zum Beispiel im Bus, war ich für einen Moment so irritiert, als spräche eine Fremde mit Marthas Stimme.

Die Tante hatte sich schick gemacht, sie trug ihre Kette mit den großen Perlen, wie früher bei den Familienfeiern. Ihr weißes, immer noch wallendes Haar war hochgesteckt, ihre blitzenden braunen Augen lachten kess, und die paar Fältchen in ihrem Gesicht hinderten mich nicht, die bildschöne junge Frau von einst zu sehen, die bewunderte ältere Schwester meines Vaters.

Ich wusste, was jetzt käme: Sie würde einen Schritt zurückgehen, ihren Blick an mir hinabwandern lassen, mich fragen, ob ich vielleicht doch noch ein Stück gewachsen sei – und mich dann, nachdem ich lachend verneint hatte, in ihre Wohnung bitten, nicht ohne zu betonen, diese sei ja schon immer »viel, viel zu groß« gewesen, aber erst recht, seit Baldur, ihr Mann, nicht mehr lebe.

Genau so kam es.

Die edlen Dielenbretter knarrten, als wir ins Wohnzimmer trotteten, begleitet vom beruhigenden Ticken der großen Standuhr aus Mahagoni. Ich liebte diese 120-Quadratmeter-Wohnung, ein herrlicher Altbau, hoch wie ein Museum, wozu die Gemälde an den Wänden passten. Martha zog naturalistische Bilder vor: ein mächtiger Wasserfall, von dem ich als Kind sicher war, ihn tosen zu hören; eine Waldlichtung mit Reh, der ich mich immer nur schleichend genähert hatte, um das Tier nicht zu verscheuchen; und eine Bucht im schwedischen Schärengarten mit rotem Häuschen im Hintergrund, in das ich mit meinen Eltern hatte einziehen wollen.

Das Wohnzimmer, hell und geräumig, erstreckte sich als herrschaftlicher Raum mit einer breiten Fensterfront, einem riesigen Balkon und einem spektakulären Blick auf die Alster. Als junges Mädchen war ich sicher gewesen, mit meinen Signalen von hier oben den Schiffsverkehr auf dem Fluss regeln zu können, weshalb ich dort bei Tageslicht herumhampelte und nachts mit der Taschenlampe blinkte.

Tante Martha servierte grünen Lung-Ching-Tee mit Nussgeschmack in ihrem handbemalten Teeservice aus China, das Baldur ihr bei einer Reise geschenkt hatte. Ich liebte es seit meiner Kindheit. Die Henkel der Tassen bestanden aus dem gebogenen, rot-weiß gepunkteten Schwanz eines Drachen, dessen Körper in die Außenseite der Tasse überging. Beim Kännchen bildete ein langer Drachenhals mit offenem Maul die Tülle. Und der goldene Deckel war ein gezackter Drachenkamm.

Tante Martha streichelte den Tassendrachen, während sie sich nach meinem Vorstellungsgespräch erkundigte. Als ich mich zurückhaltend äußerte, legte sich ein Schatten der Enttäuschung auf ihr Gesicht.

»Aber wir hatten doch eine Vereinbarung, Kind, dass du bei mir Quartier beziehst. Wir beiden Frauenzimmer bilden eine Wohnkommune.«

»Mit mir als Mitbewohnerin würdest du keinen guten Fang machen. Ich würde mich den ganzen Tag von dir bekochen lassen und auf dem Sofa gammeln.«

Besorgt sah sie mich an und zog ihre struppigen Augenbrauen nach oben, es sah aus, als würde sich eine Jalousie über ihren Augen heben. Ich kannte diesen Mechanismus, er setzte immer ein, wenn sie tief in mich hineinblicken wollte. »Geht es dir noch so schlecht wie jüngsthin?«

Immer wieder schmuggelten sich Begriffe in Marthas Sprache, die ich nur aus alten Büchern kannte. Oft sagte sie »jüngsthin« statt »kürzlich«, »gewisslich« statt »gewiss«, »allenthalben« statt »überall«. Ich sah sie an und spürte, dass es zwecklos war, sie anzulügen, sie kannte mich zu gut. »Die Attacken sind seltener geworden, aber nicht weg. Und mein Gedächtnis hinkt etwas.«

»Du hast ein hinkendes Gedächtnis, und mein vermaledeiter alter Kopf lahmt noch viel mehr. Wenn wir beides zusammenlegen, entsteht vielleicht ein Supergehirn.«

Ich lachte und sagte: »Nur weil einem mal die Badewanne überläuft, hat man noch lang keinen lahmenden Kopf.«

»Das ist freundlich, dass du mich in Schutz nimmst. Aber du weißt, dass sie mir *zweimal* übergelaufen ist, Susanne.« Immer, wenn sie mich »Susanne« statt »Kind« nannte, war es ihr besonders ernst. »Und nie konnte ich mich an mein Missgeschick erinnern. Vielleicht muss ich langsam in eine Seniorenanstalt abwandern.«

Ich hatte von den Wasserschäden gehört, der Hausmeister hatte mich angerufen und gefragt, ob meine Tante wirklich noch allein leben könne – was ich sofort bejaht hatte, denn bei unseren Telefonaten wirkte sie immer hellwach.

»Wenn *du* ins Seniorenheim musst – es heißt ›Heim‹ und nicht ›Anstalt‹, Martha –, dann muss *ich* erst recht dorthin. Ich habe es heute im Zug fertiggebracht, den Schaffner nicht zu erkennen.«

»Dann musst du nicht in ein Heim, sondern zu einem Optiker.« Tante Martha deutete mit einem schelmischen Lächeln auf ihre Brille.

Sie war immer noch redegewandt und schlagfertig. Jahrelang hatte sie ehrenamtlich für die Telefonseelsorge gearbeitet. Und Baldur, ihr Mann, hatte als Strafverteidiger schwierige Fälle beim Abendessen diskutiert und Plädoyers geübt. Ich wusste noch, dass Martha ihn oft mit besseren Argumenten versorgte. Bis heute nahm sie in unseren Gesprächen gern die Gegenposition ein, um mich zu fordern.

Sie war gut in logischem Denken, fast wäre sie Physikerin geworden, eine Seltenheit für eine Frau ihrer Generation. Aber die Schwangerschaft mit Nathan, ihrem einzigen Kind – heute arbeitete er als Agrarwissenschaftler in Südafrika – hatte sie aus den Laboren der Universität in die heimische Küche versetzt. Für sie kein Problem: Dann experimentierte sie halt mit Kuchenrezepten und testete die Schwerkraft von Pfannkuchen, die sie zum Wenden schwungvoll mit der Pfanne in die Luft schleuderte. Als Kind hatten mich diese kühnen, hohen Würfe, die meine Mutter nie wagte, bei ihr immer sehr beeindruckt. Manchmal bat ich sie, Pfannkuchen zu backen, nur um diese spektakulären Saltos zu sehen.

Sie war eine Kämpferin, die immer wieder aufstand. Als Baldur gestorben war, vor sieben Jahren, trug sie sechs Monate lang Schwarz, ehe sie von einem Tag auf den anderen wieder in helle Kleidung schlüpfte und sagte: »Er hätte sich gewünscht, dass ich noch was aus meinem Leben mache.«

Also hängte sie seine besten Anzüge, mit passenden Hemden und Krawatten kombiniert, liebevoll auf einzelne Bügel und brachte sie Schwung für Schwung beim Roten Kreuz vorbei. Sie trat in einen Chor ein, las Kindern im Krankenhaus Geschichten vor und entdeckte eine neue Liebe: Kreuzworträtsel. Noch heute lagen auf ihrem Nachttisch immer drei bis vier Zeitschriften, das Rätsel aufgeblättert – und jedes einzelne Quadrat mit einem Großbuchstaben ihrer altmodisch-verschnörkelten Handschrift ausgefüllt.

»Susanne, dein Vater war ein honorabler Mann«, sagte sie ins Schweigen – sie wusste, wie oft ich an ihn dachte.

»Und ich habe nicht mal einen Job. Ich werde ihm als Tochter nicht gerecht.«

»O doch, du wirst Medizin studieren und in seine Fußstapfen treten – wie hätte ihn das gefreut.«

»Gefreut? Er selbst ist doch an der Medizin zerbrochen!«

»Kind, wer wachsen will, muss bergauf gehen. Das strengt an, aber die Kräfte wachsen dabei.«

»Vater war weich, zu weich.«

Sie fixierte die Tasse, ihr Finger kreiste durch den Drachenschwanzhenkel wie durch einen Looping, dann sah sie mich fest an. »Die Sonne ist hell, weil sie hell sein muss. Er war nicht zu weich, er war er selbst.«

»Vielleicht bin ich anders.«

»Du bist seine Tochter.«

Ihr Blick glitt in die Ferne, und ein Strahlen wellte ihre Wangen. Sie zeigte zur Fensterfront: »Kind, sieh mal: Da kommt ein Alsterdampfer. Weißt du noch, dass du immer Lotse auf dem Balkon gespielt hast? Davon habe ich vor ein paar Wochen noch Elfriede aus der Nachbarstraße erzählt.« Sie hielt inne und starrte auf die Tischplatte: »Elfriede – die Ärmste!«

Sie nahm die Brille ab und tupfte sich mit einem Taschentuch die Augenwinkel. Ihr Adamsapfel zuckte merkwürdig.

»Ist deine Nachbarin sehr krank?«

»Nein, viel misslicher. Elfriede Jaspers wurde am Wochenende ermordet. Wer tut denn nur so was – eine Frau von 94 Jahren umbringen.«

Ich holte tief Luft. »Martha, wie heißt eigentlich dein Vermieter?«

»Weiß du das nicht, Kind? Das ist die *StageBau*.«

8

Als ich zurück in Reinstadt war, empfing mich ein Briefkasten voller Rechnungen. Ich warf sie in eine Ecke und vergammelte den Tag. Erst am nächsten Morgen zwang ich mich, die Umschläge zu öffnen. Es waren Mahnungen von Inkasso-Instituten. Die Stromwerke drohten, mir das Licht auszuknipsen. Der Telefonanbieter drohte, mich vom Netz zu nehmen. Ein Online-Händler drohte damit, seine Waren mitsamt einer saftigen Mahngebühr zurückzufordern. Aber am härtesten traf mich der Brief meiner Bank. Hatten sie je zuvor das Wort »Zwangsversteigerung« verwendet?

Ich riss eine Schublade meines Schreibtisches auf, um die Rechnungen hineinzustopfen. Doch sofort knisterte mir anderes Papier entgegen, richtete sich trotzig wieder auf. Mit Gewalt quetschte ich die neuen Rechnungen zu den alten. Die Schublade blockierte, mit meinem Hüftknochen stieß ich sie zu.

Früher hatte ich Menschen, die ihre Rechnungen entsorgten, für Dummköpfe gehalten. Heute wusste ich, warum sie das taten, denn Rechnungen konnten sprechen: *Du bist eine Versagerin, Susanne, du kannst dir dein Leben, dein Haus, deinen Sohn nicht mehr leisten! Hör auf zu essen, hör auf zu wohnen, hör auf zu atmen!* Dieselben Sätze riefen die Rechnungen auch noch in der Schublade – aber etwas leiser, sodass ich sie zwischendurch vergessen konnte.

Ein Klingeln an der Tür schreckte mich auf. Das musste Iris sein! Für einen Moment wisperte die Schublade nicht mehr, ein Lächeln hob meine hängenden Mundwinkel an, ich flog zur Tür.

»Susanne Mikula?«, fragte der Mann mit der Aktentasche und der Nickelbrille, die ihm spitz auf der Nase saß.

»Ja«, sagte ich vorsichtig.

»Gegen Sie liegt ein Vollstreckungstitel vor.« Er kramte aus seiner Tasche ein Papier mit Briefbogen eines Gerichts und hielt es mir unter die Nase.

»Darf ich reinkommen, damit wir das unter vier Augen klären?« Er sprach auffallend laut und warf einen drohenden Blick auf das Nachbargrundstück, wo Elli Wiener gerade Laub zusammenrechte und neugierig rübersah. Es reichte, dass ich pleite war, ich musste in der Straße nicht auch noch »Pleite-Susanne« heißen; deshalb nahm ich ihn rasch mit ins Haus.

Eine Viertelstunde später, als er ging, hatte er sich einen Teil meines Bargelds unter den Nagel gerissen – ich hatte mein Portemonnaie vor ihm öffnen müssen, es fühlte sich wie Nacktmachen an. Ebenso war mein großer Plasma-Fernseher weg, der kleine Zweitfernseher Sebastians reichte für diesen Haushalt. Das alles wäre zu verschmerzen gewesen. Nicht zu verschmerzen aber war, dass er aus meinem Schmuckkästchen einen Armreif aus Gold nahm, ein kostbares Erbstück – ich sah meine Mutter noch vor mir, blass auf ihrem Bett liegend, vom Krebs fast schon aufgefressen, wie sie mir den Reif in die Hand drückte: »Er hat mich über dreißig Jahre begleitet, jetzt ist es deiner.«

Ich hätte schreien können vor Schmerz und Wut. Der Gerichtsvollzieher meinte, ich könne das Erbstück zurückkaufen, sofern ich rasch genug wieder zu Geld käme.

Schließlich sackte er noch meine hochwertige Espressomaschine und meine E-Gitarre ein, die ich ohnehin nie richtig hatte spielen können.

Als er das Haus verließ, war jedem meiner Nachbarn klar, dass hier kein Umzug anstand. Ich hielt mich im Flur verborgen und schob die Tür ganz rasch zu.

So weit war es gekommen. Ein fremder Mann durfte sich an meinem Eigentum bedienen. Ich musste den Armreif meiner Mutter zurückkaufen – aber wie, ohne Geld? 7.500 Euro im Monat, schoss es mir durch den Kopf, 7.500.

Was würde Sebastian sagen, wenn er aus London zurückkam, wir aber nicht mehr in diesem hellen, geräumigen Haus mit Garten, sondern in einem nass-feuchten Zwei-Zimmer-Apartment ohne Balkon am Stadtrand wohnten, womöglich mit einem Alkoholiker als Nachbarn, der die ganze Nacht randalierte? Ein Gefühl der Scham zog sich wie ein Schloss um meinen Hals. Der Knallfrosch in meiner Brust hüpfte los. Ich spürte das Geländer in meinem Rücken, den heißen Atem des Hundes, ich war wieder auf der Brücke. *Tief atmen, Susanne, tief atmen.*

Ich war dabei, in eine Panikattacke abzustürzen – doch das Läuten des Telefons riss mich in die Gegenwart zurück.

9

Wenn Iris irritiert war, glich der Pagenschnitt ihres schwarzen Haares einem leicht verrutschten Helm, unter dem sie fragend hervorblinzelte. Wir saßen in der Bäckerei Fritsche, an einem kleinen Holztisch am Fenster, der warme Duft nach frischem Brot quoll aus der Backstube. Sie spielte an einem ihrer zahlreichen Armreife, sie liebte Modeschmuck.

Mein Gewissen pochte wie ein eitriger Finger, denn ich hatte Iris nur von meinem Auftritt bei der *Hamburger Allgemeinen* erzählt, nicht von meiner kuriosen Begegnung mit Heiner Stagemann. Ich fürchtete, sie würde mich in diesen Job drängen. Und ich kannte ihren Sturkopf und ihre Energie, dieser Power war ich im Moment nicht gewachsen.

Seit mich Tante Martha angerufen und von der letzten Nacht erzählt hatte, war ich in noch größerer Sorge als zuvor. Ich musste mit jemandem sprechen, ich fürchtete das Allerschlimmste.

Iris beugte sich ein Stück nach vorne. »Jetzt noch mal zum Mitschreiben, Prinzessin: Martha sagt, da ist letzte Nacht jemand durch ihre Wohnung gegeistert?«

Ich wiederholte, was sie mir am Telefon erzählt hatte. »Ja. Sie lag schlaflos im Bett und hat dann Schritte in ihrer Wohnung gehört. So gegen drei Uhr.«

»Hey, dein Tantchen hat fast neunzig Lenze auf dem Buckel, da kann sie doch mal was durcheinanderbringen.«

»Im Kopf ist sie hellwach.«

»Ich hab ja nicht behauptet, dass sie einen Knall hat. Aber im Halbschlaf könnte jeder die Schritte aus der Wohnung über ihm falsch zuordnen.«

»Sie wohnt seit vierzig Jahren dort. Die Schritte von oben sind kaum zu hören – aber ihre Dielenbretter knarren richtig laut. Das kann man nicht verwechseln, glaub es mir.«

Sie nahm einen Schluck Kaffee. »Aber wer, Prinzessin, sollte um drei Uhr einen Spaziergang durch ihre Wohnung machen, einfach so zum Spaß? Du sagst doch, sie ist nicht beklaut worden.«

Zu gern hätte ich ihr eröffnet, wen ich im Verdacht hatte. Doch dazu hätte ich die ganze Geschichte aufdecken müssen.

»Aber das Gas, Iris – das Gas an ihrem alten Herd war ganz leicht aufgedreht! Hätte sie es nicht abgestellt, wäre die ganze Wohnung womöglich in die Luft geflogen. Da reicht der kleinste Funke, beim Einschalten des Lichts zum Beispiel.«

»Wie hat deine Tante das mit dem Gas gemerkt? Hat sie es im Schlafzimmer gerochen?«

»Nein, es war mehr eine Ahnung. Sie ist in die Küche gelaufen, weil die Schritte in diese Richtung gegangen waren – und dann hat sie ein leises Zischen an ihrem alten Herd gehört.«

Iris pustete in ihr Haar, eine Strähne sprang nach oben und fiel zurück. »Meine Story geht anders, Prinzessin: Dein Tantchen kann nicht schlafen, will sich noch einen Tee machen, ist am Herd etwas schusselig. Dann schlurft sie zurück zu ihrem Bett, erinnert sich an ihren Fehler und bügelt ihn aus. Sag jetzt nicht, das klingt unwahrscheinlich.«

»Meine Tante trinkt nach zwanzig Uhr keinen Schluck mehr. Sie hat Schwierigkeiten mit ihrer Blase.«

»Dann hatte sie Heißhunger und wollte sich was kochen, weiß der Teufel. Aber es ist doch lächerlich, dass jemand in der Wohnung war. Du sagst ja selbst, die Tür war nicht aufgebrochen. Wie kam der Eindringling rein? Ist er durch die Wand gegangen?«

Diese Frage hatte ich mir auch schon gestellt. Aber war es nicht klar, dass der Vermieter einen Zweitschlüssel besaß? Ich konnte Iris nicht länger im Unklaren lassen, ich musste ihr die ganze Wahrheit sagen – zumal ich wusste, dass sie vor Jahren mal eine Mietrechtsstory recherchiert hatte und sich gut mit dem Thema auskannte.

»Hör gut zu, Iris«, hob ich an – und dann erzählte ich alles der Reihe nach: von der Limousine vor dem Verlagsgebäude, vom Gespräch im Hotel, dem schrecklichen Verdacht Heiner Stagemanns und der Tatsache, dass die ermordete 94-Jährige eine Nachbarin meiner Tante war und wie sie Mieterin der *StageBau*.

Iris riss ihre Augen immer weiter auf und klatschte sich beide Hände gegen ihre Wangen. »Dann ergibt alles Sinn! Ein Mietvertrag löst sich nur auf drei Wegen auf: indem der Mieter kündigt – aber wer würde das nach über vierzig Jahren bei den momentanen Mietpreisen in Hamburg tun, die Neumieten sind ja viel höher! Indem der Vermieter kündigt – aber das ist rechtlich höchst kompliziert. Oder indem der Mieter stirbt, denn ein Mietvertrag lässt sich nicht vererben. Bingo. Schon hat der Vermieter freie Hand. Er renoviert frisch und schraubt den Mietpreis in den Himmel. Oder er verkauft mit Riesengewinn.«

»Glaubst du mir jetzt, dass da was nicht stimmt?«

»Ich halt's immer noch für möglich, dass deine Tante nur schusselig war. Aber ich halt's auch nicht für unmöglich, dass die *StageBau* unbequeme Mieter nach Ohlsdorf umziehen lässt.«

Ich wusste, was sie meinte. Im Stadtteil Ohlsdorf lag der größte Friedhof Europas, während unserer Ausbildung an der Journalistenschule hatten Iris und ich in diesem riesigen Park so manchen Spaziergang unternommen.

Iris fixierte mich mit ernstem Blick. »Hey, Prinzessin, du kannst jeden Job der Welt ablehnen. Aber du kannst nicht riskieren, dass die deine Tante kaltmachen. Ist doch klar wie Kloßbrühe: Entweder ist sie ein Risiko für sich selbst, weil sie nicht mehr weiß, was sie tut. Oder sie ist jemand anderem im Weg, und der wird einen zweiten Anlauf nehmen.«

Ich schwieg und dachte über ihre Worte nach. Vielleicht hatte Tante Martha den offenen Gashahn vergessen, so wie sie ja auch den Wasserhahn ihrer Badewanne vergessen hatte. Vielleicht hatte sie sich die Schritte in der Wohnung nur eingebildet, Traum und Wirklichkeit vermengt. Oder aber … Und das wollte ich gar nicht zu Ende denken.

In mir reifte eine Erkenntnis. »Stimmt, zuschauen wäre unverantwortlich. Heiner Stagemann braucht Hilfe. Eine erfahrene Journalistin muss sich an die Recherche machen.«

Sie nickte zufrieden. »Du nimmst seinen Job also an, Prinzessin?«

»Nein«, sagte ich und war mir meiner Sache ganz sicher. »Ich werde den Job an jemanden vermitteln, der gesünder ist als ich.«

Sie kniff die Augen zusammen. »An wen denkst du da?«

»An dich.«

10

Der Straßenlotse

Also, ich will Sie nicht lange mit Euphemismen behelligen, die Sache mit dem Mütterchen ist nicht zu hundert Prozent optimal gelaufen. Ja, ich habe sie auf die andere Seite der Straße gebracht, und nur das war Gegenstand des Vertrages. Das heißt, rein juristisch habe ich mir nichts zuschulden kommen lassen.

Aber Sie können sich vorstellen, wie es jemanden mit meinem Anspruch beleidigt, wenn er sich als »Oma-Mörder« in der Zeitung wiederfindet. Über die unglücklichen Umstände, die dazu geführt haben, werde ich Sie noch in Kenntnis setzen.

Doch ist sich der Schmierfink, der einen solchen Begriff verwendet, eigentlich der Wirkung seiner Sprache bewusst? Ist ihm klar, dass er die älteren Damen dieser Stadt in Angst und Schrecken versetzt? Dass er sie dazu bringt, abends noch mal unters Bett zu schauen, ob dort eine mordlustige Bestie lauert? Wer »Oma-Mörder« schreibt, sorgt für unruhigen Schlaf, dabei ist das Herzinfarktrisiko in den frühen Morgenstunden ohnehin am höchsten – das hat mit einem Übertragungsfaktor namens Klf15 zu tun, der die elektrische Stabilität des Herzens beeinflusst, falls Sie sich für solche Details interessieren. Fest steht: Ängste vorm Schlafengehen können tödliche Nebenwirkungen haben.

Ohnehin finde ich den Begriff »Mörder« problematisch, denn ich frage Sie: Mordet ein Herzinfarkt? Mordet ein Schlaganfall? Mordet ein Krebsgeschwür, das seine Metastasen im Körper streut? Und wenn Sie hier den Mord verneinen: Was genau ist anders, wenn ich das Werk der Natur übernehme, ihr also nur ein kleines Stück vorgreife?

Entscheidend finde ich, dass wir alle die Straßenseite wechseln müssen, weniger den Zeitpunkt.

Im Gegenteil: Wer könnte den Nachweis erbringen, dass einem Menschen durch diesen Seitenwechsel nicht sogar ein Vorteil entsteht? Kann es nicht sein, dass das Mütterchen schon am nächsten Tag einen Schlaganfall bekommen, jämmerlich gelitten und die letzten Jahre seines Lebens im Halbdunkel zwischen Leben und Tod vor sich hingedämmert hätte?

Es ist albern, das Leben über den Tod zu stellen, beides bedingt einander. Wenn man einen Menschen zur Welt bringt, ist das nicht gut, und wenn man einen Menschen aus der Welt holt, ist das nicht schlecht. Es ist einfach nur, wie es ist.

Ich weiß, so denken Staatsanwälte nicht, sonst wären sie Philosophen. Wer das Leben in all seiner Vergänglichkeit sieht, wie ich in meinem Hauptberuf, der stellt die Naturgesetze über die Strafgesetze. Ich traue mir da mehr Weitblick als der Gesetzgeber zu.

Warum der Plan mit dem Mütterchen nicht zu hundert Prozent aufgegangen ist? Der Kontakt zum Auftraggeber kam so wie immer zustande: übers Darknet. Sie wissen schon, das ist der dunkle Zwilling des Internets. Dort bin ich prominent platziert und werde oft gefunden, dank meiner hervorragenden Kenntnis der Algorithmen.

Viele Schwachköpfe, die meine exotische Freizeitbeschäftigung als Hauptberuf betreiben, bieten ihre Dienste auf dem Kiez an, durch Mund-zu-Mund-Propaganda, nach dem Motto: »Kennst du jemanden, der vielleicht einen anderen beseitigt haben möchte?« Klar, dass solche Erbsenhirne von den Zivilfahndern wie reife Äpfel von der Straße gepflückt werden.

Im Darknet aber kann ich meine Dienstleistung sichtbar machen und in Bitcoin abrechnen, ohne dass die geringste Spur zu mir führt. Nichts verbindet mich mit dem Auftraggeber: Ich kenne seinen Namen nicht, er nicht den meinen. Das gelingt aber nur, weil ich weiß, dass es für absolute Anonymität noch etwas mehr als einen Volkshochschulkurs in Internet-Sicherheit und einen Tor-Browser braucht.

Der Auftraggeber in der Mütterchensache hatte mich erstklassig versorgt: mit einem Schlüsselprofil für die Wohnung, mit einem Grundriss, in dem das Schlafzimmer mit Bett eingezeichnet war, und mit Informationen über den Tagesablauf des Mütterchens. Ich wusste, wann sie aufstand, wann sie aß, wann sie ins Bett ging – und dass sie schwerhörig und leicht gebrechlich war. Wie gesagt: keine große Herausforderung, eher ein Spaziergang.

Doch ich wäre ein Amateur gewesen, hätte ich mich auf solche Informationen verlassen. Also habe ich den Altbau an der Alster mehrere Nächte unter die Lupe genommen. Ich liebe diesen Kick, nachts draußen zu sein, Menschen zu beobachten, aber nicht gesehen zu werden.

In dem Haus, vier Stockwerke hoch, wohnten nur fünf Parteien, das Mütterchen im zweiten Stock. Ich wollte herausfinden: Ab welcher Zeit konnte ich sicher sein, keine unerwünschten Bekanntschaften im Treppenhaus mehr zu schließen? Denn die größte Gefahr für mich bestand darin, in der Sterbenacht als Fremder im Haus gesehen zu werden. Das hätte Fragen nach der Koinzidenz aufgeworfen, die ich mir unbedingt ersparen wollte – auch wenn ich mein Gesicht grundsätzlich durch einen angeklebten Vollbart tarne.

Meine nächtliche Observation ergab: Ab 1.15 Uhr herrschte unter der Woche absolute Ruhe im Haus.

Die Nacht, in der es geschehen sollte, war ein kalter Septemberabend. Der Vollmond schimmerte matt durch die Smogwolke über der Stadt, wie eine noch blasse Energiesparbirne durch einen verstaubten Lampenschirm.

Ich trug Plastikhandschuhe und lange Kleidung, die frisch gekauft war und meine Haut lückenlos bedeckte. In der Wohnung würde ich mir eine Badekappe über den Kopf stülpen und eine Staubmaske aus dem Baumarkt übers Gesicht, um keine DNA-Grüße zu hinterlassen.

Menschenleer lag die Straße da, die eng am Rand parkenden Autos sahen aus wie ein Spalier. In der Ferne verlor sich ein Martinshorn. Ich huschte über die Straße. Die Haustür freundete sich sofort mit dem Schlüssel an, im Finstern schlich ich die Treppe hinauf, es stank im Flur.

Die Wohnungstür des Mütterchens verhielt sich kooperativ, ich betrat ihr Reich. Der vertraute Geruch nach Medizin, wie so oft bei alten Leuten, ich hätte die Wirkstoffe aufzählen können. Ich stülpte Badekappe und Staubmaske über, schaltete die Schwarzlicht-Taschenlampe an. Ein hoher Altbau, überall schwere, dunkle Möbel. Ein Telefon noch mit Schnur. Daneben ein Nelkenstrauß.

Mühelos fand ich den Weg ins Schlafzimmer, die Tür war angelehnt, ich sah ihren Umriss im Bett, hörte ihren regelmäßigen Atem. Das leise Knarren der Dielen weckte sie nicht auf, sie war ja schwerhörig.

Ein schlafendes Mütterchen, da geht einem doch das Herz auf. Meine sanfte Enkelhand senkte sich hinab zu ihrem welken Gesicht. Dann schob ich meine Handfläche auf den Mund, umfasste die Nase mit Daumen und Zeigefinger und drückte mit beherzter Zärtlichkeit zu, um ihr einen Höhenrausch zu bescheren. Sie zuckte kurz nach oben, ehe sie sich dem Vorschlag meiner Hand fügte, es sich in ihrem Kissen bequem zu machen. Für immer.

In diesem Moment hörte ich das Geräusch hinter mir. Und *er* stürmte auf mich zu.

11

Der Rückruf kam, als ich meine zweite Angelrute gerade abgelegt hatte. Im Licht des späten Vormittags funkelte der kleine Waldsee wie frisch poliert. Auf die glatte Oberfläche hatte der Herbst rote und gelbe Farbkleckse getupft, treibende Blätter. Die frische Waldluft füllte meine Lunge mit neuem Leben. Hier draußen, unter freiem Himmel, erschienen mir meine eigenen Sorgen kleiner als sonst. Hier bekam ich einen freien Kopf, wie früher mein Vater, den ich nie glücklicher als am Wasser gesehen hatte.

Die Nummer war unterdrückt, doch ich ahnte, wer es war. Als ich ihn angerufen hatte, lautete die Nachricht, der Teilnehmer sei im Moment nicht erreichbar. Hätte ich mir denken können, dass Milliardäre nicht einfach so ans Telefon gingen. Oder gar ihren ruhmreichen Namen auf eine banale Mailbox sprachen.

Es war tatsächlich Heiner Stagemann. Ich schlug vor, er solle Iris einstellen, doch er antwortete: »Ich will das Original, keine Kopie.« Ich sagte, ich hätte in Reinstadt noch sehr viel Privates zu regeln, er meinte: »Dann regeln Sie es.« Schließlich wies ich ihn auf meine labile Gesundheit hin, doch er sagte: »Für einen Versuch reicht Ihre Gesundheit aus.«

So sprach ein Mann, der immer bekam, was er wollte. Und in diesem Fall wollte er mich. Weiß der Kuckuck, warum es ausgerechnet ich sein sollte, aber offenbar hatte er nicht vor, sich mit einem Plan B zu begnügen.

In Hamburg hatte ich ihm einen Korb gegeben, aber mittlerweile lagen die Dinge anders: Meine Tante hatte womöglich nächtlichen Besuch im Auftrag der *StageBau* bekommen. Der Mord an der 94-Jährigen, ausgerechnet ihre Nachbarin, ging eventuell doch nicht aufs Konto eines durchgeknallten Oma-Killers. Und dass rechtschaffene Mieter der *StageBau* um ihr Dach über dem Kopf bangen mussten, offenbar gemobbt und gezielt aus den Häusern vertrieben wurden, rüttelte die Kämpferin in mir wach. Schon in der Schule hatte ich mich immer hinter die Schwachen gestellt.

In der letzten Nacht hatte ich mir ein schlimmes Szenario ausgemalt: Angenommen, Stagemann nimmt Iris nicht, und ich bleibe bei meiner Absage – wie geht es mir dann, wenn furchtbare Nachrichten aus Hamburg kommen, fette Schlagzeilen, womöglich sogar Tante Martha betreffend? Dann hätte ich genau gewusst: *Du hattest die Chance, all das zu verhindern, aber hast nichts unternommen.* Das wäre Gift für meine Gesundheit gewesen, Öl ins Feuer meiner Panikattacken.

Außerdem war dieser Job der einzige Weg, den goldenen Armreif meiner Mutter zurückzuholen, das wollte ich unbedingt. Und die Idee, die Rechnungen in meiner Schublade gegen Zahlungsbelege auszutauschen, gefiel mir auch nicht schlecht.

Ja, meine Gesundheit war noch immer wacklig, aber eine Stimme in mir flüsterte: *Es wird dir guttun, endlich einen anderen Hauptberuf als Kranksein auszuüben, wieder eine Aufgabe zu haben, die über Selbstmitleid für Fortgeschrittene hinausgeht.*

»Sind Sie noch dran?«, fragte Heiner Stagemann.

»Ich mache es«, antwortete ich. »Zum 1. Oktober fange ich an.«

Er bedankte sich knapp.

Und dann rückte er mit Bedingungen raus, die mir so gar nicht schmeckten: Es sollte keine Treffen zwischen ihm und mir mehr geben.

»Aber ich muss Ihnen doch berichten, was ich herausfinde. Sonst ist meine Arbeit für die Katz.«

»Ihre Nachrichten werden mich zeitnah erreichen – über unsere Personalchefin Marion Römer. Sie ist eingeweiht, als Einzige in der Firma. Und zwischen uns gibt es einen direkten Draht.«

»Ich habe aber nicht vor, Stille Post mit Ihnen zu spielen. Sie erteilen mir diesen Auftrag persönlich – also will ich auch persönlich mit Ihnen sprechen.«

»Nichts fände ich besser, liebe Frau Mikula – aber ich muss davon ausgehen, dass meine Villa überwacht wird. Keinesfalls dürfen Sie dort vorsprechen, okay?«

»Wir könnten uns wieder an einem neutralen Ort treffen, zum Beispiel im *Atlantic*. Wenn ich mit der U-Bahn statt der Stretchlimousine anreise, wäre das sogar diskret.« Diesen kleinen Seitenhieb konnte ich mir nicht verkneifen.

»Ich muss damit rechnen, dass ich rund um die Uhr beschattet werde. Das Risiko für Sie wäre viel zu groß. Sobald jemand bemerkt, dass Sie in direktem Kontakt zu mir stehen, sind Sie aufgeflogen. Sie wissen, was das bedeutet.«

»Sie sind der Chef dieser Firma«, erinnerte ich ihn. »Und es soll Chefs geben, die gelegentlich mit einer Mitarbeiterin sprechen, ohne deshalb Verdacht zu erregen.«

Er lachte kurz auf. »Mit Verlaub, liebe Frau Mikula, nur eine Handvoll Mitarbeiter haben mich je persönlich getroffen. Ich gelte als menschenscheu, vielleicht bin ich das ja auch. Alle wissen, dass der Austausch mit mir über zwei, drei Kontaktleute stattfindet, okay?« Er schwieg kurz und fügte hinzu: »Oder stattgefunden hat, denn in den letzten Jahren habe ich die operativen Geschäfte komplett Patricia überlassen.«

Ich sah hinaus auf den See, sah, wie die rote Antenne meines Schwimmers ein Stück nach unten gezupft wurde. Offenbar hatte sich eine Schleie an meinem Maiskorn zu schaffen gemacht. Meine rechte Hand schwebte über der Rute, um rechtzeitig anschlagen zu können.

Ich wurde aus Stagemann nicht schlau. Zwar nahm ich ihm ab, dass er in seiner Firma aufräumen wollte. Aber so menschenscheu, wie er sich darstellte, kam er bei mir gar nicht rüber. Und war ihm die Macht in der Firma wirklich so unwichtig, wie er es behauptete?

»Sie sagen, dass Sie mit Ihrer Firma fast nichts mehr am Hut haben, sich zurückgezogen haben. Warum sollte dann jemand aus Ihrer Firma ein Interesse daran haben, Sie überwachen zu lassen? Das kapiere ich nicht.«

»Weil bekannt ist, wie kritisch ich die Praktiken gegenüber den Mietern sehe. Ich habe das gegenüber meiner Schwester durchblicken lassen, leider erfolglos.«

»Wie sieht es mit telefonischem Kontakt aus – kann ich Sie wenigstens anrufen?«

»Ich muss damit rechnen, dass auch mein Telefon überwacht wird.«

Ich schaute auf die Schatten der Tannen, die den See umstanden und sich im Wasser spiegelten, als wollten sie ihre Äste bis auf seinen Grund strecken.

»Na prima«, sagte ich, »dann werden die Lauscher unseres Telefonats meine Ankunft in der Firma ja bereits sehnsüchtig erwarten. Vielleicht knotet in dieser Sekunde schon jemand eine maßgeschneiderte Schlinge für meinen Hals.«

Einen Moment schwieg er. »Keine Sorge, aktuell ist mein Handy noch sauber. Ich habe es erst gestern prüfen lassen. Aber das kann sich rasch ändern.«

»Jetzt noch mal zum Mitschreiben: Ich soll für Sie an vorderster Front in Ihrer Firma den Kopf hinhalten, aber habe nicht einmal die Möglichkeit, Sie persönlich zu erreichen? Das ist keine Zusammenarbeit auf Augenhöhe. Dann müssen Sie sich doch eine andere suchen. Was, wenn ich mal dringend Ihre Hilfe benötigen sollte?«

»Diese Vorsichtsmaßnahmen dienen doch nur Ihrer eigenen Sicherheit, liebe Frau Mikula. Und selbstverständlich gibt es eine Ausnahme.«

Mein Schwimmer auf dem Wasser hörte zu zittern auf. Offenbar hatte die Schleie den Braten gerochen und vom Köder abgelassen. Schade, denn ich hatte noch nichts gefangen und war nun schon seit über zwei Stunden am Waldsee.

»Wie sieht diese Ausnahme aus?«, fragte ich.

»Wenn Sie das Gefühl haben, in großer Gefahr zu sein, dann wählen Sie meine Nummer, und sei es mitten in der Nacht, okay? Und ich verspreche Ihnen: Ich setze sofort alle Hebel in Bewegung, um Ihnen zu helfen.«

Dieses Angebot klang ernst gemeint und besänftigte mich. Und doch hoffte ich, seine Nummer niemals bei Nacht wählen zu müssen.

Nachdem ich aufgelegt hatte, kurbelte ich meinen Schwimmer ein. Das Maiskorn war abgefressen, der Fisch hatte mich zum Narren gehalten.

12

»Wir müssen äußerst vorsichtig sein«, flüsterte Marion Römer und zog die Tür ihres geräumigen Büros hinter sich zu. »Wir wissen nicht, wer Freund und wer Feind ist. Niemand darf erfahren, in welcher Mission Sie hier sind.« Mit einer galanten Handbewegung lotste sie mich am Schreibtischensemble vorbei zum Besuchertisch, wo ein bunter Blumenstrauß leuchtete. Wir nahmen Platz.

»Ich hatte nicht vor, mich den neuen Kollegen als Undercover-Agentin Ihres Chefs vorzustellen«, sagte ich.

Marion Römer lächelte, ich hatte sie auf Anhieb gemocht. Sie sah aus wie eine Südländerin, ohne es zu sein, dunkler Typ mit großen Kulleraugen, die Zähne schneeweiß, ein rotes Tuch elegant um den Hals geschwungen. Ihre Figur war so straff, als betriebe sie jeden Tag Sport, und so sinnlich, als hätte sie es überhaupt nicht nötig. Nur die winzigen Fältchen in ihren Augenwinkeln ließen mich ahnen, dass sie nicht Mitte 20, sondern Mitte 30 war. In noch jüngeren Jahren hätte sie es wohl kaum zur Personalchefin der *StageBau* und offenbar auch zur engsten Vertrauten Heiner Stagemanns gebracht.

Sie sah mich freundlich an. »Es hat einen Vorteil, dass niemand Ihren Auftrag kennt: Die Kollegen werden äußerst arglos sein. Sicher schnappen Sie vieles auf, was sehr interessant ist. Der Nachteil ist: Sie können niemanden zur Mitarbeit zwingen. Wer nicht kooperiert, kooperiert nicht.«

»Und was passiert, wenn Patricia Stagemann mich als lästig empfindet und vor die Tür setzt? Dann kann ihr Bruder ja wohl kaum seine schützende Hand über mich halten.«

»Warum sollte Frau Stagemann das tun? Sie redet schon lange davon, dass wir als Aktiengesellschaft mehr auf unser öffentliches Image achten müssen. Eine klassische Presseabteilung reicht da nicht aus. Wir müssen, wie sie es neulich formuliert hat, ›die Bomben im eigenen Keller kennen – nur dann können wir sie entschärfen‹.«

Für mich klang das unlogisch. »Warum sollte sie Bomben entschärfen lassen, die sie selbst in den Keller gerollt hat? Damit würde sie doch nur ihre eigene Autorität in die Luft sprengen.«

Marion Römer senkte ihre Stimme, als hätten die Wände Ohren: »Wir wissen nicht, wer hinter den Vorfällen steckt. Heiner Stagemann vermutet, dass Patricia eingeweiht ist, aber dafür gibt es keine Beweise. Vielleicht handelt da jemand auf eigene Faust. Jedenfalls hat unser Image enormen Schaden genommen.«

»Das ist mir nicht entgangen. Ich habe in einigen Internetforen recherchiert. Schon heftig, was langjährige Mieter der *StageBau* vorwerfen.«

»Solche Dinge und vor allem Medienberichte will Patricia Stagemann künftig verhindern. Und das geht nur, wenn die Mieter nicht zuerst mit der Zeitung, sondern mit uns sprechen. Das leuchtet doch ein.«

»Knallen die Mieter nicht sofort die Tür zu, wenn ich als Vertreterin der *StageBau* bei ihnen anklopfe? Die haben doch miese Erfahrungen mit der Firma gesammelt.«

»Eben! Darum werden Sie sich den Mietern gegenüber als Journalistin ausgeben, die einen kritischen Artikel über die *StageBau* recherchiert. Dann erfahren Sie genau, wo der Schuh drückt. Und wir können interne Lösungen suchen, die keinen öffentlichen Lärm machen. Dafür wurde Ihre Planstelle geschaffen.«

»Moment mal«, sagte ich. »Ich soll den Leuten vorgaukeln, dass ich einen kritischen Artikel schreibe, und als Dank dafür, dass sie sich mir anvertrauen, verhindere ich die negativen Schlagzeilen dann? Ich hatte meinen Job so verstanden, dass ich die Wahrheit ans Licht bringe.«

»Inoffiziell sorgen Sie natürlich dafür, dass die Missstände aufgedeckt werden. Heiner Stagemann wünscht sich ausdrücklich, dass Sie den öffentlichen Druck erhöhen. Erst wenn die negativen Schlagzeilen so dramatisch sind, dass der Aktienkurs wackelt, werden hier bessere Sitten einziehen. Gibt es da nicht eine Journalistin bei der *Hamburger Allgemeinen*, mit der Sie kooperieren können?«

Ich erinnerte mich, dass ich Heiner Stagemann empfohlen hatte, Jane Sternberg an meiner Stelle anzuheuern. Aber meine Tipps zur Personalauswahl hatte er ja allesamt in den Wind geschlagen. Interessant, dass er sogar dieses Detail seiner Personalchefin erzählt hatte.

Eine Frage ging mir schon die ganze Zeit durch den Kopf: »Aber wenn krumme Dinger der *StageBau* ans Licht kommen und der Aktienkurs sinkt, dann reduziert sich doch auch das Vermögen von Herrn Stagemann? Dann steht er bald nicht mehr auf der Liste der reichsten Deutschen. Das kann doch nicht sein dringendster Wunsch sein.«

»Er sieht das anders: Je später die Wahrheit ans Licht kommt, desto heftiger wird es die Firma treffen. Ein solcher Skandal könnte das ganze Unternehmen ausradieren, wenn er von Strafermittlern oder Journalisten aufgedeckt wird.«

»Und Sie meinen ernsthaft, es trifft die Firma weniger hart, wenn ich das aufdecke?«

»Die Börsen legen auf Compliance äußersten Wert, das leuchtet doch ein. Unternehmen sollen sich selbst kontrollieren, aus eigener Initiative. Wer den Finger hebt und einen Fehler zugibt, hat schon wieder Punkte bei den Aktionären gesammelt. Um eine Selbstreinigung, eine Aufklärung von innen, geht es Herrn Stagemann. Dafür hat er Sie angeheuert.«

Mittlerweile hatte ich den Vertrag unterschrieben und freute mich schon aufs Monatsende: 7.500 Euro, von denen netto gut 4.250 bleiben würden. Das erste Mal seit über einem halben Jahr würde mein Girokonto wieder ins Plus springen. Ich war von der Abgestellten zur Angestellten aufgestiegen.

»Wie schätzen Sie ihn eigentlich so ein, den Herrn Stagemann?« Kaum hatte ich die Frage gestellt, war mir klar: Ich hätte besser den Mund gehalten! Was sollte sie auch antworten, ohne sich oder ihren Chef in Verlegenheit zu bringen?

Doch Marion Römer lachte fröhlich. »Man kann ihm vollkommen vertrauen. Er verspricht wenig, aber hält viel. Ein richtiger Ehrenmann. Und kein bisschen arrogant, trotz seines ganzen Geldes. Solche Menschen sind selten, Frau Mikula. Oder darf ich Susanne sagen? Wir können uns gern duzen.«

Ich war einverstanden und spürte, dass ich in ihr eine Verbündete in der Firma hatte. Und in meinem Übermut schob ich noch eine Frage nach: »Meinen Sie, äh, meinst du denn, er schreitet ein, falls mein Kopf in einer Schlinge steckt?«

»Ganz sicher, Susanne. Er ist verantwortungsbewusst und hat noch nie jemanden hängen lassen. Er spendet viel Geld, ohne Lärm darum zu machen.«

»Und Patricia?«, fragte ich vorsichtig.

Sie blies ihre Wangen auf. »Nimm dich vor ihr in Acht – sie ist eine Schlange!«

13

Die Bettfedern quietschten wie der Stoßdämpfer eines uralten Autos, das über eine Schotterpiste fährt und immer schneller wird. Die Stimme des Mannes, der diese Fahrt hörbar genoss, hatte erst noch »oh, ohhh, ohhhh!« gestöhnt, immer wieder »oh, ohhh, ohhhh!« Jetzt, offenbar bei höherem Tempo, brüllte er »jahhh, jahhhhhh, jahhhhhhhhh!« – die Lautstärke steigerte sich, jedes neue »Ja«, das er ausstieß, zog sich länger hin, stieg in eine höhere Tonlage, näherte sich dem Ziel der Reise, der vollkommenen Ekstase.

Mit einem Schlag setzte vollkommene Stille ein, ich dachte schon: Ziel erreicht! Doch dann winselte der Mann wie von Sinnen: »Schlag mich, schlag mich! Auf den Arsch, ja, auf den Arsch! Gib's mir, ich hab's verdient, gib's mir.« Ein Klatschen, laut wie ein Teppichklopfer, hallte in meinen Ohren, schneller und schneller.

»Der Junge war unartig«, rief eine Frau mit sonorer Stimme. »Der Junge hat seine Hausaufgaben nicht gemacht! Der Junge kriegt jetzt seine Prügel von seiner Lehrerin! Ich verdresche dir den Arsch, bis er blau wird. Sag, dass du einen blauen Arsch willst, sag es!«

»Ja«, brüllte der Mann, während der Teppichklopfer niederfuhr.

»Du kleiner Bastard!«, fuhr sie ihn an, und der Teppichklopfer schwieg wieder. »Du kleiner Bastard sollst nicht ›Ja‹ sagen – du sollst sagen, was du willst! Sag, was du willst!«

»Einen blauen Arsch«, presste die Männerstimme zitternd hervor, »einen blauen Arsch. Oh, bitte, bitte – einen blauen Arsch!«

Der Teppichklopfer fuhr nieder, dass es nur so klatschte, der Stoßdämpfer setzte wieder ein, der Wagen schaukelte sich in ein höheres Tempo, die Stimme des Mannes ebenfalls: »Jah, jahhh, jahhhhhh, jahhhhhh, jahhhhhhhhh!«

Jetzt quiekte er seine »Jas« so schrill, als wollte er eine Glasvitrine in Scherben legen. Und seine Stimmbänder zitterten im Abgang wie die hohe E-Saite einer E-Gitarre, kurz davor, mit einem lauten Knall zu reißen.

Mit einem Schrei, der wie ein akustischer Stich durch die Wand fuhr, direkt in meine Ohren, endete das Spektakel. Ich war sicher, dass dieser Lärm aus dem zweiten Stock durchs ganze Haus gedrungen war. Instinktiv rieb ich mit meinen Handflächen über die Ohren, als könnte ich den Lärm wegwischen.

Paula Weigel, eine grauhaarige Frau mit geblümter Schürze und rosigem Gesicht, die bei meiner Ankunft noch Kartoffeln fürs Abendessen geschält hatte, zog eine angeekelte Grimasse. »Und so treiben die's den ganzen Tag, wie die Viecher im Stroh. Zu zweit, zu dritt, zu viert. Hier kriegen Se kein Auge mehr zu, in dieser Wohnung. Hier können Se die Ohren vollstopfen mit Wattezeugs, aber hören doch diesen Schweinekram, diesen ganzen.«

Ich stand da wie unter Schock und wusste nicht, was ich sagen sollte.

Sie sah mich an mit einem flehenden Blick. »Das müssen Se in die Zeitung reinschreiben, das alles hier. Und schreiben Se das mit meinem Mann auch rein, dass er 'nen Herzschlag hatte.«

Nun fand ich meine Worte wieder: »Es tut mir wirklich leid, dass Ihr Mann noch immer im Krankenhaus liegt. Ich hoffe, er erholt sich von seinem Herzinfarkt und kommt bald wieder auf die Beine.«

»Und dann, was ist dann? Dann soll mein Hermann-Schatz hier wieder in die Bude ziehen? Da kriegt er doch den nächsten Herzschlag. Das war immer 'nen anständiges Haus hier, leise und so. Mein Mann hat das nicht mehr ausgehalten, das mit diesem Lärm und diesen Schweinereien. Keine Nacht ham wir geschlafen. Aufgeregt hat er sich, tagelang. An die Wand geklopft hat er, mit dem Gehstock, gebrechlich ist er ja auch. Aber das hat keinen geschert. Am Ende ist der Hermann rüber, der hatte so was von Angst, aber trotzdem hat er geklingelt.«

Sie machte eine Pause und fuhr mit einem Taschentuch über ihre Stirn. Ihr rosiges Gesicht war eine Spur bleicher geworden. »Dann hat eine von diesen Frauen aufgemacht, splitternackt – das müssen Se sich mal vorstellen, splitternackt! – und gesagt: Fick dich, Alter! Das hat noch nie jemand zu ihm gesagt, sein ganzes Leben nicht. Und er hat auf der Werft gearbeitet, da ham die Klartext geschnackt. Und am nächsten Morgen liegt er da. Und fasst sich an die Brust. Und kriegt keine Luft mehr. Und dann, mit Tatütata, geht's ab ins Krankenhaus.«

Sie hatte mir erzählt, dass sie vor 42 Jahren »frisch verliebt« mit ihrem Mann in diese Wohnung in Winterhude eingezogen war; dass sie hier dreimal schwanger war, zwei Söhne und eine Tochter bekam, »alle gut geraten und in dieser Wohnung groß geworden«; und dass sie und ihr Mann keine Sekunde daran gezweifelt hatten, in diesen vier Zimmern in Ruhe alt zu werden.

Aber dann kündigte die *StageBau* umfangreiche Sanierungsmaßnahmen an, drohte mit deutlich höheren Mieten und legte den Altmietern nahe, sich nach »alternativem Wohnraum« umzusehen. Bauarbeiten »von ungewisser Länge« stünden an. Los ging es im Keller, wo jemand mit einem Presslufthammer den Boden bearbeitete, angeblich mussten Kabel freigelegt werden. Das ganze Haus erzitterte tagelang, die Alten fühlten sich an die Hamburger Bombennächte im Juli 1943 erinnert. Der Keller war kaum mehr zu betreten, überall Staub, überall Löcher, überall schweres Werkzeug.

Dann hämmerten zwei Handwerker auf dem Dach herum, als wollten sie das Haus einreißen, morgens um sieben ging das los, bis in die Abendstunden, über Wochen, über Monate. Dann wurde – »versehentlich« – ein Stromkabel durchtrennt, die Mieter saßen im Dunkeln, mehrere Tage lang. Dann setzte die Heizanlage aus, mitten im Winter, die Mieter wickelten sich in Decken ein und trugen drinnen Anoraks. Dann spann das Licht im Flur, ging immer wieder aus, während man auf der Treppe lief. Ein Mieter aus dem dritten Stock stürzte und riss sich dabei die Bänder.

Dann kippte einer der Bauarbeiter »versehentlich« zwei Eimer mit auffällig stinkendem Schmutzwasser um, der eine schwappte unter der linken, der andere unter der rechten Wohnungstür hindurch. Das Wasser wurde im Rahmen einer nervenaufreibenden »Schadensbegutachtung«, zu der eine halbe Fußballmannschaft auflief, weggewischt – aber der bestialische Gestank blieb in den Wohnungen. Die beiden Mieter der einen Wohnung, ein beruflich eingespanntes Paar, bekamen starke Kopfschmerzen, waren dauernd krankgeschrieben, zitterten um ihre Jobs. Am Ende kündigten sie ihren Mietvertrag und zogen Hals über Kopf in eine neue Wohnung in einem Vorort.

Eine Schikane nach der anderen, so ging es über ein Jahr lang. Die Mieter schrieben lange Briefe an die *StageBau*, worauf ein Anwalt jeden Vorsatz der Firma von sich wies und scheinheilig betonte, man habe die Mieter vor genau solchen Beeinträchtigungen gewarnt.

Je mehr Mieter flohen, desto mehr Wohnungen konnten in neue Baustellen umfunktioniert und als Lärmquellen genutzt werden. Und immer wieder passierten kleine »Unfälle« auf dem Flur, die für Feuchtigkeitsschäden sorgten und dieses Wohnhaus noch unbewohnbarer machten.

Aber einige Mieter, darunter das Ehepaar Weigel, ließen sich von diesem Sperrfeuer nicht vertreiben, also legte die *StageBau* nach: Eine verlassene Wohnung, direkt neben den Weigels, wurde nicht renoviert, sondern erneut vermietet – an mehrere junge Frauen, die mit vollem Körpereinsatz arbeiteten. Nun fanden auf dem Flur regelrechte Pilgerwanderungen statt, mal waren die Bauarbeiter unterwegs, mal die Freier, mal beide zusammen. Und nachts, wenn die Bohrer und Hämmer schwiegen, eroberten die Lustschreie und das Stöhnen die akustische Hoheit über das Haus.

Die Weigels beschwerten sich, es werde ein Bordell in ihrem Haus betrieben, sie zogen sogar den Mieterschutz-Verein hinzu. Aber die *StageBau* ließ durch einen Anwalt verkünden, eine gewerbliche Nutzung der Wohnung lasse sich nicht nachweisen und man fühle sich an den abgeschlossenen Mietvertrag gebunden. Auf einmal also doch!

Paula Weigel stemmte die Hände in ihre beachtlichen Hüften, die Tränen aus ihren Augenwinkeln waren verschwunden.

»Wie soll's jetzt weitergehen, mit Ihnen und Ihrem Mann?«, fragte ich.

»Ich brauch 'ne andere Wohnung, ich such ja schon wie verrückt. Aber uns will ja keiner, zu alt sind wir. Und wir haben nicht genug Pinke, so 'ne Rente ist kein Vermögen. Hier konnten wir die Miete wuppen. Die durften sie nicht so richtig erhöhen, weil wir schon so lange da sind. Drum wolln se uns ja auch rausekeln.«

Wut loderte in mir wie ein Stichfeuer auf. Ich bekam Lust, die Verantwortlichen der *StageBau* mal mit einem Presslufthammer zu bearbeiten, nicht nur akustisch. »Ziehen Sie nicht um, Frau Weigel«, bat ich sie. »Bleiben Sie in der Wohnung, halten Sie noch etwas durch! Es kann doch nicht sein, dass sich dieses Unrecht durchsetzt.«

Sie seufzte. »Ich bin im Eimer. Ich kann nicht mehr. Und wenn mein schwer kranker Mann nach Haus kommt, was meinen Se – der hält das doch keinen Tag mehr aus.«

Ich musste an meinen Vater denken, wie er meine todkranke Mutter gepflegt hatte, wie die Verzweiflung ihn packte, wie er hilflos an ihrem Bett stand, wie der Krebs sie ihm unter den Händen wegfraß. Schon in einem friedlichen Haus war ein schwer kranker Ehepartner kaum zu ertragen. Wie musste sich das erst hier anfühlen, inmitten einer Baustelle und in Nachbarschaft eines Bordells?

»Ich werde mich dafür einsetzen, dass Sie in dieser Wohnung wieder in Frieden leben können«, sagte ich.

»Und wie, zum Teufel, wollen Se das hinkriegen, Schätzchen? Hier war schon mal 'ne Reporterin, die hat versprochen: Wir machen denen Feuer unterm Hintern und so. Aber dann ist nie was erschienen, nicht mal 'ne lausige Zeile.«

Der Knallfrosch in meiner Brust sprang auf und ab. Ich spürte, dass mein Hals sich verengte. Die Bilder der Brücke warteten nur darauf, vor den Lichtstrahl des inneren Projektors zu rutschen. *Tief atmen, Susanne, tief atmen.*

Diese Frau hatte mir ihr Herz ausgeschüttet, und was tat ich? Ich missbrauchte ihr Vertrauen. Ich hatte mich als kritische Reporterin ausgegeben, hatte Hoffnungen auf einen Artikel geweckt, aber wurde von ihrem größten Feind bezahlt, der *StageBau.*

Und doch: Ich war in guter Absicht hier. Ich wollte ihr helfen. Und der einzige Weg, ihr Vertrauen zu gewinnen, war eine Lüge gewesen. Vielleicht war es moralisch sogar in Ordnung, was ich getan hatte.

Skeptisch sah sie mich an. »Warum kriegen Se jetzt 'nen roten Kopf? Da stimmt doch was nicht, das riech ich doch 'ne Meile gegen den Wind.«

Mein Oberkörper quetschte mein Herz zusammen. Ich musste mich anstrengen, Luft zum Sprechen zu bekommen. »Ich verspreche Ihnen, dass ich Himmel und Hölle für Sie in Bewegung setzen werde. Sie haben es verdient, dass sich jemand für Sie engagiert.«

Sie trat einen Schritt zurück und sah mich skeptisch an. »Für welche Zeitung schreiben Se denn überhaupt? Darüber ham Se noch kein Wort gesagt. Das ist doch mein gutes Recht, dass ich das erfahre. Geben Se mir mal 'ne Visitenkarte.«

»Ich bin … ich bin freie Journalistin«, stammelte ich.

»Ich hab gefragt, für wen Se schreiben.«

»Das weiß ich noch nicht. Oder noch nicht so genau.«

»Is ja interessant! Und Ihre Visitenkarte? Auch 'ne freie Journalistin hat 'ne Visitenkarte!«

Ich senkte meinen Blick. »Ich hab grad keine dabei.«

»Raus hier«, rief sie, »raus hier, aber zackig.«

»Ich verstehe, dass Sie aufgebracht sind. Und ich versichere Ihnen, Frau Weigel ...«

»Raus!«

Sie hielt die Tür auf, während ich im Rückwärtsgehen noch versuchte, sie zu beschwichtigen. Im Flur prallte ich gegen ein Hindernis und zuckte zusammen. Ein dicker Mann mit Lederjacke und Halbglatze motzte: »Jetzt passen Sie doch auf, wo Sie hintreten, beinahe hätten Sie mich zu Fall gebracht.«

Ich kannte seine Stimme, und es rutschte mir einfach so raus: »Ihr Arsch ist doch ohnehin schon blau.«

Verlegen, ohne eine Antwort, schlich er die Treppe hinab. Frau Weigel kicherte und warf mir einen überraschend herzlichen Blick zu. Ich sagte zu ihr: »Ich beende diesen Spuk, ob mit oder ohne Reportage. Ihr Mann soll wieder ein Zuhause haben, wenn er aus dem Krankenhaus kommt.«

»Jetzt merk ich, dass Se doch ehrlich sind«, sagte sie. »Helfen Se mir, bitte, helfen Se mir!«

Ich spürte, wie das Stahlseil um meine Brust sich entspannte, und sagte: »Das verspreche ich Ihnen, Frau Weigel!«

»Großes Indianer-Ehrenwort?«, fragte sie.

»Großes Indianer-Ehrenwort.«

Keine Frage, hier lag ein Notfall vor. Und ich wusste, wessen Handynummer ich anrufen würde.

14

»Heute Nacht war wieder ein Eindringling in der Wohnung, Susanne! Hast du es denn nicht gehört?«

Ich schnitt mein Frühstücksbrötchen auf und bestrich es mit Himbeermarmelade. Meine Nase sog den vertrauten Duft aus Zitrone, Jasmin und Vanille ein, Tante Marthas *Chanel N° 5*, vermischt mit dem süßlichen Geruch des Lung-Ching-Tees. Draußen vor dem Fenster, durch den Nebel der Alster, glitt ein einsames Kajak mit einem Mann in oranger Schwimmweste, ein Farbklecks im Schwarz-Weiß-Bild.

»Ich habe Schritte in der Küche gehört, ja«, antwortete ich.

»Voilà! Dann haben wir es also beide gehört. Ich glaube, ich bin sogar aufgestanden.«

»Ich weiß, ich habe *deine* Schritte gehört. Erinnerst du dich nicht mehr: Wir sind uns in der Küche begegnet und haben geredet?«

Ich biss in mein Brötchen und hörte, wie die Krümel auf meinen Teller rieselten. Martha stellte ihren Ellbogen auf den Tisch und ließ ihr Gesicht in den Handteller sinken. »Wir haben eine Konversation in der Küche geführt? Bist du dir ganz sicher? Du hast großen Kummer im Moment.«

»Ich habe dich gefragt, was du um diese Zeit in der Küche machst. Und du hast mir gesagt, dass du den Gashahn kontrollieren willst.«

»Fürwahr, ich wollte den Gashahn kontrollieren. Aber vorher, Susanne, vorher musst du doch andere Schritte gehört haben, vom Flur in die Küche. Dein Gästezimmer liegt doch direkt daneben.«

»Ich habe nichts gehört«, sagte ich und war unsicher, wie deutlich ich werden durfte, ohne sie zu verletzen.

»Dann hast du aber einen gesegneten Schlaf, Kind.«

»Im Gegenteil, Martha: Ich bin um zwei Uhr aufgewacht, konnte nicht mehr einschlafen und habe gelesen. Ich war die ganz Zeit hellwach.«

Ihr Gesicht hellte sich auf: »Dann waren es deine Schritte auf dem Flur! Dann hast du dir die Beine vertreten, und ich habe das gehört.«

»Ich lag mucksmäuschenstill im Bett – bis du in die Küche gekommen bist.«

Sie kniff die Augen zusammen. »Willst du deiner alten Tante unterstellen, dass sie sich von ihrer Wahrnehmung narren lässt? Dass sie Schritte hört, obwohl da gar keine sind?«

Was sollte ich antworten? Vor einer Woche war ich bei Tante Martha eingezogen, und rasch merkte ich, dass sie Dinge durcheinanderbrachte. »Kommt Sebastian denn ohne dich in Reinstadt klar?«, erkundigte sie sich – dabei hätte sie wissen müssen, dass er gerade in London war. Sie holte die Zeitung vom Briefkasten hoch – und lief eine halbe Stunde später wieder runter, um sich zu beklagen: »Jemand hat meine Zeitung mitgenommen.« Und nach meiner dritten Nacht im Gästezimmer strahlte sie mich morgens an: »Na, wie war die erste Nacht im neuen Heim?«

Es erschien mir immer unwahrscheinlicher, dass sich tatsächlich ein Fremder in ihre Wohnung geschlichen hatte. Zumal Tante Marthas Haus vom Mietermobbing offenbar nicht betroffen war, was auch daran liegen konnte, dass eine Etage höher ein Senatsabgeordneter wohnte.

Was, wenn mich Heiner Stagemann auf eine falsche Fährte angesetzt hatte? Was, wenn der Mord an der 94-Jährigen nichts mit der *StageBau* zu tun hatte?

Über Marion Römer – ich musste ja über Bande spielen – hatte ich ihn fragen lassen: »Wie kommen Sie darauf, dass die *StageBau* in den Mord an der 94-Jährigen verwickelt ist?« Als Antwort kam zurück: »Ich habe das im Gefühl.« Diese Auskunft war erstaunlich windig für einen Mann, der im Immobiliengeschäft nicht reich geworden wäre, ohne sich exzellent mit Fakten und Details auszukennen.

Und welcher vernünftige Mensch würde aufgrund eines »Gefühls« einen Mordverdacht gegen seine eigene Firma erheben und eine verdeckte Ermittlerin anheuern, es sei denn, er litte unter Verfolgungswahn?

Vielleicht hatte Stagemann gedacht, dass mich der Auftrag mehr reizen würde, wenn es um Mord ging, nicht nur um das Rausekeln von Mietern. Das wäre jedoch eine völlige Fehleinschätzung gewesen; denn dass man Mieter vor die Tür scheuchte, sie in die Verzweiflung oder in Herzinfarkte trieb, war für mich auch eine Art von Kapitalverbrechen.

Seit dem Gespräch mit Paula Weigel brachte ich nachts kaum mehr ein Auge zu. Ich malte mir ihren gebrechlichen Mann aus: Was würde geschehen, wenn er in diese Wohnung zurückkäme, Wand an Wand mit einem Bordell, Völkerwanderungen im Treppenhaus und den ganzen Tag Baulärm in den Ohren?

Am schwersten wog die Last auf meinem Gewissen: Wie hatte ich Paula Weigel nur mein Ehrenwort geben können, alles in ihrem Haus in Ordnung zu bringen? Mein alter Philosophielehrer hätte das als »Hybris« bezeichnet, als anmaßende Selbstüberschätzung. Ich war eben keine kraftstrotzende Superheldin, die Bordelle schließen, Bauarbeiten beenden und profitgierige Immobilienfirmen in gemeinnützige Vereine umwandeln konnte. Ich war die angeschlagene Susanne mit einem Knallfrosch in der Brust, die bereits mehrere Nachrichten auf einer Mailbox hinterlassen, aber noch immer keinen Rückruf bekommen hatte.

Ich schnitt das zweite Brötchen auf, Tante Martha hatte noch keinen Bissen gegessen. Tiefe Sorgenfalten gruben sich in ihre Stirn. Ihr Blick tastete mich ab, als suchte sie in meinem Gesicht etwas, das sie auf Anhieb nicht fand. Ihre Augenbrauen fuhren wieder einmal wie eine Jalousie nach oben. »Ich mache mir große Sorgen um dich, Susanne.«

»Weil ich nachts wach liege, aber dennoch keine Schritte auf dem Flur höre?«

»Ich glaube, du bist sehr mit dir selbst beschäftigt, mit deiner Vergangenheit. Und dafür habe ich Verständnis, du hast viel mitgemacht. Aber …« Sie stockte und schien nach Worten zu suchen.

»Aber?«, ermunterte ich sie.

»Aber das Leben ist immer noch lebenswert. Glaub mir, Kind, ich hatte finstere Momente nach dem Tod von Baldur. Ich war so traurig und niedergeschlagen. Aber ich habe immer dieses winzige Licht am Ende des Tunnels gesehen, und ich bin in seine Richtung gelaufen. Und wahrlich, mit jedem Tag wurde es etwas größer, bis ich dann wieder im Hellen stand. Und so wird das bei dir auch sein.«

Ich wunderte mich, dass sie so melodramatisch wurde. »Aber ich hab den Tunnel doch gerade verlassen. Ich bin nach Hamburg gekommen und hab hier einen Job angenommen. Für mich ist das ein wirklich großer Schritt gewesen: Jetzt packe ich mein Leben selbst wieder an, statt nur am Spielfeldrand als Zuschauerin zu stehen.«

Tatsächlich hatte ich die letzten Tage so viel zu tun gehabt, dass für Selbstmitleid kaum Zeit geblieben war. Es tat mir gut, eine Beschäftigung zu haben, sogar der Knallfrosch in meiner Brust verhielt sich ruhiger als sonst.

Tante Marthas Augen ließen mich nicht los, und ihre Brauen fuhren erneut nach oben. »So sind die Mikulas, das hast du von deinem Vater gelernt: nach außen immer stark sein. Aber ich spüre wahrlich, wie es in dir aussieht, da ist so viel Verzweiflung. Mag sein, das Leben erscheint dir sinnlos, jetzt im Moment. Aber …«

»Nun mach aber mal einen Punkt, Tante Martha!«, unterbrach ich sie. »Ich hab schon genug Lasten an mir hängen, da musst du mir nicht noch eine akute Depression andichten.«

Ihr Gesicht hellte sich auf. »Susanne, ich bin so froh, dass du das Wort jetzt selbst gesagt hast. Depression ist eine Krankheit wie jede andere, sie kann den Stärksten ins Straucheln bringen. Niemand muss sich dafür schämen.«

Allmählich wurde mir das Gespräch unheimlich. Entweder war sie geistig verwirrt – oder ich machte auf sie einen Eindruck, der sich absolut nicht mit meiner Selbstwahrnehmung deckte.

»Es stimmt, dass ich krank bin: Ich habe eine posttraumatische Belastungsstörung. Und ich habe dir von meinen Panikattacken erzählt. Aber eine Depression habe ich definitiv nicht.« Ich dachte daran zurück, wie es mir vor knapp eineinhalb Jahren den Boden unter den Füßen weggerissen hatte. Damals war ein Redaktionskeller ausgebrannt und ich wäre als vermeintliche Täterin fast gekreuzigt worden. Der Vorfall hatte eine schwere Depression bei mir ausgelöst.

Ich fuhr fort: »Mein Leben hat mich im letzten Jahr angeödet und frustriert. Aber keine Sekunde habe ich daran gedacht, alles hinzuwerfen. Ich hänge am Leben, an Sebastian, an dir, an allem.«

Martha sah mich hilflos an. »Susanne, man muss sich wahrlich nicht für eine Depression schämen. Ich wünsche mir so sehr, dass du offen mit mir über diese vermaledeite Krankheit sprichst. Ich dachte immer, wir vertrauen einander. Und jetzt merke ich, dass du diesen Kampf ganz alleine durchstehen willst. Sei doch vernünftig, Kind!«

Mit einem Ruck schob ich meinen Frühstücksteller beiseite. »Martha, jetzt rede bitte mal Klartext: Wie kommst du auf die Idee, dass ich eine Depression habe?«

»Überleg doch mal, was du in meine Schreibtischschublade gesteckt hast. Ich sollte das gewiss finden. Das war ein Hilferuf von dir. Und jetzt reagiere ich darauf, und du ruderst wieder zurück.«

Ich rollte mit den Augen. »Was zum Teufel soll ich denn in deine Schublade gesteckt haben?«

Sie stand auf, tippelte ins Wohnzimmer und kam mit einem Buch in der Hand zurück, das sie wortlos vor mir auf den Tisch legte. Das Cover zeigte ein Licht am Ende eines Tunnels, die Titelzeile lautete: *Warum Selbsttötung keine Lösung ist – Erste Hilfe bei Depression.*

»Ich habe dieses Buch noch nie gesehen«, sagte ich.

»Susanne, willst du mich kränken? Jetzt sei doch endlich ehrlich zu mir.«

»Ich bin ehrlich, ich schwöre es.« Mir kam ein Gedanke. »Bist du sicher, dass du dieses Buch nicht selbst …«

»So gewisslich, dass ich es sofort bei meiner Liebe zu Baldur schwören würde. Zum Glück hatte ich noch nie eine Depression.«

»Aber kann es nicht sein, dass dieses Buch schon viele Jahre unentdeckt in dem Sekretär liegt? Vielleicht stammt es noch von Baldur selbst.«

»Ausgeschlossen, vor zwei Wochen habe ich meine Kontoauszüge in den Sekretär sortiert. Da war das Buch noch nicht dort, deshalb dachte ich …«

»… dass ich es dort abgelegt habe? Aber das habe ich nicht. Wenn ich ein Buch vor dir verstecken wollte, würde ich es doch nicht in deine Schublade stecken. Es sei denn, ich wollte, dass es schnell gefunden wird.«

In diesem Moment fiel der Groschen: Was, wenn letzte Woche doch jemand nachts am Gashahn gedreht hatte? Es wäre ein teuflischer Plan: Morgens läge eine tote Frau im Bett – und man fände schon bald das Buch *Warum Selbsttötung keine Lösung ist.* Klarer Fall: Die alte Frau war depressiv, trug sich mit Selbstmordgedanken, und nun war sie zur Tat geschritten. Fremdverschulden ausgeschlossen, Ermittlung unnötig, Tod abgehakt.

Falls es diesen Plan gab, war er mehr als teuflisch – und noch nicht abgeschlossen.

15

Ich war sicher, ein älterer Herr würde mich erwarten, denn »Friedhelm Ganter« klang nach mindestens sechzig Lebensjahren, erst recht beim Geschäftsführer eines Mieterschutzvereins. Doch anstelle einer grauhaarigen Autorität, die sich Schuppen vom Jackett schüttelte, sauste ein Wirbelwind von höchstens vierzig Jahren auf mich zu.

Seine blonden Naturlocken kringelten sich frech in alle Richtungen. Sein Dreitagebart war mindestens fünf Tage alt, und das viel zu große Jackett schlackerte an seinem drahtigen Körper wie ein Umhang. Er war der Typ Mann, der gut aussah, ohne gut aussehen zu wollen.

Auf Turnschuhen kam er aus seinem Büro gesprungen, dessen enger Gang wie eine Spalte im Gletscher aussah, links und rechts ragten die Bücherregale bis zur Decke. Auf dem Schreibtisch am Ende des Büros, direkt vor dem Fenster, türmten sich Ordner, Akten und Zeitschriftenstapel, so willkürlich formiert, als hätte sie gerade ein Taifun dorthin geblasen.

Nachdem wir uns begrüßt hatten, bat er mich an den Besuchertisch im Vorraum, seine Bürotür ließ er offen. Sein Blick vermaß mich. »Und Sie sind Journalistin, Frau Mikula?«

»Ja, seit zwanzig Jahren«, versuchte ich locker zu erwidern, obwohl seine Frage klang, als habe er mich schon als *StageBau*-Mitarbeiterin in der Höhle des Löwen durchschaut.

Sein Gesicht blieb regungslos. »Das glaube ich Ihnen nicht.«

Ein Zucken in meiner Brust verriet, dass der Knallfrosch in Bewegung kam. *Tief atmen, Susanne, tief atmen.*

Ich hielt seinem Blick stand. »Wollen Sie meinen Journalistenausweis sehen?«

Er lächelte. »Die Journalistin glaube ich Ihnen schon, aber nicht die zwanzig Jahre. Oder haben Sie schon bei der Schülerzeitung angefangen?«

Er zwinkerte mir zu und ließ einen Blick aufblitzen, der mir schmeichelte. Seine Augen strahlten in einem rätselhaften Grünblau, das mich an die Lieblingsmurmel aus meiner Kindheit erinnerte.

»Und wie schafft man es, schon mit Ende zwanzig Geschäftsführer zu werden?«, fragte ich genauso kokett zurück.

Er lachte. »Das ist eine lange Geschichte, die kann ich Ihnen gern mal in schönerem Rahmen erzählen.«

Wie sollte ich das jetzt verstehen? Wollte er mir ein Date anbieten? Oder meinte dieser Satz nur: *Lassen Sie uns endlich zum Thema kommen?*

»Ich recherchiere über die Mietpreise in Hamburg. Ich möchte von Ihnen wissen: Mit welchen Tricks treiben die großen Firmen ihre Mieten nach oben? Wie servieren die langjährige Mieter ab? Welche schmutzigen Geschäfte werden auf dem Rücken der einfachen Leute ausgetragen?«

»Darf ich fragen, für welche Zeitung Sie schreiben?«

»Ich arbeite am ›Schwarzbuch Vermieter‹, das wird nächstes Jahr bei Goldmann erscheinen. Der Mietmarkt in Hamburg wird einer der Schwerpunkte sein.« Diese Ausrede hatte ich mir nach der peinlichen Situation mit Paula Weigel zurechtgelegt.

Seine grünblauen Murmelaugen leuchteten. »Das finde ich mega! Ein solches Buch können die Mieter wirklich gebrauchen. Werden Sie auch Adressen von Mieterschutzvereinen darin nennen?«

»Von allen, die mich effektiv unterstützen.«

Er lachte. »Sie wollen, dass ich mich anstrenge? Also gut, dann fange ich mal mit dem Nebenkostenbetrug an. Das ist ein zwei- bis dreistelliges Millionengeschäft in Hamburg.«

»Aber müssen die Nebenkosten nicht auf den Cent dokumentiert werden? Wie will ein Vermieter da mehr verlangen, als tatsächlich angefallen ist?«

Er schabte mit dem linken Zeigefinger übers Kinn, seine Bartstoppeln knisterten leise unter seinem Fingernagel. »Der Trick geht so: Die großen Immobilienfirmen betreiben kleine Unterfirmen, die zum Beispiel Hausmeisterdienste anbieten, handwerkliche Arbeiten verrichten oder Gärtnerarbeiten erledigen. Also stimmen die Abrechnungen auf den Cent – nur werden den Mietern für diese Dienstleistungen völlig überhöhte Summen in Rechnung gestellt.«

»Aber die Mieter müssen doch durchschauen, dass diese Preise überteuert sind und dass die Firma sich das Geld von einer Tasche in die andere schiebt.«

»Ach was! Diese kleinen Unterfirmen heißen anders als die Mutterfirma, man stellt gar keinen Zusammenhang her. Und woher soll ein Hochhausbewohner wissen, wie oft der Gärtner da war, ob zwanzigmal im Monat, wie abgerechnet, oder nur zweimal. Und die wenigsten Mieter haben eine Vorstellung davon, was ein Hausmeisterservice kosten darf. Die Summen werden ja auf alle Mieter verteilt. 75 Euro zu viel im Monat fallen niemandem auf.«

»Aber lohnt sich das denn für die großen Firmen? 75 Euro sind ja recht überschaubar.«

Sein Zeigefinger raschelte erneut über die Bartstoppeln auf seinem Kinn. »Immerhin sind das 900 Euro im Jahr. Und wenn eine große Firma 1,5 Millionen Mieter in Deutschland hat, sprechen wir von 1,35 Milliarden Zusatzgewinn. Milliarden! Finden Sie das immer noch ›überschaubar‹?«

Ich schnappte nach Luft. »Das ist ja ungeheuerlich. Dann verdienen die Immobilienfirmen zweifach: offiziell an der Miete und heimlich an den überteuerten Nebenkosten, die sie nur scheinbar im Auftrag anderer berechnen.«

»Und jetzt stellen Sie sich vor, welche Zusatzgewinne herauskommen, wenn Firmen ihren Wohnraum modernisieren, alte Mieter abservieren und die Miete dann neu ansetzen. Aus 750 Euro werden schon mal 1.500 Euro – macht ein Plus von 750 Euro pro Monat und 9.000 Euro im Jahr. Ahnen Sie jetzt, welche Megasummen solche Tricks am Jahresende ergeben?«

»Aber es gibt doch die Mietpreisbremse«, wandte ich ein. »Und ich habe gelesen, dass ein Vermieter, der modernisiert hat, jetzt nur noch eine Erhöhung von acht Prozent an seine neuen Mieter weitergeben darf. Acht Prozent von 750 sind unter 75 Euro – und keine weiteren 750.«

Sein Zeigefinger schnippte gegen die Bartstoppeln. »Ach ja, die schöne Theorie. Aber dann wird die Wohnung am Markt eben doch für 1.500 Euro angeboten. Und Sie wissen, wie knapp der Wohnraum in Hamburg ist. Also quetschen Sie sich bei der Besichtigung mit neunundvierzig weiteren Interessenten durch die Wohnung. Die Chance, dass Sie den Zuschlag bekommen, ist minimal. Wenn es doch klappt, fühlt sich das für Sie wie ein Lottogewinn an. Kämen Sie dann noch auf die Idee, sich die bisherige Miete nachweisen zu lassen? Zumal juristische Schlachten mit dem Vermieter, die schon vor dem Einzug beginnen, nicht gerade die Wohn- und Lebensqualität beflügeln.«

»Das heißt, die Gesetze sind gut, aber die Umsetzung ist es nicht?«

Er schüttelte den Kopf. »Die Gesetze sind megamiserabel. Die Mietpreisbremse lässt sich locker umgehen. Zum Beispiel gilt sie nicht für möblierte Wohnungen. Also stellen die Vermieter ein paar Möbelstücke in eine Wohnung, die bislang unmöbliert war – und schon ist das Gesetz ausgetrickst. Und die Mietpreisbremse setzt auch dann aus, wenn die Sanierungsmaßnahme mehr als ein Drittel eines vergleichbaren Neubaus kostet. Das bekommt man als große Immobilienfirma locker hin – erst recht, wenn man sich völlig überhöhte Rechnungen von eigenen Unterfirmen stellen lässt.«

Ich atmete tief durch. »Und was passiert, wenn ein Vermieter bei einem Verstoß gegen die Mietpreisbremse doch erwischt wird?«

Sein Zeigefinger fuhr bedächtig über die Bartstoppeln. »Halten Sie sich gut fest: Der Gesetzgeber betrachtet einen Verstoß gegen die Mietpreisbremse nicht als strafbare Handlung. Das Schlimmste, was einem Vermieter passieren kann: Er muss die zu viel verlangten Beträge wieder zurückerstatten. Das ist so, als wäre Taschendiebstahl zwar verboten. Aber wer erwischt wird – was selten genug passiert –, muss lediglich seine Diebesbeute ab diesem Zeitpunkt wieder rausrücken.«

»Moment mal! Wenn mich mein Vermieter über Jahre mit einer zu hohen Miete abzockt – sagen wir, er kassiert zu

Unrecht 15.000 Euro –, dann muss er mir dieses Geld doch zurückbezahlen, sobald das auffliegt.«

»Muss er eben nicht! Der Taschendieb muss nur jene Beute zurückgeben, bei deren Diebstahl jemand protestiert hat. Alles, was er früher *unbemerkt* an Land gezogen hat, bleibt in seinem Besitz – auch wenn sich die Diebstähle nachweisen lassen. Keine Polizei, kein Prozess, keine Strafe. Was meinen Sie: Würde ein solches Gesetz Taschendiebe abschrecken oder anziehen?«

Ich war fassungslos, denn diese Lücke des Mietrechts hatte ich nicht gekannt.

Er sprach weiter: »Vor allem gibt es keine Preisbremse beim Verkauf von Immobilien. Und ein großes Haus ohne Mieter kann viele Millionen mehr wert sein als eines mit. Drum bekommen so viele Mieter den Boxhandschuh zu spüren.«

Auf dieses Stichwort hatte ich gewartet. »Zu welchen Schweinereien sind Immobilienfirmen denn bereit, um ihre alten Mieter loszuwerden?«

»Vieles davon ist krimireif.« Er stockte einen Moment und schien mit sich zu ringen. Dann sprach er weiter, denn offenbar gefiel es ihm, mich zu beeindrucken: »Gerade jetzt liegt ein Fall auf meinem Tisch, da haben zwei Mieter einen Anschlag ihres Vermieters nur knapp überlebt.« Er deutete in sein Büro: »Die rote Mappe da auf meinem Schreibtisch, ein Megaskandal.«

Ich wurde hellhörig. »Einen Anschlag aufs Leben der Mieter? Das klingt heftig. Was genau ist da passiert?«

Sein Finger auf dem Kinn verharrte. »Jetzt muss ich vorsichtig sein, denn wir dürfen uns als Mieterschutzverein keine juristischen Klagen einhandeln. Die großen Firmen prozessieren uns in Grund und Boden. Ich sag's mal neutral:

Die Mieter wurden einer gesundheitlichen Belastung ausgesetzt, die lebensbedrohlich war.«

»Einer Belastung welcher Art?«

Er wich am Tisch ein Stück zurück und ließ seine Hände unter den Tisch fallen. »Das will ich jetzt nicht konkretisieren.«

»Sie haben von einer großen Firma gesprochen. Gehe ich recht in der Annahme, dass Sie die *StageBau* meinen?«

Hektisch schüttelte er den Kopf. »Wie kommen Sie denn gerade auf die *StageBau*? Es gibt viele skrupellose Immobilienfirmen hier in Hamburg. Nehmen Sie doch mal die *Omnor AG* unter die Lupe. Und auch mit den städtischen Wohnungen wird viel Schindluder getrieben.«

Mir fiel auf, dass er meine Frage nach der *StageBau* nicht beantwortet und stattdessen andere Vermieter ins Spiel gebracht hatte. Woher kam diese plötzliche Vorsicht?

»Der Fall mit dem Anschlag interessiert mich sehr. Können Sie mir die Kontaktdaten dieser Mieter geben? Ich möchte direkt mit ihnen sprechen.«

»Tut mir leid, Datenschutz, Sie verstehen.«

»Aber wie soll ich über den Fall schreiben, wenn ich nicht weiß, was geschehen ist und wen es betrifft?«

»Sorry, das ist Ihr Job. Ich kann nur den meinen machen.«

Mir fiel auf, dass seine Antworten immer kürzer wurden, seit ich die *StageBau* erwähnt hatte.

»Dann geben Sie doch einfach meine Handynummer an diese Mieter weiter. Das verstößt nicht gegen den Datenschutz.«

»Die Mieter sind umgezogen. Ich glaube, ich habe ihre aktuellen Kontaktdaten gar nicht mehr. Aber Sie können mir Ihre Nummer ja mal aufschreiben.«

Das Klingeln seines Handys verhinderte die Fortsetzung unseres Gesprächs. »Entschuldigung, es dauert nur eine Minute. Ich muss raus in den Flur. Hier drinnen ist der Empfang so schlecht.«

Nachdenklich blieb ich im Vorraum seines Büros zurück. Was hatte es mit diesem Anschlag auf sich? Gab es vielleicht eine Parallele zu der ermordeten Rentnerin? Oder zu dem, was in der Wohnung meiner Tante womöglich hätte geschehen sollen?

Ich schaute zu seinem Schreibtisch. Die rote Mappe, die Dokumentation des Anschlags – da lag sie, nur sieben, acht Meter entfernt. Ob die Zeit ausreichen würde, um …

Ich huschte in sein Büro, durch die Gletscherspalte, umstanden von hohen Regalgebirgen. Mit zitternden Fingen blätterte ich die rote Mappe auf, sah eine ausgedruckte Mail und hielt mein Handy drüber. Rasch ein Foto!

Ich drückte den Auslöser. Einmal, zweimal, dreimal. Aber das Handy schwieg, statt zu klicken, und auf dem Display stand: »Speicher voll«. Verdammt.

Also musste ich mit den Augen fotografieren. Ich überflog den Text und blieb an einem Wort hängen, das sofort eine Gänsehaut bei mir auslöste: »Gas«.

Da hörte ich aus der Ferne, wie Friedhelm Ganter seine Stimme auf dem Flur anhob. »Also gut, dann lassen Sie uns so verbleiben.«

Gleich würde er mich in seinem Büro erwischen, beim Spionieren in einer vertraulichen Mappe. Ich sah schon, wie er mich im hohen Bogen rauswarf, als besonders widerliches Exemplar einer Schnüffeljournalistin.

Ich rannte los durch die Gletscherspalte. Im selben Moment, als er die Tür öffnete, plumpste ich auf meinen Stuhl.

Etwas Kaltes, mit scharfen Kanten, pikste zwischen Hosenbund und Bauch. Jetzt lautete die Frage nur: Würde ich hier wegkommen, ehe er die rote Mappe auf seinem Schreibtisch vermisste?

16

Ich hatte mit dem Schlimmsten gerechnet – dass der Knallfrosch in meiner Brust am laufenden Band explodiert, dass mich Panikattacken schütteln und dass mich meine Gedächtnislücken von einer Verlegenheit in die nächste stürzen. Aber nach zehn Tagen in Hamburg fiel die Bilanz positiv aus.

Der Faden meiner Psyche, zuletzt hauchdünn, schien wieder tragfähiger. Ich wühlte in Recherchematerial, führte Gespräche als »Journalistin«, kurvte durch die Stadt, hämmerte Notizen in meinen Laptop und ging ran wie in alten Zeiten, als ich Powerfrau statt Patientin war.

Nur nachts, wenn ich im Bett lag, trieben meine Gedanken in die Vergangenheit ab, auf die Autobahnbrücke. Spätestens im Traum kam der alte, schreckliche Film wieder ins Laufen. Aber oft lag ich wach, grübelte über die Ereignisse des Tages und lauerte auf Schritte im Flur. Denn seit ich die rote Mappe studiert hatte, wusste ich, dass die *StageBau* über Leichen ging. Und ich sah mich in der Pflicht, Tante Martha und mich – und viele andere Mieter – vor dem Schlimmsten zu beschützen.

Mein Büro im Firmengebäude lag am Ende eines Flurs im vierten Stock, eine Besenkammer, die mal ein Druckerraum war. Kleines Fenster, wenig Tageslicht. Ein billiger Schreibtisch, ein Laptop, ein quietschender Bürostuhl, ein verstaubtes Regal und eine Blume auf der Fensterbank, die schon beim Anschauen zerbröselte, aber vor Jahren mal eine Grünpflanze war.

In der Nachbarschaft gab es nur ein paar Sitzungsräume, keine anderen Büros. Ich war weitgehend von den Kollegen abgeschottet. Niemand sollte mir auf die Finger schauen, hatte Marion Römer gesagt. Nur bei der Mittagspause saß ich gelegentlich mit Kollegen zusammen und sperrte die Ohren weit auf.

Meine Position war als Stabsaufgabe unter Marion Römer aufgehängt, ich berichtete direkt an sie. Bei einer Teamrunde hatte sie mich flüchtig vorgestellt: »Das ist Susanne, sie ist unser neuer Mieter-Relationship-Consultant«. Diesen Anglizismus ließ sie so beiläufig fallen, als müsse ihn jeder kennen, der kein Volltrottel war. Alle nickten ergriffen, niemand wollte sich durch eine Rückfrage – »Was macht sie eigentlich genau?« – blamieren. Wahrscheinlich gab es Tausende von Jobs mit klangvollen englischen Titeln, die nur aus heißer Luft bestanden.

Meine Legende lautete so: »Ich führe Umfragen unter den Mietern durch und leite daraus Maßnahmen ab, wie wir die Kundenzufriedenheit steigern, auch durch die Schaffung neuer Positionen.« Der letzte Teil der Erklärung rechtfertigte, dass meine Stelle direkt der Personalchefin zugeordnet war. Und die Jobbeschreibung erklärte, warum ich so oft außer Haus war, diverse Immobilien der *StageBau* besuchte und bevorzugt Gespräche mit unzufriedenen Mietern führte.

Im Grunde war meine Antwort nicht mal gelogen, auch wenn ich meine »Maßnahmen zur Steigerung der Mieterzufriedenheit«, so hoffte ich, bald an einen leitenden Hamburger Staatsanwalt würde delegieren können.

Kannte ich Marion Römer wirklich erst seit so kurzer Zeit? Sie brauchte mich nur anzuschauen, schon wusste sie, was in mir vorging. Ich hatte ihr aus meinem Leben erzählt, bei einem langen Mittagsspaziergang, von Sebastian, von Markus, von Heiko, von Tante Martha – es war ein Erlebnis, mit ihr zu sprechen, denn sie hörte wirklich zu. Ihr Blick ruhte auf meinem Gesicht, und jedes Wort, das ich sagte, schien wie flüssiges Gold in ihre Ohrmuscheln zu tropfen und sich sofort in ihren Augen zu spiegeln. Erzählte ich Trauriges, wurden ihre Augen matter, wie seelisch bewölkt; erzählte ich Fröhliches, blitzten sie vor Glanz, wie bei Sonnenschein. Und fortwährend regte mich ihr sanftes Nicken an, den Erzählfaden fortzuführen. Sie war Momo, die geborene Zuhörerin.

Und sie las meine Gedanken, als würden wir uns schon eine halbe Ewigkeit kennen. Wenn ich im Gespräch kurz stockte und abwesend war, sagte sie: »Du denkst an deine Tante, stimmt's?« Und ich hatte an meine Tante gedacht. Oder: »Du vermisst deinen Sohn.« Und ich hatte Sebastian vermisst. Weiß der Kuckuck, woher sie das wusste.

Sobald ich ihr Büro betrat, war sie ganz für mich da, wie ein Laserstrahl, der sein Licht auf einen Punkt konzentriert. Sie ließ das Telefon klingeln, vertröstete Besucher und gab mir das Gefühl, für sie der wichtigste Mensch der Welt zu sein. Beim Zuhören nahm sie jede Schwingung zwischen den Zeilen wahr. Wenn ich sagte, es sei »eigentlich alles in Ordnung«, fragte sie: »Und was, Susanne, müsste geschehen, damit wirklich alles in Ordnung ist?«

Danach hatten wir uns mehrfach zum Abendessen getroffen, wunderbare Gespräche geführt, und jede hatte der anderen ihre Lebensgeschichte erzählt. Sie war Diplomatentochter, das klang beeindruckend, aber hatte bedeutet, dass sie – so ihre Worte – »wie ein Gepäckstück« von Land zu Land transportiert worden war, meist in Afrika. Kaum hatte sie sich auf einer Schule eingelebt, Freunde gefunden und Wurzeln geschlagen, wurden schon wieder die Koffer gepackt. Ihr Vater liebte es, neue Länder zu erobern, und sie hasste es, alte Länder zu verlassen – anders als ihr großer Bruder Vincent, der mit seinen Cliquen stets so zerstritten war, dass die Umzüge für ihn eine Befreiung waren. Ständig lag er seinen Eltern mit dem Satz »Es wird langweilig hier, wir müssen was Neues sehen!« in den Ohren.

Schon ein Jahr vor dem Abitur hatte sich Marion von ihrer Familie nach Hamburg abgesetzt, in Altona in einer WG gewohnt und aus Stolz kein Geld mehr angenommen. Das letzte Schuljahr und ihr BWL-Studium finanzierte sie durch einen Nebenjob als Model, bei dem sie ihren langjährigen Freund, einen Starfotografen, kennenlernte. »Mittlerweile ist er mit einem anderen Model zusammen, einer Jüngeren«, hatte sie gesagt. Sie deutete an, dass sie für ihn mit hohen Summen gebürgt habe und deshalb »finanziell noch keine großen Sprünge« machen könne. Diese Geschichte kam mir bekannt vor, nur dass ich meine Misere selbst zu verantworten hatte.

Aktuell war Marion Single, und wenn sie von etwas schwärmte, dann für »Frisches Wasser für Afrika« – eine Aktion, die sie ins Leben gerufen hatte und ehrenamtlich leitete. Sie hatte Menschen sterben sehen, weil ihnen das gefehlt hatte, was wir durchs Klo spülen: Trinkwasser. Und sie wollte etwas dagegen tun. Wäre ich nicht pleite gewesen, hätte ich ihr sofort eine dicke Spende überwiesen.

Jedes Mal, wenn wir uns sahen, fühlte ich mich absolut verstanden. Wir begegneten uns als Herzensmenschen. Bislang hatte ich im Leben nur eine wirklich enge Freundin gefunden, und das war Iris. Sie tanzte seit unserer Journalistenausbildung leichtfüßig an meiner Seite durchs Leben, riss mich durch überschäumende Herzlichkeit mit und hatte es mir sogar verziehen, dass ich sie im Auftrag unseres intriganten Verlegers vor die Tür gesetzt hatte – ein furchtbarer Fehler.

Iris war fast genauso alt wie ich, fühlte sich aber wie eine deutlich jüngere Schwester an: Sie war ungestüm, ungeduldig, chaotisch – früher, ohne Knallfrosch in der Brust, hatte ich für sie mitgedacht statt umgekehrt. Marion dagegen war sieben Jahre jünger, hatte aber das Zeug zur älteren Schwester. Ich kam mit einem vollen Herzen zur Arbeit, aber sobald ich mit ihr gesprochen hatte, wurde es leicht in meiner Brust. Unsere Seelen standen in Funkkontakt, das war mir schon lange nicht mehr passiert. Zuletzt mit Markus. Aber der hatte sein Funkgerät über Nacht weggeworfen, ich hatte ihn zu sehr an jene Patientinnen erinnert, mit denen er sich als Psychologe täglich herumschlug.

»Geh Patricia Stagemann aus dem Weg«, hatte mir Marion mehrfach eingebläut. »Die wittert überall Lüge und Verrat, jedes Gespräch mit ihr wäre riskant. Wenn die rausfindet, dass du hier im Auftrag ihres Bruders bist, dann brennt der Busch.«

Doch am Ende meiner zweiten Arbeitswoche, gegen 7.45 Uhr, passierte es: Ich hatte gerade im Fahrstuhl den Knopf mit der »4« gedrückt, da hörte ich das Trommelfeuer hoher Absätze auf dem Marmorboden klacken, und in letzter Sekunde – die Tür war schon am Schließen – schlüpfte eine hagere Frau in den Fahrstuhl. Sie war groß, mindestens

1,80 Meter, eine spitze Nase dominierte ihr Gesicht. Das dunkelblonde Haar, einen Tick zu streng nach hinten gebunden, verlieh ihr etwas Gouvernantenhaftes. Ihr graues Kostüm war nicht grau genug, dass ich die Handschrift eines Designers hätte übersehen können.

Ich kannte ihr Gesicht von der Firmenhomepage, dort war Patricia Stagemann abgebildet, anders als ihr scheuer Bruder.

Sie hatte den Blick gesenkt und wischte auf ihrem Smartphone herum, während sie mit dem Daumen ihrer linken Hand auf die »8« hämmerte. Mich nahm sie nicht zur Kenntnis. Regungslos stand ich in der Ecke des Fahrstuhls, der mir wie ein Eisschrank vorkam, seit sie ihn betreten hatte. Mit einem Ruck begann die Fahrt. Es schien ewig zu dauern, bis die Anzeige von der »1« auf die »2« sprang. Am liebsten hätte ich mich in Luft aufgelöst.

Fieberhaft ging ich meine Möglichkeiten durch: Entweder trat ich die Flucht nach vorne an und stellte mich vor. Aber damit hätte ich gegen den Rat Marions gehandelt. Oder ich schlich mich im vierten Stock einfach aus dem Fahrstuhl, in der Hoffnung, weiter von Stagemann ignoriert zu werden. Aber damit hätte ich mich gegen die Regeln der Höflichkeit entschieden.

Der Fahrstuhl nahm mir die Entscheidung ab: Mit einem Ruck hielt er im vierten Stock. Patricia Stagemann hatte immer noch nicht aufgeschaut. Mit vorsichtigen Schritten bewegte ich mich zum Ausgang. Ich war fast schon draußen, da räusperte sie sich, tief wie ein Donnergrollen – und hielt mich mit ihrer schneidenden Stimme in der Tür fest: »Wissen Sie eigentlich, wer ich bin?«

»Ähm, ja – ich glaube schon.«

»Das ist gut so«, sagte sie. »Und weiß ich eigentlich, wer Sie sind?«

»Ähm, nein – ich glaube nicht.«

»Das ist schlecht so. Warum haben Sie sich nicht vorgestellt? Ich möchte jedes Gesicht hier im Haus zuordnen können. Hier soll sich nicht jeder rumtreiben können. Drücke ich mich deutlich genug aus?«

»Ähem, ja – ist gut.« Ich kam mir vor wie ein Schulmädchen, das seine Hausaufgaben nicht gemacht hatte.

Ihr erneutes Räuspern fuhr mir durch Mark und Bein. »Keine Sorge, ich habe Sie schon im Blick. Und mir ist aufgefallen, dass an Ihnen etwas nicht stimmt, Frau Mikula.«

Ihre zusammengekniffenen Augen fixierten mich. Der Knallfrosch in meiner Brust führte wilde Sprünge auf. Woher kannte sie meinen Namen?

Sie kniff die Augen zusammen. »Und jetzt raus hier, aber dalli! Verstanden?« Ich sprang einen Schritt nach hinten. Die Tür begann sich zu schließen, und Stagemann sagte: »Sie haben eine Laufmasche – links an der Wade.«

Jetzt war die Tür zu, ich blickte an meinem linken Bein hinab. Tatsächlich, da war eine Laufmasche. Wie hatte sie das nur gesehen, ohne hinzuschauen?

Patricia Stagemann nahm mehr wahr, als ich es für möglich hielt – kein sehr beruhigender Gedanke.

17

Der Anruf kam, als ich ihn schon nicht mehr erwartet hatte. »Bitte entschuldigen Sie, ich hätte mich früher melden sollen – ich war im Ausland auf Reisen.«

»Es ist ein Notfall, sonst hätte ich mich nicht bei Ihnen gemeldet«, sagte ich. »Es geht um ein Ehepaar, das von der *StageBau* terrorisiert wird. Der Mann hatte schon einen Herzinfarkt. Und die Frau steht kurz davor. Ein Skandal, eine unglaubliche Story, Sie müssen da was machen. So rasch wie möglich.«

»Was erwarten Sie von mir?«

»Dass Sie den Terror aufdecken und beenden. Wenn Sie das wirklich wollen, können Sie das. Sie haben Macht und Einfluss, erreichen viele Menschen. Und die Fakten liegen schon auf dem Tisch.«

»Ich kann hier nicht schalten und walten, wie ich will. Ich fürchte, Sie überschätzen mich.«

»Vielleicht unterschätzen *Sie* Ihre Möglichkeiten. Ich werde Ihnen meinen Plan erklären. Können wir uns treffen – noch heute Abend?«

Es wurde still am anderen Ende der Leitung, und ich war auf ein fettes Nein gefasst. Warum sollte jemand, den ich erst einmal gesehen hatte, seine Abendpläne für mich verändern? Doch dann hörte ich zu meiner Freude: »Einverstanden – 21 Uhr im *Abaton*.«

Das *Abaton* war ein Kino mit Kneipe, fanden die Kinogänger – oder eine Kneipe mit Kino, fanden die Kneipengänger. Es lag im Grindelviertel, nur einen Steinwurf von der Universität entfernt, die Bar war lang wie ein Elbdeich, und wer sich als Mensch von über dreißig hierherwagte, war entweder Dozent oder frech genug, das Durchschnittsalter ohne Alibi nach oben zu zerren.

Wir saßen gegenüber der Bar am Fenster, ein Stimmengewirr wie auf einem Pausenhof erfüllte den Raum, und schon beim ersten Alsterwasser waren wir zum Du übergegangen. Die rote Mappe hatte ich noch nicht erwähnt, ich wollte erst hören, wie dem Ehepaar Weigel schnell geholfen werden konnte.

Aber Jane Sternberg sprang nicht auf das Thema an: »Die meisten Mietergeschichten sind abgeschmiert. Damit lässt sich kein Blumentopf mehr gewinnen auf unserem eng umkämpften Zeitungsmarkt.«

»Abgeschmiert?«, fragte ich.

»Wir können die Klicks online verfolgen. Ein Mord auf dem Kiez – das funktioniert. Ein entlassener Trainer beim HSV – wunderbar. Aber Mietergeschichten laufen eher schlecht als recht. Das ist so platt und absehbar: Böser Vermieter beutet guten Mieter aus. Kennst du nicht die alte Journalistenregel: Wenn der Hund einen Briefträger beißt, interessiert das niemanden. Aber wenn der Briefträger einen Hund beißt, dann …« Das Ende des Satzes blieb sie mir schuldig, aber ich konnte mir den Rest ausmalen.

»Und ich dachte, ich renne bei dir offene Türen ein. In der Geschichte geht es um Sex, um Geldgier und ums Überleben – da muss ein Boulevardblatt doch frohlocken. Und was ist ›absehbar‹ daran, wenn ein Vermieter ein Bordell eröffnet, um seine Mieter zu schädigen? Und es ist doch nicht ›platt‹, sondern vielmehr dramatisch, wenn ein Mieter fast in den Tod getrieben wird. Unglaublicher Stoff. Diese Story wird eure Leser fesseln.«

Gerne hätte ich hinzugefügt, dass es einer guten Journalistin nicht um Auflage, sondern um Aufklärung gehen sollte – und dass sie ihre Themen nach gesellschaftlicher Relevanz und nicht nach Klickquoten wählen müsste. Aber als langjährige Mitarbeiterin eines Blattes, das dem Bürgermeister nach dem Mund geschrieben hat, war ich in dieser Frage keine Autorität.

Jane Sternberg nippte am Schaum ihres Alsterwassers. »Wir haben ohnehin schon zu viel Sex im Blatt: Affären von Prominenten, Models mit mehr Busen als Kleidung, dazu noch die heißen Storys vom Kiez. Und wenn wir das Miet-thema jetzt mit Sex verquicken ...«

»Jane, wenn die Wirklichkeit nun mal so ist, musst du es auch so aufschreiben. Es geht hier um Leben und Tod. Das Bordell neben seinem Schlafzimmer hat Hermann Weigel schwer krank gemacht. Und wenn er jetzt aus dem Krankenhaus nach Hause kommt und dieser Stress anhält, dann hat er eine schlechte Prognose. Ein einziger Bericht in eurem Blatt könnte die Sache wenden. Ich stelle mir ein großes Bild von Hermann Weigel im Krankenbett vor, dazu die Überschrift: ›Bordell in Mietshaus: Soll dieser Mann in den Tod getrieben werden?‹ Und dann schreibst du auf, was sich die *StageBau* in diesem Haus schon alles geleistet hat.«

Sie nippte erneut an ihrem Alsterwasser, etwas Schaum blieb an ihrer Oberlippe kleben. »Aber hältst du es wirklich für eine gute Idee, einen schwer kranken Mann vor die Kamera zu zerren und in der Zeitung zur Schau zu stellen? Der

Medienzirkus könnte ihn mehr aufregen als das Bordell.« Ihr Oberkörper pendelte wieder wie bei einer Boxerin, sie kam mir unsicher vor, obwohl sie selbstbewusst klang.

»Aber es gibt einen Unterschied: In euer Blatt von heute wird morgen schon der Hering unten am Fischmarkt gewickelt. Der Medienrummel ebbt rasch ab. Das Bordell hingegen wird so lange bleiben, bis dieser alte Mann nicht mehr kann. Du musst darüber schreiben. Dann entsteht Druck, und der verändert alles.«

»Tut er das? Ich habe über Gewalt bei Demos geschrieben – es wird nach wie vor geknüppelt. Ich habe über pfuschende Ärzte geschrieben – es wird nach wie vor gepfuscht. Und ich habe über Kinderschänder geschrieben – es wird nach wie vor geschändet. Ich kann mit meinen Artikeln das Blatt füllen, aber ansonsten ...«

»Du kannst einer Aktiengesellschaft ordentlich Feuer unterm Hintern machen. Was wird die *StageBau* tun, wenn diese fiese Masche öffentlich wird? Sie wird das für ein fürchterliches Missverständnis erklären – und das Bordell rasch räumen lassen: ›*StageBau* ist entsetzt – und reagiert unverzüglich.‹ Die sind auf ihr Ansehen sehr bedacht – so gut kenne ich den Laden mittlerweile.«

Jane Sternberg merkte auf. »Du kennst den Laden mittlerweile? Wie meinst du das? Was hast du mit der *StageBau* zu tun?«

Mist, jetzt hatte ich mich verplappert. Zu Beginn unseres Gespräches hatte ich ihr erzählt, ich verbrächte ein paar Tage bei meiner Tante in Hamburg – und sei im Rahmen einer Recherche zufällig auf diesen Fall gestoßen.

»Lass uns nicht in solche Details gehen, sondern bei der Grundsatzfrage bleiben.« Solche hohlen Ausweichphrasen hatte ich hundertfach von Politikern nach kritischen Interviewfragen von mir gehört und in meinen rhetorischen Notfallkoffer aufgenommen.

Sie kratzte sich an ihrer sommersprossigen Nase. »Ein bisschen mehr Offenheit wäre schon hilfreich. Oder misstraust du mir?«

Das war eine gute Frage, denn mir fiel kein vernünftiger Grund ein, warum sie ein so brisantes Thema ablehnte. »Du hast mir gerade eine Tür gegen den Kopf geknallt. Und ich steh jetzt draußen, obwohl ich ein tolles Thema im Gepäck habe. Und es fühlt sich wie eine große Beule an. Aber dir misstrauen? Nein, nein.«

Sie starrte auf die Tischplatte, und ich spürte: Wenn unser Gespräch so weiterging, würde ich dem Ehepaar Weigel nicht helfen können. Ich musste sachlich bleiben, auch wenn es in mir brodelte.

»Was ist jetzt, Jane, wirst du das Thema deinem Chefredakteur vorschlagen? Wie hieß er noch gleich – Frank von Leibringen?«

»Ich würde ja. Aber ich werde damit nicht durchkommen, das weiß ich definitiv.«

»Wer kämpft, kann verlieren. Wer nicht kämpft, hat schon verloren.« Das war eines meiner Lieblingszitate.

Sie wischte sich den Schaum von der Lippe. »Aber wer kämpft, obwohl er keine Chance hat, der riskiert ...«

Es nervte mich, dass sie ihre Satztüren dauernd offen stehen ließ. Ohnehin war meine Geduld am Ende. »Du Ärmste! Dann ist gar nicht der Mann mit dem Herzinfarkt in Gefahr, dessen Wohnung nach Jahrzehnten unter dem Hintern wackelt – sondern du, wenn du in deiner warmen Redaktionsstube einen Themenvorschlag machst! Was kann dir denn schlimmstenfalls passieren? Wirft er dich raus? Stürzt er sich mit scharfen Zähnen auf dich wie der böse Wolf auf Rotkäppchen?«

Ihr Oberkörper pendelte jetzt so heftig, als müsste sie meinen verbalen Schlägen ausweichen. »Ich bitte dich, Susanne. Werd doch nicht gleich zynisch.« Ihre Stimme klang piepsig wie die einer Fünftklässlerin.

»Zynismus ist ja wohl dein Ressort: Was bist du denn für eine Journalistin, wenn du nicht mal für deine Überzeugungen kämpfst? Oder hast du gar keine? Was für ein Glück, dass ich nicht in deiner Redaktion angefangen habe.«

»Susanne, ich mag dich. Ich bin nicht hier, um mit dir zu streiten. Ich wollte dich kennenlernen und …«

Ich dachte an die rote Mappe. »Und ich wollte dir von einem Mordanschlag erzählen. Ja, einem Mordanschlag hier in Hamburg, gerade erst passiert! Aber so, wie du drauf bist, würdest du mir wieder unter die Nase reiben: ›Das ist auch nur ein Mieterthema‹.«

Ich zog meine Jacke an und legte einen Geldschein auf den Tisch.

»Bleib hier, Susanne. Erzähl mir davon: Was war das für ein Anschlag? Vielleicht kann ich ja doch …«

Ich drehte mich um, stapfte auf die Treppe zu und hörte, wie sie meinen Namen rief. Mit schnellen Schritten ging ich hinab und dann durch den Vorhang nach draußen. Ein schneidend kalter Herbstwind pfiff mir entgegen und wirbelte trockenes Laub durch die Grindelallee. Ich eilte in Richtung Dammtor-Bahnhof, wütend auf die Welt und wütend auf mich selbst.

Auf Höhe der Universität holte sie mich ein.

18

Als Marion von der roten Mappe aufblickte, hatte ihr südländischer Teint einen grauen Anstrich bekommen. Mit einem Schlürfen sog sie Luft ein. »Das ist ja unglaublich, Susanne! Die beiden Brüder können von äußerstem Glück sagen, dass sie noch am Leben sind.«

»Geplant war das definitiv anders«, sagte ich. »Ein solcher Fehler passiert Handwerkern doch nicht zufällig. Jemand muss ihnen diese Anweisung gegeben haben.«

»Niemand aus unserer Firma würde es riskieren, mehrere Handwerker zu Mitwissern eines Tötungsplans zu machen. Das würde die *StageBau* erpressbar machen. Nein, es sollte nach einem Unfall aussehen.«

»Aber welcher Ermittler hätte diesen schlichten Plan denn nicht durchschaut? Erst sorgt die *StageBau* dafür, dass die Bausubstanz des Hauses herunterkommt bis zum Gehtnichtmehr: Wasserschäden, rissige Decken und Schimmelpilz. Ganze Balkone werden den Mietern vor der Nase weggerissen, weil angeblich einsturzgefährdet. Und jemand verschüttet Buttersäure auf dem Flur, das Haus stinkt, dass man es nur noch mit Kotztüte betreten kann.« Ich machte eine Pause, weil mein empfindlicher Magen sich zu heben begann.

»Und der Plan geht auf, Marion: Ein Mieter nach dem anderen kapituliert, die Wohnungen werden frei – nur diese beiden störrischen Brüder, Björn und Lars Ketterer, wollen ihre Wohnung nicht räumen. Also steigt man ihnen im wahrsten Sinne aufs Dach: Handwerker hämmern in der Wohnung oberhalb auf dem Boden herum, vom Morgengrauen bis zum Abend: Lärm als Waffe. Aber die störrischen Brüder räumen das Feld immer noch nicht. Also beschädigt man die Decke, bis sie durchlässig wird. Und dann – ein tragischer Wasserschaden – rinnen den beiden eines Tages Fäkalien durch die Decke, mit schönen Grüßen vom Vermieter. Genau so haben sie es in ihrem Mietertagebuch dokumentiert.«

Marion beugte sich ein Stück nach vorne. »Es wusste ja niemand, dass die beiden Tagebuch führen. Wie hätte man das später sonst nachweisen sollen? Offiziell fanden nur Bauarbeiten im Haus statt. Sicher hat jemand gehofft, die beiden würden die Wohnung lieber räumen, als langsam zu krepieren.«

»Sie wussten ja nicht, dass sie am Krepieren waren!«, sagte ich. »Björn Ketterer beschreibt in seinem Tagebuch, wie er immer antriebsloser wurde, morgens kam er kaum mehr aus dem Bett und hatte mit Schwindelanfällen zu kämpfen. Der Kopfschmerz wurde mit jedem Tag schlimmer, hinzu kam Herzrasen, auch bei seinem Bruder. Am Ende hingen die beiden wie lebendige Leichname in ihrer Wohnung herum. Erklärt haben sie sich das mit psychischen Gründen: Lärm, Gestank, Stress. Und mit ihrer Wohnung hingen sie völlig in der Luft. Niemand dachte an eine schleichende Vergiftung. Bis der Schornsteinfeger kam und es kaum glauben konnte, dass die Abgase nur noch in den Schornstein rein zogen, aber oben nicht mehr raus.«

»Ich sage dir ja, es sollte nach einem Unfall aussehen. Ich vermute, die Handwerker im dritten Stock wussten gar nicht, dass die Wohnung unter ihnen noch bewohnt ist – sonst hätten sie den Schornstein nicht zugemauert, auch nicht auf Befehl. Ein Missverständnis auf dem Bau, so steht es ja auch im Entschuldigungsbrief an die beiden Brüder. Den hat unser oberster Projektentwickler, Daniel Steinkamp, persönlich unterschrieben.«

Eine Sache brannte mir auf der Seele. »Marion, wir müssen Heiner Stagemann einschalten. Jetzt haben wir einen Mordanschlag dokumentiert. Er muss diesen Leuten in seiner Firma das Handwerk legen, auf der Stelle! Ich habe dir doch von Paula und Hermann Weigel erzählt – es gibt zwischen den beiden Fällen viele Parallelen. Ich will nicht warten, bis ihr Kamin auch noch zugemauert wird.«

»Ich werde ihn informieren, versprochen.«

Ich sah sie ernst an. »Das genügt mir nicht. Ich möchte selbst mit ihm sprechen. Ich muss ihm sagen, wie ernst die Angelegenheit ist.«

»Du erinnerst dich an die Abmachung: Der Kontakt soll über mich laufen.«

»Wenn's der Sache dient, lege ich mir für das Gespräch einen Schleier übers Gesicht, damit uns niemand zusammen erkennt. Aber ich muss ihn sprechen.«

»Susanne, was willst du ihm denn sagen? Er wollte wissen: Wer hat diese Rentnerin, wer hat Elfriede Jaspers umgebracht? Bis jetzt hast du dazu noch nichts Konkretes herausgefunden. Und er wird sofort fragen: Wer hat den Kamin zumauern lassen? Oder: Wer hat die Prostituierten in die Nachbarwohnung der Weigels geholt? Wenn du hier keine Namen nennst, gewinnst du sein Vertrauen nicht, sondern verlierst es.«

»Aber bis ich die Namen kenne, kann es zu spät sein. Er hätte die Macht, alle Verdächtigen in die Mangel zu nehmen – ich darf nicht mal ihre Büros betreten.«

»Aber ich habe dir doch die internen Daten auf den Stick gezogen, alle Protokolle und Compliance-Sachen. Ich bin sicher, du wirst Spuren finden, wenn du es gründlich auswertest.«

»Das sind riesige Datenmengen, über fünf Gigabyte. Da kann die nächste Eiszeit mich links überholen, bis ich da was gefunden habe.«

»Fang einfach mal mit den vertraulichen Sitzungsprotokollen und den Compliance-Dokumenten an. Du musst dir Compliance wie eine interne Polizei vorstellen: Läuft irgendwo in der Firma was Ungesetzliches, beschweren sich die Leute dort. Möglich, dass nichts unternommen wird. Aber Beschwerden gibt es dennoch. Dann hast du endlich Namen und Fakten in der Hand, auch für die Presse. Herr Stagemann hat doch gesagt, dass er sich kritische Artikel über die Firma wünscht, vor allem zum Tod der Rentnerin.«

»Ich arbeite daran, dass die Presse aufspringt«, sagte ich und dachte an das Gespräch mit Jane Sternberg.

»Was ist mit dem Haus der ermordeten Rentnerin: Hast du schon mit den anderen Mietern gesprochen? Wäre doch äußerst spannend, zu erfahren, wie sie die Mordnacht erlebt haben.«

»Das ist geplant. Heute bin ich mit den Ketterer-Brüdern verabredet. Für einen Artikel braucht es O-Töne.«

Sie nickte zustimmend. Aber dass ich mit den Brüdern »verabredet« war, stimmte nicht ganz – ich hatte ihre neue Adresse durch eine Meldeanfrage herausgefunden und wollte einfach vorbeischneien.

Das rote Schwedenhäuschen duckte sich am Rand einer Siedlung, umstanden von ähnlichen Häusern. Hier draußen, an der Grenze zwischen Poppenbüttel und Duvenstedt, zeigte Hamburg sein dörfliches Gesicht. Hier gab es noch Felder, die einfach Felder waren und nicht gleich als Bauplätze zu Geld und Beton gemacht wurden. Und die Alster, in Hamburg ein stattlicher Fluss, rauschte noch als Bächlein durch den Wald. Sogar Bachforellen tummelten sich hier – hübsche Fische mit roten und schwarzen Punkten, die viel Sauerstoff brauchten und im Unterlauf der Alster jämmerlich eingegangen wären.

Das passte ja: Vielleicht hatten sich die Brüder Ketterer nach dem Abgasanschlag hierher zurückgezogen, um wieder Luft zu bekommen. Ich fragte mich, ob das Haus gemietet oder gekauft war – wobei der Kauf eines Hauses, sogar hier am Stadtrand, kaum ohne Lottogewinn zu bewerkstelligen war. Unter einer halben Million Euro ging wenig. Das waren Beträge, die mir unglaublich hoch erschienen, seit ich nicht mal mehr meine Müllgebühren bezahlen konnte und so viele Mahnverfahren gegen mich liefen, dass ich längst den Überblick verloren hatte.

An der Tür des Schwedenhauses hing ein Stück Treibholz, in das ein Nachname geschnitzt war: KETTERER. Eine Katze mit schwarz-goldenem Fell thronte hinterm Flurfenster, als bewachte sie das Haus, hob den Kopf und sah mich neugierig an. Die Sonne ließ ihre Augen aufleuchten, rätselhaftes Grün. Im Flur hinter ihr stapelten sich leere Umzugskartons.

Aus dem Haus wehte leise Musik, »How can I tell you«, ein altes Lied von Cat Stevens, zu dem man prima knutschen konnte. Das wusste ich aus Zeiten, als ich bei Partys noch geknutscht hatte, und das war ewig her. Damals sind mir die Jungs noch hinterhergelaufen, und ich konnte nach jeder Party sagen, wie viele Küsse ich pro Abend gewechselt hatte. Ich erinnere mich an siebenundsechzig Tequila-Sunrise-Küsse mit Clemens. Alle mit Zunge, ich war ja schon fast siebzehn. Und die Küsse waren immer nach dem Getränk benannt, nach dem sie schmeckten.

Dass ich alles zählte, die Küsse genauso wie die Tequilas, war ein Mitbringsel aus dem Tenger Forst. Ich war fünfzehn gewesen, als dort ein Hund beim abendlichen Joggen über mich hergefallen war, er hatte meine Beine fast zerfleischt. In blutiger Schockstarre blieb ich am Waldboden kleben, eine Ohnmächtige bei vollem Bewusstsein, bis die Feuerwehr mich in tiefer Nacht fand. Damals war es losgegangen: Ich hatte meine Herzschläge gezählt, einen nach dem anderen, Zahl auf Zahl, um mich an etwas festzuhalten. Der Zählzwang hatte mich durch mein Leben begleitet, ich zählte Schritte, zählte Büroklammern, zählte Autos, zählte einfach alles, was mir unter die Augen kam, um meine Welt berechenbar zu machen.

Diese Arithmomanie, wie es die Ärzte nannten, hatte mich vor einem Jahr auf die Autobahnbrücke geführt, wo es dann zu dem Duell auf Leben und Tod gekommen war. Seither wurde ich zwar von schrecklichen Bildern gequält, aber mein Zählzwang und meine Hundephobie waren von mir abgefallen, als hätte der neue Schock den alten überlagert und egalisiert.

»It always ends up to one thing, honey. When I look and you're not there«, flüsterte mir Cat Stevens durch die Haustür zu. Ich erinnerte mich, wovon der Song handelte: von einem Mann, der sich einer Frau nahe fühlte – aber sobald er aufblickte, war sie nicht mehr da. Jene Nähe und Innigkeit, die er in Gedanken fand, blieb ihm die Wirklichkeit schuldig. So ging es auch mir mit meinen »Traummännern«: Am Ende blieb nur der Mann übrig, aber der Traum zerplatzte. Nein, schlimmer noch: Auch der Mann war weg. Siehe Markus.

Ich klingelte. Die Katze schoss von der Fensterbank, es polterte im Haus. Schritte näherten sich der Tür. Ein Mann mit Bürstenschnitt und buschigen Augenbrauen, so Anfang fünfzig, sah mich neugierig an: »Ja, bitte?«

»Herr Ketterer?«, fragte ich.

»Lars Ketterer«, sagte er zögernd. Sein linkes Auge flackerte wie eine Glühbirne, kurz bevor sie den Geist aufgibt. »Worum geht es?«

Ich stellte mich als Journalistin vor und erzählte, dass ich einen Artikel darüber schreiben wollte, wie die *StageBau* ihm und seinem Bruder mitgespielt hatte.

Er zuckte mit den Schultern. »Weil wir die Wohnung räumen mussten? Das war halb so schlimm, ich habe mich in der Stadt nie so richtig wohlgefühlt. Hier draußen leben wir besser. Ich mache jeden Abend um kurz nach neunzehn Uhr einen wunderbaren Spaziergang an der frischen Luft.«

»Ich meine die Umstände, unter denen Sie Ihre Wohnung räumen mussten. Ich weiß, was die *StageBau* mit Ihnen getrieben hat. Davon soll mein Artikel handeln – damit anderen Mietern so etwas erspart bleibt.«

»Es war natürlich unangenehm, auf einer Baustelle zu wohnen. Viel Lärm und so. Aber mein Bruder und ich, wir haben das ganz gut weggesteckt. Alles halb so wild.«

Sprach hier derselbe Mann, der in seinen Mails verzweifelte Vorwürfe gegen die *StageBau* erhoben hatte? Derselbe

Mann, dem die Fäkalien durch die Decke in seine Wohnung tropften? Derselbe Mann, der am Ende apathisch in seiner Wohnung verharrte und um ein Haar mit seinem Bruder dort erstickt wäre? Vielleicht war er verängstigt und fürchtete, von der *StageBau* endgültig zum Schweigen gebracht zu werden.

Ich musste konkreter werden – und sein Vertrauen gewinnen. »Ich spreche von dem zugemauerten Kamin. Sie wären um ein Haar in Ihrer Wohnung vergast worden.«

Sein flackerndes Auge schlug jetzt so schnell mit der Wimper wie ein flatternder Vogel mit dem Flügel. »Ich weiß nicht, wovon Sie reden.«

»Die *StageBau* hat eine Abreibung verdient, diese Firma geht über Leichen. Sie können ganz offen sprechen, ich bin auf Ihrer Seite. Andere Menschen sind in Gefahr – helfen Sie ihnen.«

Er fasste sich an den Mund, als müsste er Worte zurückhalten, und sagte: »Wenn Sie einen Artikel schreiben, wie läuft das ab? Müssen Sie Namen nennen?«

»Keine Sorge, ich kann Ihre Namen verändern. Kein Mensch wird Sie erkennen. Es geht nicht um Sie persönlich – es geht um die Methoden der *StageBau*. Und die können jeden treffen.«

»Ich weiß nicht. Journalisten übertreiben gern. Am Ende schreiben Sie Dinge, die gar nicht stimmen.«

»Sie können den Artikel lesen, ehe er erscheint. Und falls Ihnen etwas nicht gefällt, streichen Sie es weg. Kein Wort wird gegen Ihren Willen erscheinen.«

Ich konnte mich gerade noch beherrschen, mein großes Indianer-Ehrenwort zu geben, denn damit war ich zuletzt leichtfertig umgegangen. Das Versprechen, das ich dem Ehepaar Weigel gegeben hatte, lastete tonnenschwer auf meinem Gewissen.

Lars Ketterers Augenflackern hatte aufgehört, das angestrengte Nachdenken ließ seine Gesichtszüge erstarren. Ich spürte, dass er mit sich rang, mit mir sprechen wollte.

Eine tiefe Stimme aus dem Inneren des Hauses drang zur Tür: »Lars, mit wem sprichst du denn da so lang?«

»Mit einer Journalistin. Sie will was über die *StageBau* schreiben.«

»Was?«, rief es aus dem Haus. Ein fülliger Typ kam zur Tür geschossen, sein Gesicht war gerötet, ein Bäuchlein hing über den Gürtel seiner Jeans. Er schob seinen Bruder nach hinten und baute sich vor mir auf.

»Sie müssen Björn Ketterer sein«, sagte ich und hielt ihm meine Hand hin. Doch er hatte seine Arme vor der Brust verschränkt und ließ meine Hand in der Luft hängen.

»Hören Sie gut zu! Wir sagen kein Wort zur *StageBau*, der Presse nicht und auch niemandem sonst. Da gibt es nichts zu sagen.«

»Wirklich nicht?«, fragte ich. »Sie und Ihr Bruder wären fast umgebracht worden.«

»Unfug!«, sagte er. »Wir haben unsere Wohnung freiwillig gekündigt. Wer was anderes behauptet, der lügt.«

»Dann stimmt also kein Wort in Ihrem Mietertagebuch? Und dann waren Ihre Hilferufe an den Mieterschutzverein nur ein Scherz? Ihr Bruder hat diese Mails geschrieben, ich kenne jedes Wort. Ich habe gelesen, wie hilflos und verzweifelt Sie waren. Wir können ehrlich miteinander reden – ich will Ihnen helfen.«

»Sie helfen mir, wenn Sie jetzt gehen. Mein Bruder und ich haben nichts mehr zu sagen.«

»Mit Ihrem Bruder hatte ich gerade besprochen, dass Ihre Namen in dem Artikel verändert werden. Alles läuft völlig anonym, kein öffentliches Aufsehen – es geht nur um die Sache.«

Er funkelte Lars einen finsteren Blick zu. »Mein Bruder und ich, wir wollen beide, dass Sie kein Wort über uns schreiben. Egal welchen Namen Sie verwenden.«

Er schob die Tür zu, doch ich stellte meinen Fuß hinein. »Augenblick noch. Sagen Sie mir bitte, was Ihnen so viel Angst macht. Fühlen Sie sich bedroht?«

»Ja«, sagte er und schob mich ein Stück nach hinten, »bedroht von Ihrer Aufdringlichkeit!«

Das Letzte, was ich sah, ehe die Tür zufiel, war ein entschuldigender Blick seines Bruders Lars.

19

Es sah aus, als hätte jemand ein leeres Krankenhausbett in eine Privatwohnung gerollt. Erst auf den zweiten Blick nahm ich sein blasses Gesicht wahr, das fast mit dem weißen Kissen verschmolz. Die Bettdecke wölbte sich kaum, er musste ausgemergelt sein. Auf seinem Kopf verloren sich die letzten weißen Haarbüschel wie winzige Schneeinseln in der Frühjahrssonne. Seine Augen waren geschlossen.

»Das is er, mein Hermann-Schatz«, sagte Paula Weigel mit Stolz, aber auch Sorge in der Stimme, nachdem sie mich ins Schlafzimmer geführt hatte. »Und glauben Se mir, das war mal ein Mannsbild, aber hallo! Umgedreht ham sich die Frauen nach ihm. Ist doch wahr, Hermann-Schatz, oder?«

Ihr Mann lag immer noch regungslos da. Sie beugte sich zu ihm runter: »Hermann-Schatz, wir ham Besuch. Die Frau Mikula, die hilft uns, das hat se versprochen. Ist doch wahr, dass Se uns helfen, Frau Mikula? Hermann-Schatz, Augen auf.«

Sie beugte sich zu ihm und drückte ihm einen schmatzenden Kuss auf die Wange. Hermann blinzelte, und als er seine Frau erkannte, deutete er ein Lächeln an. Paula Weigel fuhr das Kopfteil des Bettes nach oben, jetzt saß er mir fast aufrecht gegenüber. Seine Augen hatten sich tief in ihre Höhlen zurückgezogen. Und sein Gesicht verkrampfte sich jedes Mal, wenn die Geräusche aus der Nachbarwohnung wieder anschwollen.

Das Stöhnen, das durch die Wand drang, schien mir so nah, als könnte ich den heißen Atem des Keuchens spüren. Das uralte Auto durchfuhr wieder die Schotterpiste, der Stoßdämpfer quietschte wie verrückt und schaukelte sich in ein immer höheres Tempo. Ich fand es ohnehin peinlich, Zeuge von fremdem Sex zu sein, sogar in Filmen. Aber noch peinlicher fand ich es, gekauften Sex in Gegenwart zweier alter Menschen zu belauschen.

Ich schämte mich für das, was auf der anderen Seite der Wand geschah – und dafür, dass ich es noch immer nicht unterbunden hatte. Heiner Stagemann lobte die Ergebnisse meiner Recherchen, wie ich von Marion Römer hörte. Aber eingreifen wollte er erst, wenn ich ihm Greifbares lieferte, Namen und Fakten. Anders gesagt: Er ließ mich hängen. Und er ließ die Weigels hängen. Und er ließ alle Mieter hängen, die ihn gebraucht hätten. Dafür, dass er angeblich ein so sozialer Mann war, verfügte er über eine erstaunlich dicke Haut.

»Jetzt erzähl der Frau Mikula doch mal, wie's dir auf den Senkel geht, dieses Gestöhne da«, sagte Paula Weigel. Sie nickte zur Wand hin. »Sach ihr mal, dass du keine Nacht mehr schlafen kannst, seit du wieder hier bist, nicht mal mit dem ganzen Schlafmittelzeugs.« Er schien kurz nachzudenken, seine spröden Lippen bewegten sich schon, um eine Antwort zu geben. Doch gerade als sich sein Mund öffnete, ließ ein Schlagbohrer die Decke erzittern. Das schrille Aufheulen jagte mir einen Riesenschrecken ein. Kurz schwieg das Gerät – Herr Weigel sah mich fragend an, als wollte er noch mal ansetzen –, dann kreischte der Bohrer erneut auf.

Ich dachte daran, wie das Auge reagiert, wenn es überraschend geblendet wird – es schließt sich einfach. Aber gegen überraschenden Lärm können die Ohren nichts tun, sie sind ihm ausgeliefert. Wütend sah ich zur Decke hinauf, wo der Bohrer nicht müde wurde. Es war, als fräste er sich durch die Ohren direkt in mein Gehirn. Und nicht nur in meines.

Vor mir lag Hermann Weigel, ein Schatten von einem Menschen, gefesselt an sein Bett, während es von nebenan stöhnte und quietschte, von oben heulte und bohrte. Er versuchte sich an einem tapferen Lächeln. »Es ist gar nicht so schlimm. Laut ist es hier, ziemlich laut, meinetwegen. Aber der Mensch gewöhnt sich an alles. Ich reg mich nicht mehr auf, reg mich einfach nicht mehr auf, dann geht's mir doch gut. Solange ich nur nicht im Krankenhaus sein muss. Wenn ich nur«, er drehte den Kopf zu seiner Frau, »wenn ich nur bei dir sein kann.«

Langsam und tastend schob er seine Hand unter der Decke hervor. Seine Frau griff sofort danach und umklammerte sie. Die beiden sahen sich an, tief und innig, ich spürte, wie viel sie verband: all die gemeinsamen Jahre, Glück und Leid. Ich dachte an Markus, den ich mit einer großen Liebe verwechselt hatte. Wer würde meine Hand halten, wenn ich eines Tages schwer krank auf einem Bett lag?

Als der Bohrer pausierte, schien ein Gespräch zu entstehen. Hermann Weigel erzählte von seiner Krankheit, von seiner Fahrt in die Klinik, von Stents, die gesetzt worden waren. Doch dann fuhr ein Aufschrei durch die Wand, eine animalische Explosion der Lust. Unser Gespräch erstarb, Paula Weigel ließ die Hand ihres Mannes fahren. Sie schüttelte sich angeekelt und drohte der Wand mit einer geballten Faust.

»Ist schon gut, Schatz«, sagte ihr Mann. »Ich hör das nicht mehr, das kann mich nicht kirre machen, nicht mehr.

Auf der Werft, da war's viel lauter, jeden Tag ein Wahnsinnskrach. Ich kann viel einstecken, Paula, das kann ich wirklich. Mach dir keine Sorgen, nicht um mich, hörst du?«

»Aber Hermann-Schatz, was soll die Frau Mikula denn jetzt schreiben? Dass der Lärm dich nicht stört? Das würde denen so gefallen, diesen Pappnasen von der *StageBau.* Sach ihr, dass du 'ne Krise kriegst, wenn das hier so weitergeht!«

Hermann Weigel rang seinem müden Gesicht ein Lächeln ab. »Ach Paula, deine Kraft möchte ich haben, du kannst noch kämpfen, kämpfen kannst du. Aber ich bin müde, ich hab schon so viel gekämpft, ich will schlafen.«

»Aber wir ham doch Besuch! Ne Journalistin is extra gekommen. Du musst doch erzählen, was die uns antun!«

Er drehte den Kopf zur anderen Seite. »Lass mich schlafen. Bitte. Richtig geschlafen hab ich schon so lang nicht mehr.«

Paula Weigel sah mich entschuldigend an und klappte das Kopfteil des Bettes nach unten. Kaum war ihr Mann in der Horizontalen, hörten wir auch schon seine ruhigen Atemzüge – bis ein neues Aufheulen des Schlagbohrers seinen Körper zucken ließ.

Ich erinnerte mich an einen Bericht über Guantánamo Bay, das umstrittene Lager in Kuba, wo die USA angebliche Terroristen gefangen hielten. Als eine der schlimmsten Foltermethoden galt Schlafentzug. Ein Mensch war einfach zu brechen: Man musste ihn nur lang genug am Schlafen hindern. Dann verlor er seine Willenskraft und tat, was man von ihm verlangte. Das funktionierte sogar bei bärenstarken Kerlen. Wie wirkte Schlafentzug dann erst bei einem alten, schwer kranken Mann?

Als ich mich im Flur verabschiedete, umfasste Paula Weigel mit beiden Händen meinen Unterarm. »Er is so tapfer, aber ich nehm's ihm nicht ab. Helfen Se uns, ach bitte! Se ham's doch versprochen.«

»Ich werde Ihnen helfen«, sagte ich. »Verlassen Sie sich darauf.«

Ich wusste jetzt, was zu tun war: Ich musste mit Heiner Stagemann persönlich sprechen – ich kannte die Adresse seiner Villa in Blankenese.

20

Als ich das Geräusch in der Wohnung hörte, das Knarren der Dielenbretter, war es weit nach Mitternacht. Der Knallfrosch in meiner Brust erwachte. Ich spürte, wie mein Puls nach oben schoss und mein Hals sich zuzog. *Tief atmen, Susanne, tief atmen.*

Schlich da jemand über den Flur? Tastete er sich zum Gashahn vor? Wusste er überhaupt, dass Tante Martha neuerdings eine Mitbewohnerin hatte? Die Schritte waren verstummt, ich hielt den Atem an. Sollte ich die Nummer der Polizei wählen? Wie lang würde ein Streifenwagen wohl brauchen?

Dann rauschte es. Die Spülung der Toilette, Tante Martha! Das hätte ich mir denken können. Ihr Schlafzimmer lag auf der anderen Seite der Wohnung, dorthin tapsten die Schritte dann zurück. Wie hätte auch jemand reinkommen sollen? Auf meine Anregung hatte Martha ihr Türschloss austauschen lassen.

Ich schloss meine Augen wieder, aber mein Herz raste weiter, und die Bilder von der Brücke drängten sich nach vorne. Es war gut, dass ich ihn von der Brücke befördert hatte, er war ein Zerstörer, ein Charakterschwein gewesen. Ohne ihn war die Welt besser und ungefährlicher. Es gab Menschen, die sterben mussten, damit andere in Frieden leben konnten.

Ich zwang mich, andere Dias vor den inneren Projektor zu legen. Ich dachte über die *StageBau* nach. Mein Auftraggeber mit der blau gespiegelten Sonnenbrille, Heiner Stagemann: War er wirklich ein Vorkämpfer der Gerechtigkeit? Ging es ihm um das Wohl seine Mieter? Oder verfolgte er doch Interessen, die zu einem Milliardär passten, ging es ihm vielmehr um Geld und Macht?

Und wie würde er darauf reagieren, wenn ich demnächst vor seiner Tür stünde – obwohl er mir doch eingebläut hatte, dass ich keinen Fuß in die Nähe seiner Villa setzen sollte? Würde er verstehen, dass ich so handeln musste, seit ich die rote Mappe kannte, die Geschichte vom zugemauerten Kamin und das Drama der Weigels? Oder würde er seine Bodyguards anweisen, mich vom Grundstück zu beseitigen?

Ich hatte den Journalismus nur aus einem Grund aufgegeben: Ich wollte etwas Gutes bewirken, so wie einst mein Vater. Wenn ein Patient mit einem entzündeten Blinddarm zu ihm kam, hatte er ihn operiert und gesund entlassen. Er verbesserte das Leben der Menschen, statt nur ihr Leid zu dokumentieren.

Als Journalistin war es mein Job gewesen, Missstände zu beschreiben. Aber die Aufgabe, das Kritisierte zu verändern, hatte ich anderen überlassen. Die Politiker sollten es richten, die Verbraucherschützer, die Welthungerhilfe. Bloß ich, die Journalistin, machte keinen Finger dafür krumm. Vom Tippen mal abgesehen.

Hatte Jane Sternberg nicht auch gesagt, sie habe mit ihrem Artikel nichts bewirkt? Offenbar eine Berufskrankheit unter Journalisten. Ich hatte ihr für diese Aussage keinen Applaus gespendet, aber nur, weil ich jetzt so dringend einen Artikel über die faulen Machenschaften der *StageBau* brauchte. Ob ich ihn bekommen würde, war ungewiss, aber die letzten Signale weckten Hoffnung.

Diesmal ging es um mehr als um einen Zeitungsbericht: Ich würde nicht nur einen Artikel auf den Weg bringen, sondern durch Heiner Stagemann ins Steuerrad des Geschehens greifen und es in eine bessere Richtung drehen.

Ich kämpfte für eine gute Sache, das musste ich mir immer wieder in den Kopf hämmern, denn mein inneres Teufelchen zischte:

Wie tief bist du gefallen, Susanne! Jetzt stehst du auf der Lohnliste einer kriminellen Immobilienfirma. Jetzt gibst du dich als Journalistin aus, obwohl du keine mehr bist. Jetzt haust du Leute, die dir vertrauen, eiskalt übers Ohr. Du hast deinen Charakter verkauft. Nur weil du bis zum Hals in Schulden steckst. Du willst den Armreif deiner Mutter zurückersteigern, ein Flugticket nach London kaufen, deine Rechnungen bezahlen. Die gute Sache, für die du hier kämpfst, heißt »Susanne«. Es geht dir nur um dich.

Ich tastete nach meiner Nachttischlampe und knipste das Licht an, als wollte ich meine düsteren Gedanken aufhellen. Was wäre denn die Alternative? Dass ich meine Hände in meinen Schoß lege und zusehe, wie die nächsten Menschen in Herzinfarkte getrieben, die nächsten Kamine zugemauert, die nächsten Gashähne aufgedreht werden? Ja, eine moralisch verkommene Firma bezahlte mein Gehalt – aber deshalb war ich noch lange nicht verkommen. Nur offiziell arbeitete ich für dieses Unternehmen, heimlich jedoch dagegen. Ich trug das Trikot der Guten.

Und gab es nicht auch Lichtblicke in der *StageBau*? Marion Römer – sie wuchs mir immer mehr ans Herz – stand hinter mir wie eine Eins, trat als meine Anwältin bei Heiner Stagemann auf und hatte Kopf und Kragen riskiert, um mir vertrauliche Dokumente auf einen Stick zu ziehen. Und etliche Kollegen, mit denen ich zu Mittag aß, waren bestimmt anständige Leute, die selbst mit den hohen Mieten in Hamburg zu kämpfen hatten. Sie machten einfach nur ihren Job. Wahrscheinlich wussten sie so wenig von den kriminellen Machenschaften ihrer Firma, wie ich einst von den Verbrechen meines Chefs Hans-Otto Gleim gewusst hatte.

Die ganze Zeit fragte ich mich: Von wem ging die kriminelle Energie in der *StageBau* aus? Waren es mittlere Manager, die sich eigenmächtig von der Kette des Gesetzes losgerissen hatten? Oder war die oberste Chefin, Patricia Stagemann, selbst die Schmutzschleuder? War ihr die Rendite so wichtig, dass sie dafür tote Mieter in Kauf nahm? Falls ja, was trieb sie zu diesem Wahnsinn? Geld musste sie doch genug besitzen, auch wenn mir ihr Name noch nie in einer Milliardärsliste aufgefallen war.

Sie war sehr ehrgeizig, vielleicht war es das: Was, wenn sie unbedingt so viel Geld anhäufen wollte, um zu ihrem Bruder aufzuschließen? Was, wenn hier ein Konkurrenzkampf unter Geschwistern, ein zynisches Rennen der Superreichen, auf dem Rücken einfacher Mieter ausgetragen wurde?

Seit ich Patricia Stagemann im Fahrstuhl getroffen hatte, traute ich ihr alles zu. Von ihr ging eine Kälte aus, wie ich sie selten verspürt hatte, eine Seelenlosigkeit. Schon beim Gedanken an sie bekam ich eine Gänsehaut. Ich erinnerte mich noch, was sie zu mir gesagt hatte: »Zurücktreten!« Was war damit gemeint? Wirklich nur: *Gib die Fahrstuhltür frei!*? Oder eher: *Geh mir generell aus dem Weg und lass meine Firma in Ruhe!* Sie hatte meinen Namen gekannt. Woher? Wusste sie eben doch, in welcher Mission ich unterwegs war? Falls ja, lebte ich gefährlich.

Und noch immer gab mir Friedhelm Ganter Rätsel auf. Erst hatte ich in seine grünblauen Murmelaugen geschaut und einen Moment lang – ich musste es später vor mir selber zugeben – den Wunsch verspürt, mich tief in ihnen zu verlieren, in seinen blonden Wuschellocken zu wühlen und eine Runde Cat Stevens mit ihm zu hören. Er war ein Robin Hood, der tapfer gegen die bösen Vermieter anritt und mich in ihre fiesen Tricks einweihte.

Doch als ich die *StageBau* ansprach, sprang Robin vom Pferd, und Friedhelm legte jedes Wort auf die Goldwaage. Warum? Hatte er schlechte Erfahrungen mit der *StageBau* gesammelt, ihre Anwälte auf den Hals gehetzt bekommen? Oder was sonst ließ ihn so zurückschrecken?

Ich griff zu meiner Wasserflasche auf dem Nachttisch und nahm einen Schluck. Mein Funkwecker zeigte 3.16 Uhr. Ich musste an Björn und Lars Ketterer denken, die beiden wären von der *StageBau* fast ins Jenseits befördert worden. Warum hatten sie dieses Unrecht erst in die Welt hinausgeschrien, aber wollten jetzt nichts mehr davon wissen, vor allem Björn? Wer brachte die beiden zum Schweigen? Die *StageBau*? Oder gar der Mieterschutzverein, wo jetzt eine rote Mappe fehlte?

Ich rieb mir über beide Schläfen. Es waren zu viele Fragen, um die Antworten noch in dieser Nacht zu finden. Immerhin war es mir gelungen, die Bilder von der Brücke zu vertreiben und den Galopp meines Herzens zu bremsen.

Ich schlüpfte tiefer unter die Decke und knipste das Licht aus. Am nächsten Morgen wollte ich einen Tatort besuchen, wo vielleicht der Schlüssel aller Rätsel lag. Mal schauen, ob der »Oma-Mörder« im Mietshaus Spuren hinterlassen hatte.

21

Das Haus, in dem Elfriede Jaspers ermordet worden war, schien einen Trauerflor zu tragen: Eine schmutzig-transparente Plane war über die komplette Fassade gehängt. Und das Geräusch der Schlagbohrer klang, als heulte das Haus seine Schmerzen in den Wind hinaus.

Ich stand vor einer Baustelle, lärmend und verhängt. Die Kombis der Handwerker hatten die Straße fast zugeparkt. Gerade fädelte sich der braune Lieferwagen eines Paketdienstes wie in Zeitlupe durch die verbliebene Lücke. Eine Krähe krächzte von einer Laterne. Am Himmel peitschte der Wind tiefschwarze Wolken in Richtung Süden.

Erst als ich über Putzbröckchen hinweg an die Haustür trat, wurde mir klar, dass hier noch Menschen wohnten: Fünf der zwölf Klingelschilder waren beschriftet. Ich schlüpfte durch die angelehnte Haustür. Es war finster wie in einer Kirche und stank bestialisch. Waren auch hier »versehentlich« ein paar Eimer mit merkwürdiger Flüssigkeit umgekippt, wie im Haus der Weigels?

Ein Mann mit Schottenmütze und Weste, Mitte sechzig, kam gerade in Hausschuhen die Treppe hinabgeschlurft. Wie ein Schlafwandler ging er auf die Briefkästen zu und pickte mit einer mechanischen Bewegung seine Zeitung heraus. Auf mich reagierte er nicht, obwohl ich direkt vor ihm stand.

Als er sich wieder umdrehte, entglitt ihm die Zeitung. Ich bückte mich und hielt sie ihm hin: »Guten Tag, mein Name ist Susanne Mikula.«

Er nahm mir die Zeitung ab und nickte. »Was ist los in diesem Haus, wird gerade renoviert?«, fragte ich – in Anbetracht des Hämmerns und Bohrens eine ziemlich lächerliche Frage.

»Angeblich«, sagte er.

»Das muss fürchterlich sein, den ganzen Tag diesen Lärm um die Ohren zu haben. Ich glaube, ich würde das nicht aushalten.«

»Wer sagt Ihnen, dass ich das aushalte?«

»Aber Sie wohnen hier noch, wie ich sehe.«

Seine Augen verengten sich zu Schießscharten. »Und ich werde auch bleiben. Sie kriegen mich hier nicht raus!«

»Ich habe mit Ihrem Vermieter nichts zu tun«, versicherte ich rasch und hängte eine Lüge an, die mir immer leichter über die Lippen ging: »Ich bin Journalistin und will ein paar Dinge aufdecken.«

»Mir reicht es schon, wenn Sie die Plane aufdecken.«

»Wie lange hängt die schon da?«

»Seit vier Tagen – keiner weiß, wann sie wieder abgenommen wird. Sie glauben nicht, wie finster es jetzt in unseren Wohnungen ist.«

Fünf Minuten später saßen wir an seinem Wohnzimmertisch, er hieß Peter Heuser. Die Wohnung roch nach Hund – ich sah einen Napf – und nach Chemie. Ein beißender Farbgeruch hing in der Luft, der offenbar den Renovierungsarbeiten geschuldet war. Der Blick aus dem Fenster zur Straße erweckte den Eindruck, man sei von einer Lawine verschüttet: nur noch schmutziges Grau. Die Plane filterte das Tageslicht. Ich kam mir vor wie in einer dunklen Höhle und dachte: Bloß wieder raus hier! Aber vorher hatte ich noch meinen Job zu erledigen.

Peter Heuser erzählte mir die nun schon vertraute Geschichte, dass die *StageBau* das Haus zur Hölle machte: mit Lärm, mit Gestank und zuletzt mit Verdunkelung. Nur das Bordell und der zugemauerte Kamin fehlten. Bis jetzt.

»Haben Sie eine Ahnung, was mit Elfriede Jaspers passiert ist?«, wechselte ich das Thema.

»Die ist ermordet worden, das wissen Sie doch.«

»Und von wem?«

Er verschränkte die Arme vor der Brust. »Ich hab ein Alibi: Ich war in Heidelberg bei meiner uralten Mutter.«

Wie kam er darauf, dass ich ihn verdächtigte? Hatten andere das getan? »Aber die Polizei hat sich dennoch sehr für Sie interessiert – stimmt's?«, bluffte ich.

»Ist ja auch kein Wunder: Elfriede und ich waren eng befreundet. Sie hat sich um meine Wohnung gekümmert, wenn ich weg war.«

»Dann hatte Frau Jaspers einen Schlüssel zu Ihrer Wohnung?«

»Ja, natürlich.«

»Und hatten Sie auch einen …« Ich stockte, denn meine Frage würde ihn in Verlegenheit bringen.

»Ja, ich hatte auch einen Schlüssel zu Elfriedes Wohnung. Das war der eine Grund, warum die Polizei so ausführlich mit mir gesprochen hat.«

»Und der andere?«

Er schwieg und starrte in den vermeintlichen Schnee vor dem Fenster. »Das soll ich für mich behalten. Das stand nicht mal in der Zeitung. Die haben was erzählt von ›ermittlungstaktischen Gründen‹. Und daran halte ich mich auch.«

»Ich kenne den zweiten Grund«, bluffte ich weiter, »Sie müssen ihn nicht aussprechen.« Ohne Zwang würde er vielleicht doch reden.

»Der Typ muss völlig irre sein«, sagte er nach einer kurzen Pause. »Ein Psychopath wie aus dem Horrorfilm. Ich könnte jetzt noch losheulen. Wie kann man nur so was tun? Das mit Elfriede war doch schon schlimm genug.«

Es klang, als hätte der Täter noch mehr als den Mord an der alten Dame auf dem Gewissen. Aber was genau? Ich schoss erneut ins Blaue: »Haben Sie Fotos davon gesehen?«

Seine Lippen pressten sich zusammen. »Es gab ja nichts mehr zu fotografieren! Alle haben das Geräusch gehört. Und Frau Reiser aus dem ersten Stock hat durch ihren Spion geschaut und es beobachtet.«

»Was genau hat sie gesehen?«

Er begann zu lachen. Es war ein gespenstisches Lachen, das immer lauter wurde, bis es in ein Wehklagen überging. Und dann weinte er, heulte so richtig los, schüttelte den Kopf dabei, und seine Tränen flogen in alle Richtungen wie Funken beim Schweißen. Sein leises Wimmern wechselte sich ab mit lautem Aufheulen.

Ich zog ein Papiertaschentuch hervor und hielt es ihm hin. Er winkte ab. »Gehen Sie! Ich will nicht mehr darüber reden. Es tut zu sehr weh.«

»Ich kann Ihnen helfen. Mein Artikel wird die Wahrheit ans Licht bringen.«

»Tot ist tot«, sagte er mit einer blechernen Stimme wie aus großer Ferne. »Und jetzt gehen Sie. Ich will alleine sein.«

Ich stand auf. Er machte keine Anstalten, mich zur Tür zu begleiten. »Ich vermute, Sie haben Frau Jaspers lang gekannt«, sagte ich. »Es muss sich anfühlen, als ob man einen Angehörigen verliert.«

»Es fühlt sich nicht nur so an«, sagte er. »Ich *hab* einen Angehörigen verloren.« Sein Kopf sank auf die Tischplatte, und seine Hände pressten sich auf die Ohren.

Nena Reiser war nicht zu Hause. Dreimal hatte ich nun im ersten Stock geklingelt, aber in ihrer Wohnung rührte sich nichts. Ich musste erfahren, was sie durch ihren Türspion gesehen hatte. Es musste ein entsetzliches Bild gewesen sein, so viel stand für mich fest.

Es war dumm von mir gewesen, dieses Haus an einem Vormittag um kurz vor elf Uhr zu besuchen. In meinem Jahr als Sofabewohnerin hatte ich fast vergessen, dass der normale Mensch seinen Tag am Arbeitsplatz verbrachte. Bei den anderen Wohnungen hatte ich nach meinem Besuch bei Peter Heuser schon vergeblich geklingelt. Oder gingen die Menschen nicht zur Arbeit, sondern rannten weg vor Dunkelheit und Lärm? Ich hätte es hier keinen Tag ausgehalten: Die Bohrer kreischten sich in mein Gehirn, die Hämmer schienen direkt auf meine Schädeldecke zu klopfen.

Vor Schrecken sprang ich ein Stück zurück, als jemand die Tür vor mir aufzog. Durch den Baulärm hatte ich kein vorwarnendes Geräusch gehört. Vor mir lehnte eine hellblonde Frau mit Kurzhaar im Türrahmen, etwa 25 Jahren alt. Sie hatte einen Bademantel übergeworfen und pulte sich gerade Watte aus dem rechten Ohr.

»Entschuldigen Sie bitte die Störung«, sagte ich.

»Was wollen Sie?«

»Ich möchte mit Ihnen darüber sprechen, was Sie in der Todesnacht von Elfriede Jaspers beobachtet haben.«

»Wer sind Sie überhaupt?«

»Ich bin Journalistin und schreibe an einem Artikel über ungeklärte Mordfälle in Hamburg.« Ich hatte beschlossen, die *StageBau* diesmal zu verschweigen, dieser Hinweis hatte bislang nur Schweigen erzeugt.

»Ich komme von der Nachtschicht«, brummte sie.

»Sorry, wenn ich Sie geweckt habe. Können wir uns kurz unterhalten?«

»Das haben wir bereits.«

Sie trat einen Schritt zurück. Meine neue Rolle fühlte sich miserabel an: Ich war eine Haustürvertreterin, die von den Menschen abgewimmelt wurde, wie zuletzt von den Brüdern Ketterer, oder nach kurzem Gespräch rausgeworfen, wie gerade von Peter Heuser. Fieberhaft überlegte ich, wie ich ein vorzeitiges Ende des Gespräches verhindern konnte.

»Sie haben der Polizei durch Ihre Beobachtung sehr geholfen. Aber ich möchte nicht aus dem Protokoll zitieren, dort werden Sie in hölzernem Amtsdeutsch wiedergegeben. Ich will direkt mit Ihnen reden – damit Sie wie ein Mensch klingen.«

»Sie kennen das Polizeiprotokoll?«

»Offiziell natürlich nicht«, sagte ich vieldeutig.

»Das ist ja ein Ding! Ich mach eine vertrauliche Aussage, und die Polizei fleht mich an: Bloß nichts weitersagen, Täterwissen gehört nicht in die Zeitung. Und jetzt sagt mir eine Journalistin: ›Ätsch, ich weiß ja doch alles!‹ Ich glaub, ich ruf jetzt direkt bei der Polizei an und blas denen mal den Marsch. Wie heißen Sie noch mal?«

Ich ruderte zurück: »Wenn Sie nicht sprechen wollen, ist das völlig in Ordnung. Dann wünsche ich Ihnen, dass Sie trotz dieses fürchterlichen Lärms weiterschlafen können.«

»Danke, das ist nett«, sagte sie.

»Ich weiß übrigens, wie das mit den Nachtschichten ist. Ich habe lange in einer Redaktion Nachtdienst geschoben. Wenn man von der Arbeit nach Hause kommt, braucht man erst mal ein paar Stunden, bis man schlafen kann. Der ganze Tagesrhythmus kommt durcheinander.«

»Genau so ist es! Einige Leute denken ja, man kann sich gleich hinlegen. Banane!«

»Und vor allem wird man bei Glühbirnenlicht nicht so müde wie bei Tageslicht.«

»Das merke ich jede Nacht«, sagte sie und schob die Tür ein Stück weiter auf. »Eigentlich sind Sie ja ganz nett. Dann kommen Sie doch auf einen Nachtschichtlerplausch rein, ich werd mir jetzt ohnehin 'nen Kaffee machen.«

Auf dem Dach hämmerte jemand in schnellem Rhythmus, es klang wie Applaus für diese Einladung. Voller Neugier betrat ich ihre Wohnung. Es wurde ein spannendes Gespräch.

22

Als ich wieder auf den Flur trat, war ich nicht ganz bei mir. Ich wandelte die Treppenstufen hinab, ohne sie zu sehen. Ich atmete den Gestank des Flurs ein, ohne ihn zu riechen. Und falls die Hämmer und Bohrer am Werk waren, so prallte der Lärm von meinen Ohren ab.

Mein Kopf war belagert von dem, was Nena Reiser mir gerade erzählt hatte. Frisch zu Hause von ihrer Nachtschicht – zuvor war sie drei Wochen im Urlaub gewesen –, hatte sie ein furchtbares Geräusch gehört, war zu ihrer Tür geeilt und hatte durch den Spion eine surreale Szene gesehen: Ein bärtiger Mann rennt aus dem Haus und löscht bei seiner Flucht ein weiteres Leben aus, nachdem er Elfriede Jaspers schon umgebracht hatte. Darüber war in den Zeitungen kein Wort verloren worden.

Auf den letzten Treppenstufen, kurz vor den Briefkästen an der Wand, nahm ich unterbewusst plötzlich eine Regung wahr: Jemand hatte das Haus betreten, lief auf mich zu, stand mir fast schon gegenüber, aber drehte sich dann um und sprang mit hallenden Schritten die Kellertreppe hinab. Als hätte ihn mein Anblick erschreckt.

Ich hatte diesen Menschen wie durch einen Vorhang gesehen: ohne richtig hinzuschauen. Aber ich hatte ihn gesehen! Und eine Stimme in mir flüsterte: *Du hast diesen Menschen erkannt. Du bist ihm schon mal begegnet. Und er hatte hier absolut nichts zu suchen. Darum seine Flucht!*

Ich schloss die Augen, aber ich konnte mich an kein Gesicht erinnern. Mann oder Frau, alt oder jung? Keine Ahnung. Wieder mal hatte mir der Wolf einen entscheidenden Fetzen aus meinem Gedächtnis gerissen.

Der Knallfrosch in meiner Brust hüpfte. Meine Luftröhre glich einem Strohhalm mit Knick. Die Bilder von der Brücke fluteten auf mich ein, alles roch nach Gefahr. *Tief atmen, Susanne, tief atmen.*

Die Schritte im Keller waren verhallt. Kauerte der Geflüchtete jetzt dort unten? Hoffte er, dass ich ihn nicht erkannt hatte? Der Ausgang des Hauses lag vor mir. Niemand würde mich abhalten, ich schob die Haustür auf. Der Himmel war noch immer schwarz wie ein Kohleschacht, und doch schien mich das Licht zu blenden. Ich hatte vergessen, wie düster es in diesem verhüllten Mietshaus war. Der Herbstwind pfiff durch die Straßenschlucht und trieb eine Plastiktüte vor sich her, hilflos rollte sie die Straße hinab.

Vom Gehsteig aus betrachtete ich noch einmal das Haus mit der Plane, das vor mir wie ein gemauertes Rätsel stand. Welches Geheimnis verbarg es vor mir? Wen hatte ich im Flur gesehen? Warum war er vor mir geflüchtet? Was, wenn der Mörder an den Tatort zurückgekehrt und mir zufällig in die Arme gelaufen war? Wer saß dort unten im Keller?

Ich durfte kein Feigling sein, ich war viel zu oft feige gewesen in meinem Leben, damals auf der Brücke hatte ich Mut bewiesen. Ich drehte mich um und schlüpfte zurück ins Haus, vom Tageslicht in die Dämmerung. Ich blinzelte die Stufen der Kellertreppe hinab, sie schien direkt in die Nacht zu führen. Ich drückte den Lichtschalter, nichts geschah. Stimmt, in den Häusern der *StageBau* spann das Licht ja, bis die Mieter freiwillig das Feld räumten.

Aus einem oberen Stockwerk kreischte eine Bohrmaschine, wie ein Wolfsheulen, wie eine Warnung. Sollte ich nach oben gehen und einen Handwerker bitten, mich in den Keller zu begleiten? Einen kräftigen Kerl, der seinen Hammer für alle Fälle mitnahm? Aber wer garantierte mir, dass der Geflüchtete den Keller in der Zwischenzeit nicht verließ? Außerdem schienen mir Handwerker, die Lärm als Terror nutzten und Schornsteine zumauerten, keine ideale Begleitung bei Gefahr zu sein. Und bislang hatte ich mich immer gut ohne Mann an der Seite behauptet. Ich war kein Feigling mehr, wirklich nicht.

Ich fasste den Handlauf und zwang mich, die Treppe hinabzugehen. Mörtel knirschte unter meinen Sohlen. Irgendwo tropfte Wasser. Je weiter ich nach unten ging, desto finsterer wurde es. Schattenhaft erkannte ich die Kellerparzellen, sie lagen links und rechts des Ganges, hinter hölzernen Verschlägen. Es roch nach Schimmel und Altöl.

Ich kniff die Augen zusammen, um mich an die Finsternis zu gewöhnen. »Ich habe Sie erkannt!«, rief ich, und meine Stimme hallte von den Wänden wider. »Kommen Sie aus der Deckung und lassen Sie uns reden. Ich möchte wissen, wie Sie in die Sache hier verstrickt sind.«

Ich hielt den Atem an und wartete auf eine Reaktion. Doch alles, was ich hörte, war tropfendes Wasser. Jetzt, da der Baulärm gerade mal verstummt war, schien mir das Tropfen ebenso laut wie die Hammerschläge.

Ein Rascheln, irgendwo vor mir im Dunkeln, ließ mich zusammenzucken. »Wir sind nicht allein in diesem Haus«, rief ich. »Hier ist alles voll mit Handwerkern, Dummheiten lohnen sich nicht; es gibt Zeugen.« Eine Bohrmaschine heulte auf, aber das beruhigte mich nicht, im Gegenteil: Der

Baulärm würde meine Stimme überdecken, niemand mich hören, wenn ich hier unten um Hilfe schrie. Wie damals, auf der Brücke.

Der Knallfrosch in meiner Brust überschlug sich. Mein Puls fühlte sich an, als triebe jemand eine Spitzhacke in meinen Hals, kurze, heftige Schläge. Und um meinen Oberkörper schien sich ein Stahlseil zuzuziehen. Ich schnappte nach Luft wie als Mädchen, wenn ich im Schwimmbad zu lang getaucht war und mit schon hochrotem Kopf die Oberfläche durchbrach.

Als Kind hatte ich oft im finsteren Keller unseres Hauses gespielt, zwischen den Weinregalen meines Vaters. In jeder finsteren Ecke, wo fette, schwarze Spinnen ihre Netze webten, schien ein böser Geist zu lauern. Ich hasste es, starr vor Angst in diesem Keller zu stehen, und liebte es, weshalb ich immer wieder runterschlich. Und wenn meine Angst so groß wurde, dass ich kaum mehr atmen konnte, schloss ich die Augen – ich dachte, dann sähe mich niemand mehr.

Na prima, Susanne, diese Methode wendest du auch heute wieder an: die Augen vor der Gefahr schließen! Bist du wirklich noch genauso naiv wie als Sechsjährige? Was machst du hier unten?

Auf einmal kam es mir sehr fahrlässig vor, dass ich allein hier runtergegangen war. Hatte ich vergessen, was vor wenigen Wochen in diesem Haus passiert war? Vergessen, was ich über die *StageBau* schon herausgefunden hatte? Vergessen, dass jedes Kartenhaus ein Massivbau war, verglichen mit meiner Psyche? Spätestens die Geschichte von Nena Reiser hätte mich von diesem finsteren Keller fernhalten müssen.

Ich tastete mich vorwärts. Meine Augen gewöhnten sich langsam an die Dunkelheit. Ich konnte die Umrisse eines

Fahrrads erkennen, eines Wäscheständers, einer elektrischen Heizung. Gestapelte Eimer, die nach Mörtel rochen, standen neben Gerüstbauteilen. Offenbar hatten sich die Bauarbeiter auch hier schon ausgebreitet.

Und dann sah ich ihn! Er trug einen Poncho und hatte sich an die Wand einer Kellerparzelle gelehnt, regungslos. Der Holzverschlag stand offen, durchs Kellerfenster fiel eine Spur von trübem Licht.

Meine Angst war so groß geworden, dass sie in Mut umschlug. Ich tastete in meine Handtasche und umklammerte einen Gegenstand. Ganz egal mit wem ich es zu tun hatte, ob Mann oder Frau: Ich würde kämpfen. So eine Nagelfeile war zwar kein richtiger Dolch, aber auch nicht harmlos.

Mit dem leisen, federnden Gang eines Raubtiers bog ich in die Parzelle ab und näherte mich der Gestalt. Meine Muskeln waren angespannt, mein Atem stockte. Ob er mich auch sah? Ob er wegrennen oder mich angreifen würde? Es war wie beim Duell im Western: Ich musste schneller sein! Mit einem Sprung stürzte ich nach vorne, umklammerte seine Arme und riss ihn zu Boden. Ein lautes Ratschen begleitete meine Attacke, er leistete kaum Widerstand.

Irritiert tastete ich das alte Kleidungsstück ab. Der Nagel, an dem der Poncho aufgehängt war, hatte einen Riss in der Kapuze hinterlassen.

Tief atmen, Susanne, tief atmen. Hier unten ist niemand. Du siehst Gespenster. Der Wolf, der dir sonst Fetzen aus dem Gedächtnis reißt, hat dir diesmal ein Trugbild ins Gehirn geheult. Alles nur Einbildung. Niemand wäre so blöd, sich in diesem Keller zu verstecken, ohne Fluchtweg. Wer sollte vor dir davonlaufen? Die Angst macht dich ja ganz verrückt, geh wieder nach oben, ans Licht.

Ich saß immer noch am Boden, da spürte ich einen Luftzug im Nacken. Mit einem Pfeifen sauste ein Gegenstand nieder. Der Schlag traf meinen Hinterkopf, ich sackte zur Seite weg. Jemand rannte an mir vorbei. Und dann hallten schnelle Schritte die Treppe hinauf.

23

Der Straßenlotse

Wo waren wir stehen geblieben? Richtig, ich hatte Ihnen erzählt, dass ich mich vor dem Bett des Mütterchens verneigte und ihm mit meiner zärtlichen Enkelhand über die Straße half. Nach einem ersten Zucken – es kam mir wie eine Begrüßung vor, ein freudiges Aufmerken – hatte sie sich bereitwillig in ihr Kissen zurückgelehnt. Und je tiefer sie hineinsank, desto mehr näherte sie sich der anderen Straßenseite. In Gedanken hakte ich schon die zweite Phase des Hinübergleitens ab und rechnete mit dem Einsetzen der dritten, einer präterminalen Atempause.

Dann geschah das Unerwartete: Von hinten, aus der Finsternis, stürzte jemand auf mich zu. Einen Moment lang befürchtete ich, ein unbemerkter Gast des Mütterchens griffe mich an. Aber ein heiseres Kläffen machte mir klar, dass hier kein Homo sapiens am Werk war. Kleine, nadelspitze Zähne bohrten sich in meine Wade und rüttelten an meiner Hose.

Wissen Sie eigentlich, wie gefährlich ein solcher Biss ist? Das Maul des Hundes ist eine Bakterienschleuder, fast jeder fünfte Hundebiss entzündet sich. Tetanus ist die größte Gefahr. Der Erreger heißt Clostridium tetani, sein Nervengift lässt die Muskulatur erstarren – es sei denn, man hat durch eine Tetanus-Impfung vorgebeugt, wie ich, oder legt durch eine passive Immunisierung nach, was zumindest die Folgen abmildert.

Aber mehr noch als der Schmerz in meiner Wade störte mich die Tatsache, dass dieser nächtliche Lärmexzess das ganze Haus aufwecken konnte. Dabei, das wissen Sie inzwischen, liebe ich Diskretion.

Aber, in aller Bescheidenheit, ich bin ein exzellenter Multitasker: Oben musste ich dem Mütterchen auf die andere Straßenseite helfen, durfte es nicht mitten auf dem Weg loslassen, sonst wäre es am Ende noch zurückgekehrt. Es gehört sich einfach nicht, schlampig mit Menschen umzugehen, erst recht nicht mit alten.

Und unten, an der zweiten Front, musste ich einen kleinen, aber sehr giftigen Hund davon überzeugen, dass es keine gute Idee war, meine Wade aufzufressen, das ganze Haus wach zu bellen und aus dieser Wohnung ein Polizisten-Eldorado voller DNA-Spuren zu machen. Mein zweiter Fuß holte aus und gab ihm entsprechende Hinweise.

Wie ich die Schmerzen ausgehalten habe, fragen Sie? Durch Gegenschmerz. Wenn Sie jemandem eine Spritze geben und ihm gleichzeitig den Oberarm quetschen, tut der Einstich nur noch halb so weh, weil sich ein Teil seiner Konzentration von der Spritze abwendet. Schmerz ist kein absoluter Faktor, sondern ein relativer, eine Frage der Wahrnehmung. Also biss ich mir auf meine Lippen, so fest, bis ich Blut schmeckte. Zwei halbe Schmerzen konnte ich aushalten. Zumal – das soll jetzt nicht eitel klingen – meine Willenskraft über erstaunliche Reserven verfügt.

Obwohl der Hund den unfreundlichen Akt an meiner Wade fortsetzte, ließ sich meine Hand nicht davon abhalten, ihr gütiges Siegel auf das Leben des Mütterchens zu legen.

Erst als ich sicher war, dass das Siegel nicht mehr gebrochen würde – Stichwort vierte Phase, terminale Schnappatmung –, konnte ich mich endlich dem Dackel widmen. Mit einem schnellen Griff packte ich ihn am Hals. Ich musste ihn auf dieselbe Straßenseite wie sein Frauchen befördern.

Der Hund – warum hatte mir mein Auftraggeber den Hund verschwiegen? Ich ärgerte mich maßlos. Mit allen Details hatte er mich gefüttert, sogar mit der Position des Bettes im Schlafzimmer. Aber dieser Mitbewohner war mit keinem Wort erwähnt worden. Sonst hätte ich ihm zu Beginn meines Besuches einen Fleischbrocken, gewürzt mit Narkotikum, als Gastgeschenk überreicht. Er hätte ein schönes Schläfchen gehalten und wäre längst wieder wach gewesen, wenn man sein für immer entschlafenes Frauchen gefunden hätte.

Genau hier lag jetzt mein Problem, verstehen Sie? Nicht nur, dass mich ein Tier angefallen hatte – wo ist man eigentlich noch sicher, wenn nicht mal in der Wohnung eines Mütterchens? Nicht nur, dass meine Wade nun Bisswunden aufwies – ich bin ja vom Fach, das bekäme ich in den Griff. Nein, mein größtes Problem bestand aus einer höchst ungünstigen Koinzidenz: Jede Wahrscheinlichkeit sprach dagegen, dass das Mütterchen und der Hund in derselben Nacht unabhängig voneinander die Straßenseite wechselten – erst recht, da der Hund einen neuen Weltrekord im Lautjaulen aufgestellt hatte, unter den zarten Hinweisen meines Fußes.

Sogar der bräsigste Polizist – sind nicht alle Polizisten bräsig? – hätte aus der Tatsache, dass der Hund auf unnatürliche Weise gestorben ist, einen für mich ungünstigen Rückschluss auf den Tod des Mütterchens gezogen. Ebenso beunruhigte mich, dass die Hundezähne mit der Haut meiner Wade in Kontakt gekommen waren. Sein Maul war nun ein exquisites DNA-Spurenlager.

Ich schaltete in meinen Managermodus und fällte blitzschnell drei Entscheidungen. Erstens würde ich diese Wohnung auf der Stelle verlassen – ich musste damit rechnen, dass ein besorgter Nachbar nach dem Mütterchen schaute. Zweitens würde ich das Beweisstück, sprich den Hund, als Begleitung mitnehmen. Und drittens – Stichwort Multitasking – würden meine Enkelhände ihren Job am Hundehals während des raschen Aufbrechens vollenden, um hier keine Zeit mehr zu verlieren. Das Tier zappelte immer noch heftig.

Ich empfahl mich dem Mütterchen und huschte auf meinen Gummisohlen die Treppe hinab. Der Flur war spärlich beleuchtet, die Straßenlaternen schienen herein. Und während ich durchs stinkende Treppenhaus davoneilte, trug ich den Hund vor der Brust, umschlang seinen Hals mit den Händen und drückte zärtlich zu – er blieb so still, wie ich es von ihm in dieser pikanten Lage erwartete.

24

Die Villa von Heiner Stagemann war ein regelrechtes Schloss, das die vorüberfahrenden Schiffe von einem Elbhang grüßte, mit hellem Stein in den Himmel gemauert. Seit über einer halben Stunde keuchte ich querfeldein an einem Zaun entlang, der das parkähnliche Grundstück umgürtete, den Privatzoo eines Milliardärs: Ein Papagei flatterte von einer Palme empor und brabbelte vor sich hin. Ein Tier mit Höckern – es sah aus wie ein Kamel im Kleinformat – graste an einem Busch. Und am Rand eines Teiches, wo der aufgeschüttete Sand in einen englischen Rasen überging, schlug ein Pfau seine Räder. Einen Moment schien seine Farbenpracht in mein Gehirn zu steigen, alles war bunt vor meinen Augen.

Wie groß konnte dieses Grundstück denn noch sein? Wann würde ich endlich die Villa erreichen? Und was würde Heiner Stagemann unternehmen, wenn ich ihm erzählte, wie die Ereignisse sich zugespitzt hatten?

Vom Himmel spann die Dämmerung ihre schwarzen Fäden, erstaunlich schnell. Irgendwo tutete ein Schiff, und aus der Villa – kam es wirklich aus dieser Richtung? – flutete klassische Musik, vielleicht Beethoven. Es hätte auch Grillenzirpen sein können, so vollkommen griffen die Töne ineinander.

Mein Blick war auf den Boden gerichtet und suchte ihn ab, denn neben dem Zaun waren Seile gespannt, Stolperfallen, über die ich steigen musste. Aber jetzt – ich war einen Moment lang unkonzentriert gewesen – blieb ich hängen und schlug mit meinen Handgelenken auf den Boden.

Ich blickte auf, inzwischen war es fast dunkel. Wie ein finsteres Gebirge, ohne Licht im Inneren, erhob sich die Villa in den nächtlichen Himmel. Vom Boden aus erschien sie mir noch mächtiger. Der Mond, eine gefährlich scharfe Sichel, hing knapp über dem Dach.

Hatte ich die Zeit aus dem Blick verloren? War es schon so spät? Würde ich Heiner Stagemann aus dem Schlaf reißen müssen? Und warum fühlte ich mich eigentlich so benebelt? Autsch, mein Hinterkopf schmerzte, in diesem Zustand hätte ich niemals loslaufen dürfen.

Mein inneres Teufelchen flüsterte: *Die Villa ist gar nicht weit entfernt, du bist nur langsam. Die Villa ist gar nicht groß, du bist nur klein. Und Heiner Stagemann ist gar nicht reich, du bist nur arm.*

Doch der Knallfrosch in meiner Brust blieb erstaunlich ruhig, als wäre er durch Watte gedämpft. Ich arbeitete mich weiter am Zaun entlang, der Hang wurde flacher. Dann, endlich, hatte ich die Kuppe erreicht. Ein mit hellen Steinen aufgeschütteter Weg, der im spärlichen Mondlicht schimmerte, führte zum Eingang der Villa.

Mit knirschenden Schritten stakste ich auf das Anwesen zu. Das Grundstück war mit Büschen bepflanzt, die köstlich dufteten wie exotischer Tee. Daneben erhoben sich Denkmäler, soweit ich das im spärlichen Mondlicht erkennen konnte. Nein, sicher waren es Kunstwerke, vom Mäzen Heiner Stagemann gesponsort.

Ich selbst, schoss es mir durch den Kopf, war auch eines dieser »Kunstwerke«, von ihm finanziert. Er hatte mich als verdeckte Ermittlerin nach seinen Wünschen geformt und an einer Stelle seiner Wahl platziert. Was bliebe von mir, wenn ich das Weite suchte? Ein Häuflein Elend. Und ein Berg voller Schulden.

Ich näherte mich den Stufen, die zur Tür der Villa führten. Jede Sekunde rechnete ich damit, dass ein Wachhund losbellen, eine schneidende Stimme rufen würde: »Hände hoch! Was machen Sie hier um diese Zeit?« Doch offenbar verzichtete der sonst so vorsichtige Milliardär auf Wachen vor seiner Tür.

Ich stieg drei Treppenstufen hinauf, sicher Marmor, dann stand ich vor der Haustür, sie war aus schwerem Holz, wie meine Finger ertasteten, und groß wie ein halbes Fußballtor. Zu meiner Rechten erkannte ich eine Klingel mit spärlich beleuchtetem Namensschild. Ich kniff die Augen zusammen, konnte den Namen aber nicht lesen. Es war, als tanzten die Buchstaben vor meinen Augen. Hieß das nun »Stagemann«? Oder stand ich vor der Tür eines anderen Superreichen?

Egal, ich klingelte. Ein Gong hallte durch das Haus. Licht ging an in einem oberen Stockwerk. Ich hörte Schritte. Dann öffnete sich die Tür. Ich rechnete mit einem Hausangestellten, aber vor mir stand Heiner Stagemann, die blau gespiegelte Sonnenbrille im Gesicht. Sofort erkannte ich seine Ohren, diese markanten roten Ohren, die vom Kopf abstanden wie die Henkel eines Topfes.

»Herr Stagemann, ich brauche Sie«, sagte ich. »Wir hatten vereinbart, dass Sie mir helfen, wenn ich in Not bin. Kann ich jetzt damit rechnen?«

Er lehnte sich an den Türrahmen, kratzte an seiner Schläfe und schien nachzudenken. So stand er eine halbe

Ewigkeit da. Dann leuchtete seine blaue Sonnenbrille auf, wie durch einen Gedankenblitz. Einen Moment dauerte es, bis ich verstand: Es war ein Licht, das sich darin spiegelte, ein Licht von hinten.

Ich riss den Kopf herum und blickte in einen Scheinwerfer. Er war so hell, dass ich nichts mehr sah. Und dann spürte ich eine Hand in meinem Gesicht.

Die Hand – ich brauchte einige Zeit, um das zu erkennen – ragte aus einem weißen Kittel. Und der Mann, der sich über mich beugte, steckte ein winziges Lämpchen in seine Brusttasche zurück. »Frau Mikula, hören Sie mich? Sie hatten einen Unfall in einem Keller – Sie sind jetzt bei uns in der Klinik.«

25

Ein riesiger Blumenstrauß schwebte durch mein Zimmer, näherte sich dem Bett und fuhr dann ruckartig zur Seite. Zum Vorschein kam ein italienisch anmutendes Gesicht, in dem die hellen Zähne aufblitzten. »Susanne!«, rief Marion Römer so erleichtert, als hätte sie eine Leiche in diesem Bett vermutet. Sie beugte sich über mich, rückte mit ihrem Kopf an mich heran und legte ihre warmen Hände ganz vorsichtig auf meine Wangen. Ihr Parfüm roch nach Nacht und Abenteuer, wie die exotischen Büsche in meinem Traum. Es fühlte sich vertraut an, ihre Hände zu spüren, so natürlich.

Ich erzählte ihr, wie mein Vormittag in dem verhüllten Mietshaus abgelaufen war. Sie nickte, stellte Rückfragen und achtete streng darauf, dass ich zwischendurch immer wieder mal einen Schluck Mineralwasser zu mir nahm. Darin sah sie »das beste Rezept gegen Kopfschmerzen«. Ihre Fürsorge rührte mich, ich musste daran denken, dass ich sie gleich als eine Art enge Verbündete gesehen hatte.

Wieder überraschte sie mich mit ihrer Menschenkenntnis. »Soll ich dir was über denjenigen erzählen, den du an der Haustür gesehen hast?«

Erstaunt sah ich sie an: »Klar – ich erinnere mich ja an fast nichts!«

»Du kanntest ihn bislang nur ganz flüchtig. Vielleicht jemand aus der Firma, der dir mal auf dem Gang begegnet ist. Oder einer, den du in der Kantine an einem Tisch gesehen hast. Ein Gesicht, das du zwar abgespeichert hast, aber nur sehr oberflächlich.«

»Das würde erklären, warum ich mich an seinen Namen nicht erinnere; vielleicht kenne ich ihn nur vom Sehen.« Ich grübelte einen Moment. »Aber dieser Mensch wirkte irgendwie vertrauter auf mich, als hätte ich schon mit ihm gesprochen.«

»Das kam dir nur so vor, weil du etwas komplett anderes erwartet hast: Du rechnest damit, auf einen Fremden zu stoßen – und siehst aus den Augenwinkeln ein dir bekanntes Gesicht. In so einer Situation fühlt sich sogar ein äußerst fremder Mensch *relativ* vertraut an. Solche Streiche spielt uns die Wahrnehmung. In Vorstellungsgesprächen habe ich jeden Tag damit zu tun.«

»Und warum kam es mir dann so verdächtig vor, diesen Menschen dort im Hausflur anzutreffen?«

»Weil er sich verdächtig verhalten hat. Weil er vor dir weggelaufen ist.«

»Nein, ich hatte schon vorher das Gefühl, er habe in diesem Haus so gar nichts verloren. Wie soll ich dir das erklären? Stell dir vor, dein Postbote kommt plötzlich mit dem Auto eines Pizzaservices angebraust und bringt dein Abendessen. Etwas stimmt, er liefert ja immer Dinge aus. Aber etwas stimmt nicht, denn es sind definitiv keine Pizzen. Und du weißt: Der Kerl gehört in ein Postauto.« Ich fasste mir an meinen Kopf, der immer noch höllisch schmerzte. »Das klingt jetzt sehr wirr – oder?«

Sie streichelte über meine Bettdecke. »Nein, das passt zu meinem Gedanken: Du siehst jemanden, den du dort nicht vermutest. Und warum vermutest du ihn dort nicht? Weil du ihn aus einem anderen Zusammenhang kennst, wohl nur flüchtig. Du hast ihn zum Beispiel zweimal in der Kantine gesehen. Also ist die Kantine wie das Postauto – der Ort, wo du ihn vermutest. Deshalb deine Überraschung an der Haustür.«

Ich musste zugeben: Das klang plausibel – auch wenn mir mein Gefühl immer noch einredete, dass ich den Geflüchteten nicht nur vom Sehen kannte. »Aber ich begreife nicht: Warum läuft jemand, den ich flüchtig kenne, vor mir weg?«

»Vielleicht weiß er mehr über dich als du über ihn. Ich meine, du bist neu in der *StageBau* und hast zu einer brisanten Zeit bei uns angefangen – kurz nach dem Mord an Elfriede Jaspers. Das könnte Leute scheu machen, die was verbrochen haben.«

Sie sah mich nachdenklich an. »Geh doch noch mal in Gedanken zurück zu dem Moment, als die Haustür aufgeht: Was genau hast du da wahrgenommen? Glaubst du, dass es ein Mann oder eine Frau war?«

»Der Schlag mit der Holzlatte spricht eher für einen Mann! Ich musste vorhin zum CT, die Ärzte wollten eine Hirnblutung ausschließen. Mit einer schweren Gehirnerschütterung bin ich ja eigentlich schon ausreichend bedient.«

»Ich würde sagen: Dieser Schlag spricht absolut für eine Frau!«

Verwirrt sah ich sie an. »Wie meinst du das?«

»Ein Mann hätte dich auch anders überwältigen können. Aber ich habe mich gerade gefragt: Was hätte ich als Frau getan, dort unten im Keller? Du bist groß und wirkst sportlich.«

»Du überschätzt mich«, sagte ich – und verbarg meine Freude darüber, dass sie mir meine Vergangenheit als ehrgeizige Joggerin noch ansah. Auch wenn meine Muskeln mittlerweile nur noch den Stand-by-Modus kannten.

»Lass uns die Geschichte weiterspinnen«, sagte Marion. »Du kommst in meine Parzelle, ich kauere in einer Ecke und fühle mich in die Enge gedrängt. Gleich hast du mich entdeckt! Als Mann würde ich dich mit einem kräftigen Stoß auf den Boden rempeln und wegrennen. Es ist dunkel, du erkennst mich nicht. Aber als Frau, das leuchtet doch ein, brauche ich einen Hebel, der meine Kraft verstärkt. Und dann sehe ich die Holzlatte …«

Ich war fasziniert von ihrer Kombinationsgabe. Das alles klang logisch. War nicht schon die Flucht eine Überreaktion, die eher für eine Frau sprach? Ein cooler Killer, ein gespenstischer Typ, der bei seiner Flucht einen Hund erwürgte – es war übrigens der Hund Peter Heusers, der ihn während seiner Reise bei Elfriede Jaspers gelassen hatte –, ein solcher Killer wäre kaum bei meinem Anblick wie ein scheues Häslein die Kellertreppe hinabgesprungen. Aber welche Frau, bitte schön, interessierte sich für dieses Mietshaus, für diesen Mord, für meine Recherche?

Ich legte mich bequem hin, schloss die Augen und ließ die Bilder einfach vorüberziehen. Ich sah die Brücke wieder, das Geländer, den Hund, Hans-Otto Gleim. Ich sah eine Blutpfütze vor einem Schreibtisch, die ich aufwischte, nachdem Sebastian sich die Pulsadern aufgeritzt hatte. Ich sah einen verkohlten Redaktionskeller, in dem jemand Feuer gelegt und mir die Tat in die Schuhe geschoben hatte. Ich sah einen leeren Platz neben dem Kaufhaus, wo Ratte sonst immer Gitarre gespielt hatte, nun aber verschwunden war.

Alles, was ich sah, hatte mit höchster Gefahr zu tun. Und dann formte sich ein Gesicht vor meinem inneren Auge, ich sah es ganz deutlich, mit jeder Sommersprosse. Es war das Gesicht einer Frau, das ich zuletzt auf dem Rückweg vom *Abaton* gesehen hatte.

26

Der Turban, den mir die Ärzte um den Kopf gewickelt hatten, sah aus wie ein weißes Vogelnest, oben war er weich gepolstert. Nun hatte ich endlich eine Krankheit, die sogar ein idiotischer Schaffner aus drei Waggons Entfernung erkannt hätte. Ich musste froh sein, dass die Sache nicht schlimmer ausgegangen war. Ein Bauarbeiter, der einen Eimer im Keller holen wollte, hatte mein Stöhnen gehört, mich in einer Blutlache entdeckt und den Krankenwagen gerufen. Ich war gerade noch wach genug, um eine feuchte Holzlatte, die neben mir lag, als Tatwerkzeug zu erkennen.

Tante Martha hatte ich dieselbe Geschichte wie den Ärzten erzählt: dass ich mich im Keller an einem scharfkantigen Eisenträger gestoßen hatte. »Warum lügst du mich an, Kind?«, fragte sie zurück und setzte ihre Drachentasse etwas zu laut auf der Tischplatte ab. Sie kannte mich schon ein Leben lang und durchschaute mich. Erstaunlicherweise arbeitete ihr Gedächtnis wieder wie eine Eins, seit ihr Arzt falsche Zuckerwerte als Ursache der Aussetzer festgestellt und mit Medikamenten gegengesteuert hatte. Ich wünschte, der reißende Wolf in meinem Gedächtnis ließe sich auch so leicht vertreiben.

Tante Martha fragte mehrfach nach, was wirklich in dem Keller geschehen sei, und ihre hochgezogene Augenbrauenjalousie signalisierte mir, dass ich mit Halbwahrheiten nicht durchkäme. Also erzählte ich ihr meine komplette

Geschichte. Bislang hatte sie nur gewusst, dass ich für eine brisante Recherche in Hamburg war, aber nicht, in wessen Auftrag.

Nun saß sie mir am Wohnzimmertisch gegenüber und nippte an ihrem Lung-Ching-Tee, dessen süßlicher Duft sich mit ihrem *Chanel N° 5* vereinte. »Kind, die machen dich zu ihrem Werkzeug. Du sagst, dass dieser Herr Stagemann zu den reichsten Deutschen gehört. Warum engagiert er dann nicht einen renommierten Privatdetektiv, sondern dich?«

Diese Frage hatte ich mir auch schon gestellt – und eine schlüssige Antwort gefunden: »Ich bin Journalistin, genau das ist mein Vorteil: Niemand hat auf dem Schirm, was ich wirklich in der Firma treibe. Dagegen könnte ein Promi-Detektiv schnell auffliegen, weil er in seiner Branche bekannt ist.«

Die Tante schüttelte den Kopf. »Aber ein Profi-Detektiv würde gewisslich nicht unbewaffnet in einen finsteren Keller laufen, wenn er weiß, dass dort jemand lauert. Was hast du dir bloß dabei gedacht?«

»Zumindest, dass ich auf eigenen Füßen die Treppe wieder hochgehe. Hat nicht geklappt, ich gebe es zu.«

»Ein Umstand macht mich sehr skeptisch: dass du Herrn Stagemann nur ein einziges Mal gesehen hast. Die Welt ist doch groß genug, um allenthalben einen unauffälligen Treffpunkt zu finden. So ein reicher Mann könnte dich mit dem Hubschrauber einfliegen lassen.«

»Als wäre es unauffällig, wenn eine verschuldete Frau plötzlich Spazierflüge im Hubschrauber unternimmt. Aber beruhige dich, Tante: Jetzt am Wochenende werde ich Heiner Stagemann ja sehen.«

Sie schob die Drachentasse ein Stück von sich weg. »Und wenn du erschlagen worden wärst? Dann hätte der feine Herr Stagemann kein weiteres Treffen mit dir abgehalten.«

»Aber der Angriff auf mich hat ihn wachgerüttelt. Marion hat mir ausgerichtet, dass er entsetzt ist. Und ich habe gesagt: ›Jetzt will ich ein Treffen mit ihm, sonst bin ich draußen.‹ Und sie meinte: ›Kein Problem, genau das soll ich dir ja gerade vorschlagen. Am Samstag kommt er von einer Auslandsreise zurück, am Sonntag will er dich sehen.‹ Er wird nicht länger zuschauen, sondern eingreifen. Er stoppt diesen Wahnsinn, und ich bin so froh darüber.«

»Warte mit dem Frohsein, bis er wirklich zur Tat geschritten ist. Baldur hat immer gesagt: ›Viele Ankündigungen sind auch nur Kündigungen, und zwar solche der Wahrheit.‹«

»Du misstraust Heiner Stagemann?«

»Mir erscheint die ganze Angelegenheit äußerst mysteriös. Warum entscheidet er sich ausgerechnet für dich als Mitarbeiterin, unter Millionen anderen Möglichkeiten? Warum gibt es direkt nach deiner ersten Konversation mit ihm diesen vermaledeiten Einbruch in meine Wohnung? Denk doch nur an dieses Buch im Sekretär! Und warum trägt er eine Sonnenbrille, obwohl er dir dein tragbares Telefon mit Fotoapparat vorher weggenommen hat? Deine Tante ist alt und hat fürwahr ein schlechtes Gedächtnis. Aber auf den Kopf gefallen, Kind, das bin ich noch lange nicht.«

Nie wäre ich auf diese Idee gekommen, für mich war sie eine Marie Curie, noch dazu mit großem Herzen. Vor fünf Jahren, als die Herzschwäche meines Vaters in ihre Endphase ging, war sie in das Haus meiner Eltern gezogen und hatte sich drei Wochen liebevoll um ihn gekümmert. Es war so ein rührendes Bild für mich, wie sie, die ihrem Bruder schon das Laufen beigebracht hatte – das behauptete zumindest mein Vater –, ihn jetzt auf seinem letzten Gang begleitete. Stundenlang hatte sie an seinem Bett gesessen, geplaudert und erzählt. Oft, wenn ich das Haus betrat, hatte ich die beiden wie Kinder kichern gehört – als hätten sie die Geschichten aus der Jugend, die sie sich erzählten, wieder ins damalige Alter zurückversetzt.

Diese Heiterkeit erstaunte mich, denn eigentlich war mein Vater ein Mensch, der schwer am Leben trug. Er litt mit seinen Patienten, und wenn einer starb, starb auch etwas in ihm. Da kamen Hunderte von Toden zusammen. Und der Krebstod meiner Mutter hatte einen Schatten auf sein Leben geworfen, aus dem er nie mehr hervorgetreten war.

Aber seine ältere Schwester, die wunderbare Martha, hatte es sogar am Sterbebett noch fertiggebracht, ihren kleinen Bruder aufzuheitern. Immer war er derjenige gewesen, der sich um andere gekümmert hatte, der niemanden belasten wollte. Nur bei ihr ließ er zu, dass sie sich um ihn kümmerte – weil er spürte, dass er keine Last für sie war. Sondern der kleine, immer noch sehr geliebte Bruder.

Bei meinem letzten Gespräch mit ihm – es war ein Samstag im November, Regen prasselte an die Scheibe des Schlafzimmers – sagte er zu mir: »Susanne, ich habe ein Menschenleben auf dem Gewissen. Ich hatte nie den Mut, mit dir darüber zu reden. Martha weiß alles, sie wird mit dir darüber sprechen, zur richtigen Zeit.« Ich hakte zaghaft nach, er blockte aber ab und schien mir zu verletzlich, um ihn mit weiteren Fragen zu löchern.

Nach seinem Tod hatte Martha mich erst vertröstet, weil sie mich nicht belasten wollte, wie sie sagte. Aber das Gegenteil geschah: Der Motor meiner negativen Fantasien drehte sich auf Hochtouren. Erst hatte ich mir einen ärztlichen Kunstfehler ausgemalt, dann einen schuldhaften Verkehrsunfall, und schließlich dachte ich über Mord und Totschlag nach. Gab es eine finstere Seite meines Vaters, die mir nie begegnet war? Und wann war das Unfassbare geschehen? In der Wirtschaftswunderzeit? Oder als ich schon auf der Welt war?

Sechs Monate später, bei einem Spaziergang an der Alster, hatte mir Martha endlich erzählt, wen mein Vater »auf dem Gewissen« hatte: meine Mutter. Er hatte, als die Schmerzen unerträglich wurden, illegale Sterbehilfe geleistet, auf ihren Wunsch. Er, dem schon der Tod fremder Patienten zusetzte, hatte das Leben seiner Frau beendet. Und damit war auch ein Stück seines eigenen Lebens erloschen: Blut wich aus seinem Gesicht, Freude aus seinem Leben, diese emotionale Lähmung blieb bis zu seinem Ende.

Mein Wunsch, die Mutter in den Tod zu begleiten, war durch seinen Anruf mit der Trauernachricht – »Jetzt ist es doch schon passiert, überraschend schnell!« – hinfällig geworden. War das der Grund, warum ihn die Gewissensbisse bis aufs Totenbett quälten? Falls ja, hätte ich ihm so gern noch gesagt: *Papa, ich bin mit deinem Handeln einverstanden – du hast Mama erlöst!* Und ich wusste, warum er mich nicht eingeweiht hatte: Er wollte mir den Gewissenskonflikt ersparen.

Tante Martha stellte ihre Drachentasse ab. »Du schweigst so lang, Kind. Teilst du meine Meinung, dass dieser Herr Stagemann sich verdächtig verhält?«

Ich zwang mich in die Gegenwart zurück. »Aber jemand, der selbst ein schlechtes Gewissen hat, würde sich keine Ermittlerin ins Haus holen. Es spricht doch für ihn, dass er eine Aufklärung anschiebt. Und die dramatischen Dinge – der Mord an Elfriede Jaspers, der zugemauerte Kamin – waren doch schon geschehen, als er mich angeheuert hat.«

»Dann gestatte mir eine Hypothese, aber sei bitte nicht beleidigt, hörst du, Kind?«

Ich schüttelte den Kopf, und sie sprach weiter.

»Ein Mann, der einen kriminellen Sachverhalt wirklich aufklären will, heuert einen Profi an. Aber ein Mann, der die Aufklärung mitnichten wünscht, heuert …«

Ich unterbrach sie: »Sag jetzt nicht: ›heuert eine Aufklärungsamateurin an‹, sonst bin ich doch beleidigt. Recherchieren kann ich als Journalistin mindestens so gut wie ein Detektiv. Und Heiner Stagemann ist bestimmt kein durchtriebener Bösewicht: Marion sagt, dass er sozial ist, viel Geld spendet und niemanden hängen lässt.«

Tante Marthas Zeigefinger kreiste schon einige Zeit durch den Tassengriff, jetzt beschleunigte er. »Tauschen wir uns da über denselben Mann aus? Ich finde, er hat dich allenthalben hängen lassen.«

»Das kann man so nicht sagen«, behauptete ich. Interessanterweise brachte mich Marthas Position dazu, mehr Verständnis für ihn zu entwickeln. Oder hatte sich mein Bild von ihm verändert, seit er einem Treffen mit mir zugestimmt hatte, seit ich wusste, er würde endlich eingreifen? Darauf hatte ich schon die ganze Zeit gehofft.

Ihre Augenbrauenjalousie fuhr nach oben, sie wollte wieder in meinen Kopf schauen. »Was genau, Kind, versprichst du dir jetzt von dem Gespräch mit ihm? Wenn du das definierst, können wir später schauen, ob es auch eingetroffen ist.«

Aha, die Physikerin ordnete ihr Experiment an. Ich ging darauf ein: »Also gut, drei Punkte: Erstens muss er sofort das Bordell in der Nachbarwohnung der Weigels räumen – ich stehe bei diesen Leuten im Wort. Zweitens muss er die Sache mit dem zugemauerten Kamin an die Polizei übergeben – das muss verfolgt werden. Und drittens muss er in seiner Firma jeden Hebel in Bewegung setzen, um herauszufinden, wer etwas mit dem Tod von Elfriede Jaspers zu tun hat.«

»Wäre es nicht klüger, dass du erst mal falsifizierst, also Argumente gegen diese These sammelst? Womöglich war dieser Mord, trotz all der anderen Unregelmäßigkeiten, wirklich nur ein vermaledeiter Zufall.«

»Aber irgendeinen Zusammenhang zur *StageBau* muss es geben.« Ich tippte auf meinen Hinterkopf. »Ein neutraler Täter hätte keinen Anlass gehabt, mir eins mit einer feuchten Holzlatte überzubraten.« In Gedanken fügte ich die Frage hinzu: Was hatte Jane Sternberg, falls sie die Täterin war, mit der *StageBau* am Hut?

Martha atmete schwer aus. »Das würde bedeuten: Jemand weiß, dass du als verdeckte Ermittlerin unterwegs bist. Dann befindest du dich gewisslich in höchster Gefahr.«

»Und du, Martha, gleich doppelt: weil du Mieterin der *StageBau* bist – und weil ich bei dir wohne. Wir müssen vorsichtig sein.«

»Das Schloss an der Wohnungstür ist ja schon ausgewechselt.«

»Aber das allein reicht nicht. Wir müssen uns noch etwas Besseres einfallen lassen!«

27

Tosend stürzte sich das Wasser über die Schwelle, bohrte sich mit Strudeln in die Tiefe und flutete dann, Dutzende von Schaumkronen tragend, unter den Bögen der großen Brücke hindurch. Ich ankerte hinter den Brückenpfeilern, die Alster führte Hochwasser und schaukelte mein kleines Boot wie eine Nussschale hin und her.

Ich sah auf den Fluss, und mein kleines Teufelchen flüsterte: *Eine falsche Bewegung, Susanne, und das Wasser hat dich für immer, durchdringt die Daunen deines dicken Anoraks, füllt deine Gummistiefel wie mit Blei und zieht dich runter auf den Grund.* Jedes Jahr kamen Angler beim Bootsangeln ums Leben. Dass man schwimmen konnte, brachte herzlich wenig, wenn die Kleidung zu schwer und das Wasser zu kalt war.

Ich musste an ein Gedicht von Rainer Maria Rilke denken, das mich als Jugendliche fasziniert hatte:

Der Tod ist groß.
Wir sind die Seinen
lachenden Munds.
Wenn wir uns mitten im Leben meinen,
wagt er zu weinen
mitten in uns.

Wenn Rilke schrieb, dass wir dem Tod gehörten, wer wollte ihm da widersprechen? Eine falsche Entscheidung, etwa dass man eine Kellertreppe hinabging, statt sie zu meiden, schon konnte der Ofen aus sein. Ich hatte viel Glück und wenig Verstand gehabt.

In meinem Vater hatte der Tod sein Leben lang geweint, ganz leise. Jedes Lächeln, das er sich abrang, war von einer weisen Traurigkeit durchdrungen. Oft hatte er von Menschen erzählt, die optimistisch in die Klinik spazierten, zum Beispiel wegen Heiserkeit – und die gebrochen hinausschlichen, etwa mit einer Lungenkrebsdiagnose.

Später sah er diese Menschen ihr letztes Bett auf seiner Station beziehen, sah das Leben aus ihnen schwinden wie die Luft aus einem Ballon, der so lange erschlafft, bis nur noch eine leere, verschrumpelte Hülle übrig bleibt. Und er litt wie ein Hund, dass er diesen Niedergang trotz all seiner ärztlichen Finesse nicht verhindern konnte. Seine Gutherzigkeit war ein Segen für seine Patienten – und ein Fluch für ihn selbst.

Nur am Wasser beim Angeln, wenn das Plätschern der Wellen seine Gedanken wiegte, hatte ich ihn vollkommen entspannt erlebt. Als Mädchen habe ich ihn immer begleitet. Es waren meine schönsten Momente mit ihm. Indem ich bis heute angelte, hielt ich meinen Vater lebendig.

Mein Angelplatz hinter einem Brückenpfeiler der Schleuse in Ohlsdorf – ausgerechnet Ohlsdorf, wo doch der Friedhof lag! – war mit Bedacht gewählt: Die Weißfische liebten es, im Schatten der Strömung zu stehen, hier sparten sie Kraft. Meine beiden Schwimmer kreisten in der Kehrströmung vor dem Ruderboot, die Haken mit Dosenmais beködert. Manchmal legte sich eine Schaumkrone um einen Schwimmer, dann sah es aus, als ragte eine rote Spitze aus weißem Styropor.

Mein Mund war trocken, ich griff zu meiner Wasserflasche im Boot und nahm einen Schluck. Dann strich ich zärtlich über den Korkgriff meiner Angelrute, ein Erbstück meines Vaters. Einen ganzen Keller voller Angelgerät hatte er mir hinterlassen. Wenn ich seine Angelrute berührte, berührte er mich. Das Hobby mit dem Haken hielt uns zusammen.

Von meiner Mutter aber war mir nur ein wichtiges Erbstück geblieben: der goldene Armreif. Als der Gerichtsvollzieher ihn mir weggenommen hatte, war es, als hätte er mir das Andenken an meine Mutter aus dem Herzen gerissen. Was war ich nur für eine miserable Tochter, dass ich ihr Andenken verzockt hatte! Für die Krankheit konnte ich nichts. Aber dass ich mich in meinem Elend eingerichtet, Rechnungen der Schublade überlassen und meine tägliche Dosis Leben nur noch aus der Glotze bezogen hatte, das war hausgemachte Dummheit.

Mit einem tiefen Atemzug sog ich die Herbstluft ein, der Wasserstaub der Schleuse verlieh ihr eine angenehme Frische. Ich spürte, wie sich meine Brust von der aufziehenden Enge befreite. Ein glücklicher Gedanke tanzte in meinem Kopf die Trübsal weg: Ich würde meinen Fehler wiedergutmachen können. Aus dem Internetkatalog des Auktionshauses Reinstadt wusste ich, dass der goldene Armreif kommenden Dienstag mit einem Startpreis von 2.250 Euro versteigert würde. Der Termin traf sich gut, denn bis dahin würde ich das erste Gehalt auf meinem Konto haben. *Mama, ich hole deinen Reif zurück, ich lass mir dich nicht aus dem Herzen reißen, versprochen!*

Ich griff zu meiner Wasserflasche und nahm erneut einen Schluck. Da! Die rote Schwimmerspitze rechts vorm

Boot zuckte und wanderte zur Seite. Ein Fisch hatte mein Maiskorn im Maul und zog ab damit. Schwungvoll hob ich die Rute an. Die Spitze bog sich, ich spürte die Kopfstöße des Fisches. Es waren stetige, eher träge Fluchten, wahrscheinlich ein Brassen. Ich kurbelte ihn zur Oberfläche und fuhr mein Keschernetz aus. Doch gerade als ich den Brassen landen wollte, schlitzte der Haken aus – und meine Pose sauste wie der Pfeil eines Flitzebogens nach oben.

Eine falsche Entscheidung, dachte ich, etwa dass man ein Maiskorn frisst, statt es zu meiden, schon konnte der Ofen aus sein. Aber dieser Brassen war mein Verwandter: Auch er hatte mehr Glück als Verstand gehabt.

Vielleicht hatte ich ja zur Abwechslung mal eine Glückssträhne. Der Knallfrosch in meiner Brust hielt ruhig, obwohl ich gerade mal wieder dem Tod von der Schippe gesprungen war. Vor allem hatte ich endlich, drei Wochen nach meinem Start in der Firma, wieder ein Date mit Heiner Stagemann. Am Sonntag waren wir um fünf Uhr früh in der Tiefgarage des *Atlantic* verabredet. Den Ort und die Zeit fand ich unheimlich, denn mit finsteren Räumen unter der Erde hatte ich in letzter Zeit schlechte Erfahrungen gemacht. Aber sicher würde er nicht mit einer Holzlatte, sondern mit seiner Stretchlimousine auf mich warten. Dass er sich überhaupt auf meinen Wunsch mit mir traf, ließ sich ja schon als fortgeschrittenes Vertrauen deuten.

Ich fieberte diesem Treffen entgegen, denn ich wusste: Wenn *er* mit seiner Faust auf den Tisch schlug, würden sich die Dinge in der *StageBau* verändern. Vielleicht machte ich damit meinen eigenen Arbeitsplatz hinfällig, aber das war mir egal. Hauptsache, den bedrohten Mietern wurde geholfen, vor allem den Weigels – ich stand im Ehrenwort. Was würde Frau Weigel wohl sagen, wenn ich ihr sagen konnte: »Ab heute ist dieses Haus keine Baustelle mehr – und das Bordell in der Nebenwohnung wird in fünf Minuten geräumt.« Ich sah sie schon loslaufen, um die gute Nachricht ihrem »Hermann-Schatz« ans Krankenbett zu bringen. Sicher wäre diese Botschaft für ihn die beste Medizin der Welt gewesen.

Ich kippte den Rest meiner Maisdose über Bord – Futter für die Fische –, holte den Anker hoch und ruderte die Alster hinab. Das Boot hatte mir Marion organisiert: Es gehörte zum Inventar einer leer stehenden Villa mit Ufergrundstück und lag unter einer alten Trauerweide. Der Besitzer hatte den Makler der *StageBau* gebeten, das Boot zu entsorgen – es war winzig und verbeult, passte nicht zu der hochwertigen Immobilie. Aber die Besichtigungen in dem Haus standen erst in einigen Wochen an, so lange blieb das Boot dort noch liegen. Am Samstag würde ich erneut zum Angeln fahren, um mein Gespräch mit Stagemann auf dem Wasser in Gedanken vorzubereiten.

Ich ruderte auf das Grundstück der Villa zu, manövrierte den Kahn unter die Trauerweide und knotete ihn an. Dann räumte ich mein Angelzeug aus, hängte mir das Rutenfutteral um, schnappte die schwere Gerätekiste und den Eimer. Die halb volle Wasserflasche ließ ich im Boot, ich würde sie am Samstag noch gebrauchen können.

Als ich das Grundstück der Villa durch das Eingangstor verließ – Marion hatte mir einen Schlüssel besorgt –, drehte sich ein Mann mit beigem Mantel auf der angrenzenden Straße um und eilte mit großen Schritten davon. Hatte der Kerl nicht gerade noch in meine Richtung gestarrt?

28

Der Straßenlotse

Haben Sie schon einmal gehört, was die Damen auf der Reeperbahn behaupten? Dass sie das älteste Gewerbe der Welt betreiben. Hier muss ich, in aller Bescheidenheit, meinen historisch fundierten Widerspruch erheben. Glauben Sie jetzt bitte nicht, dass ich mich mit diesen »Damen« direkt austausche, denn ich bin kein Mann, der Geldscheine hinblättern muss, damit die Frauen ihn wahr- und mit ins Bett nehmen. Ich darf behaupten, dass meine Umgangsformen und mein Charme denselben Zweck erfüllen, auf höherem Niveau.

Die meisten Menschen, die mich in meinem Hauptberuf kennen, halten mich für einen verheirateten Mann, wozu ein Ehering an meinem Finger beiträgt. Dass dies meine Attraktion auf Frauen nicht gerade schmälert, liegt auf der Hand; was schwer zu kriegen ist, ist stets begehrter.

Hier sehe ich eine Parallele zu meiner exotischen Freizeitbeschäftigung: Wenn die Straße, über die ich jemanden bringen soll, frei von Hindernissen ist – worin liegt dann der Kick? Gut, bei dem Mütterchen kam mir ein überraschendes Hindernis in den Weg. Aber Sie werden zugeben, dass ich diese Herausforderung mit einem hohen Maß an Kreativität gelöst habe, wenn auch zum Preis von Schlagzeilen. Aber es gibt schlimmere Strafen, als die Titelseiten zu dominieren. Einige »Berufskiller«, die ihren Lebensabend bei Wasser und Brot im Gefängnis Fuhlsbüttel verbringen, könnten Ihnen dazu ein paar Takte erzählen.

Welches Gewerbe tatsächlich das älteste der Welt ist? Fragen Sie mal Kain, ob er nicht einem gewissen Abel über die Straße geholfen hat. Menschen wie ich waren schon immer gefragt – auch wenn ich zugeben muss, dass meine Geschäfte von Jahr zu Jahr besser laufen. Mein neuester Auftrag ist höchst attraktiv.

Die Zielperson hat ihre Nase zu tief in die Angelegenheit von Leuten gesteckt, die keinen Spaß verstehen. Offenbar fühlte sich jemand in der Immobilienbranche bedroht, weil er sein kleines Geheimnis nicht unbedingt mit der Staatsanwaltschaft teilen will. Dieser Umstand verschafft mir die Ehre, dass ich die Zielperson auf die andere Straßenseite begleiten und von der Qual ihrer Neugier erlösen darf. So gesehen hat mein Auftrag sogar Hospizcharakter.

Das Anforderungsprofil entspricht ganz meinem Geschmack: Die Zielperson sollte *spurlos* über die Straße begleitet werden – Sie wissen, ich bin gegen rohe Gewalt –, es muss nach einem Unfall aussehen. Im Grunde können Sie den Auftraggeber beglückwünschen, dass er sich mit dieser heiklen Aufgabe nicht an einen brutalen Hohlkopf, sondern an mich gewandt hat.

Seit einiger Zeit liege ich schon auf der Lauer, um die Zielperson zu beobachten. Ich habe ihre Gewohnheiten studiert, kenne ihre Pläne und weiß daher genau, was sie am kommenden Samstag plant – glücklicherweise in einem Element, in dem ein Mensch schnell mal ums Leben kommt.

Und ich weiß, dass bei der geplanten Tätigkeit gern mal ein Schluck Mineralwasser getrunken wird. Der Clou: Ich habe die Gelegenheit, dieses Wasser mit einem, sagen wir, besonderen Wirkstoff zu veredeln. Deshalb wird der Gang über die Straße nach einem tragischen Unfall aussehen, ohne Risiko für mich: Ich werde meilenweit entfernt sein, wenn es passiert, und auf eine Meldung in den Nachrichten warten.

Ich könnte jetzt »Prost« sagen, aber sicher ahnen Sie, dass man in meinen Kreisen »zum Wohle« bevorzugt – und beim Essen niemals vergisst, sich die Lippen an der Serviette abzutupfen, ehe man sie ans Weinglas führt.

Leute wie ich hinterlassen nicht gern Spuren.

29

Das Ruderboot lag da, wie ich es hinterlassen hatte, dümpelnd unter der Trauerweide. Der Herbst hatte den Kahn mit gelborangen Blättern bestreut, eines davon klebte auf dem Deckel meiner Wasserflasche, es sah aus wie ein lustiger Propeller.

Morgennebel dampfte aus dem Fluss, ein Haubentaucher flatterte davon, und vom Uferweg gegenüber hörte ich das Keuchen eines Joggers. Ich lud mein Angelgerät ein, löste das Boot und ruderte wieder in Richtung der Schleuse. Dabei atmete ich frische Herbstluft ein, mit einem Schuss Benzin, das von der Alsterdorfer Straße rüber zum Fluss wehte.

Die Woche war auf schnellen Füßen an mir vorbeigeeilt. Dr. Otten, der freundliche Hausarzt von Tante Martha, hatte mich für drei Tage krankgeschrieben. Er war noch ein Mediziner der alten Schule, verbeugte sich bei der Begrüßung, erkundigte sich nach der Tante und nahm sich Zeit für ein langes Gespräch. Ich fürchtete, er hatte mir den Unfall im Keller nicht abgenommen, aber für Widerspruch war er viel zu höflich. Am Ende verschrieb er mir keine chemischen Keulen, sondern empfahl einen Gedichtband: *Doktor Erich Kästners lyrische Hausapotheke.*

Einen solchen Arzt, belesen, eloquent und menschenfreundlich, hätte ich mir auch in Reinstadt gewünscht. Tante Martha hielt große Stücke auf ihn, er machte noch Hausbesuche, und für Notfälle besaß er sogar einen Schlüssel ihrer Wohnung. Wahrscheinlich nur den alten.

Zu gern hätte ich Jane Sternberg wieder getroffen. Doch es war, als spräche ich meine Nachrichten nicht auf ihre Mailbox, sondern in einen tiefen Brunnen – keine Resonanz. Offenbar suchte sie nicht gerade den Kontakt mit mir. Dann würde ich sie halt vor dem Verlagsgebäude abfangen. Mal schauen, wie mutig die sommersprossige Jane mir begegnete, wenn mal gerade keine Holzlatte zur Hand war.

Meine Recherchen im Internet hatten mir die Augen geöffnet: Frank von Leibringen, ihr Chefredakteur, übte einen lukrativen Nebenjob aus; er trat bei Kundenevents der *StageBau* als Moderator auf. In ganz Deutschland fanden Podiumsdiskussionen statt, ein Wanderzirkus von Stadt zu Stadt, die Überschrift sagte alles: »Immobilie statt Aktie: Warum städtischer Wohnraum ein Investment mit Zukunft ist.«

Ein Stadtentwickler, ein Finanzguru, ein Architekt und Patricia Stagemann »diskutierten« eineinhalb Stunden vor potenziellen Immobilienkäufern, ehe das Buffet eröffnet und Nachschub an Champagner gereicht wurde.

Schon aus den Kurzporträts der Teilnehmer ging hervor, dass sie alle einer Meinung waren: Der Stadtentwickler bejubelte den Trend zur Luxuswohnung, der Finanzguru pries die Rendite von Immobilien, der Architekt sang ein hohes Lied auf die Renovierung bestehenden Wohnraums und die Schaffung neuer Topimmobilien. Und nachdem dieser Werbechor den Hunger auf Immobilien geweckt hatte, musste Patricia Stagemann ihre Angebote nur noch unters kaufkräftige Volk streuen.

Natürlich kein Wort davon, mit welchen Methoden die *StageBau* ihre Häuser von Altmietern säuberte. Mit dem Hinweis auf zugemauerte Kamine, selbst organisierte Bordelle, Lärmterror oder Buttersäureattentate hätte man hier nur die Stimmung verdorben. Von einem Mord ganz zu schweigen.

Frank von Leibringen war bei einer bekannten Redneragentur als Moderator gelistet, ich hatte unter Pseudonym um ein Angebot gebeten. Der Mann kostete 6.750 Euro am Abend. Pro Jahr waren von der *StageBau* vierundzwanzig Podiumsdiskussionen angesetzt, das ergab eine Zusatzeinnahme von 162.000 Euro. Hinzu kam, dass die Wochenendausgabe der *Hamburger Allgemeinen* von Immobilieninseraten der *StageBau* dominiert wurde – wohl eine der Geldquellen, aus denen der Verlag sein protziges Gebäude finanzierte.

Völlig klar, dass kritische Berichte über die *StageBau* in dieser Zeitung so wenig erwünscht waren wie Gotteslästerung in einem Amtsblatt der Kirche. Zwar hatte mir Jane Sternberg nach unserem Abend im *Abaton* versprochen, Überzeugungsarbeit bei ihrem Chefredakteur zu leisten, aber das war wohl nur Hinhaltetaktik gewesen.

Mein Boot glitt vor die Brücke der Ohlsdorfer Schleuse. Ich kletterte ins Heck, ließ den Klappanker zum Grund sausen und gab Leine, bis die Strömung mein Boot über denselben Platz wie beim letzten Mal getragen hatte. Nun ließ ich den zweiten Anker direkt am Boot runter. An dieser Stelle hatte ich den Mais gefüttert. Die Brassen und Rotaugen waren intelligent genug, sich einen solchen Platz zu merken und ihn wieder aufzusuchen.

Die Strömung rauschte bedrohlich schnell. Ich achtete auf mein Gleichgewicht in dem kleinen, wackligen Boot, während ich meine Angelruten zusammensteckte, meine Haken mit Mais beköderte und meine Schwimmer ins Wasser gleiten ließ.

Das Rudern hatte mich ins Schwitzen gebracht, ich griff zur Wasserflasche. Witzig, dieses Trauerweidenblatt auf dem Deckel, ich zupfte es beiseite. Gedankenverloren schraubte ich den Deckel auf und führte die Flasche zu meinem Mund.

Ein Handyanruf unterbrach mich mitten in der Bewegung. Die Nummer war unterdrückt, vielleicht Heiner Stagemann. Ich meldete mich: »Susanne Mikula«.

Eine Männerstimme, die mir bekannt vorkam, blaffte ins Telefon: »Spreche ich mit der Journalistin Susanne Mikula – oder mit der Diebin?«

Es war Friedhelm Ganter, und er klang nicht so, als wollte er mich auf einen Cat-Stevens-Abend einladen.

»Ich habe keine Ahnung, wovon Sie reden«, sagte ich.

»Und wenn es Kamerabilder gibt, die Sie dabei zeigen, wie Sie in mein Büro schleichen, die Mappe vom Tisch nehmen und unauffällig einstecken – was dann?«

An die Möglichkeit, dass sein Büro von einer Kamera überwacht war, hatte ich nicht gedacht. »Ich habe Ihnen nichts geklaut«, sagte ich – was fast stimmte, denn ich betrachtete die Mappe nur als Leihgabe.

»Dann hat mir also ein Wind diese Unterlage vom Tisch geweht?«

»An manchen Orten herrscht schon Chaos, ehe der Sturm kommt. Wenn so eine Mappe auf dem falschen Stapel landet, ist sie vorübergehend verschwunden.«

Er verstand meine Andeutung: »Wollen Sie mein Büro etwa als Mega-Schweinestall bezeichnen?«

»Nie käme ich dazu.«

Er seufzte. »Es stimmt, bei mir herrscht immer Chaos auf dem Tisch. Aber ich habe alles schon dreimal nach der Akte durchsucht – ohne Erfolg.«

Aha, es gab also doch keine Kameraaufzeichnung, sonst hätte er nicht gesucht. Und sich früher bei mir gemeldet.

»Wer könnte ein Interesse haben, Ihnen diese Akte wegzunehmen?«, fragte ich.

»Ich habe an Sie gedacht. Denn Sie haben nach der *StageBau* gefragt. Und ich hatte die rote Mappe erwähnt.«

Ich bemühte mich um einen ahnungslosen Ton. »Das heißt: In der Akte geht es um die *StageBau*?«

»Das habe ich nicht gesagt.«

»Sobald von der *StageBau* die Rede ist, sagen Sie ohnehin recht wenig.«

»Ich muss vorsichtig sein. Ich will nicht verklagt werden.«

»Aber andere Firmen könnten Sie auch verklagen. Zum Beispiel haben Sie die *Omnor AG* namentlich kritisiert. Die können doch auch scharf schießen.«

Er schwieg einen Moment. »Wollen Sie mir unterstellen, dass ich ein Mega-Heuchler bin, von der *StageBau* gekauft?«

»Nie käme ich dazu.«

»Das wird Konsequenzen haben, das verspreche ich Ihnen«, sagte er – und sein Ton klang unangemessen freundlich, als ob er dabei lächeln würde.

»Welche Konsequenzen?«

»Ein Abendessen zu zweit. Zur Versöhnung. Bin ich Ihnen nicht noch die Antwort schuldig, wie man schon ›mit Anfang zwanzig Geschäftsführer wird‹?«

»Wollen Sie denn mit einer Diebin zu Abend essen?«

»Kommt drauf an, was Sie mir als Nächstes klauen. Nicht nur Mappen sind rot.«

Spielte er auf sein Herz an? Einen Moment war ich unsicher, ob er mir eine Falle stellte. Doch ich dachte an seine frechen Naturlocken, an seinen fünf Tage alten Dreitagebart und an einen Cat-Stevens-Abend – und versprach ihm, über sein Angebot nachzudenken. Das schien mir klüger als ein allzu begeistertes Ja. Er erzählte noch, in welcher Bar er üblicherweise seine Abende verbrachte.

Als ich aufgelegt hatte, fühlte ich mich beschwingt wie ein Teenager vor dem ersten Date. Meine Angelruten hatte ich völlig aus dem Blick verloren. Wenn das so weiterging, würde ich nie einen Fisch fangen.

Ich schnappte die Wasserflasche erneut, ich hatte Durst. Der Deckel war noch offen, ich hob sie an. Die Flasche war schon kurz vor meinem Mund, da tauchte mein Schwimmer unter. Ich stellte die Flasche wieder ab und schlug an. Ein Brassen von etwa drei Pfund, diesmal fing ich ihn. Ich löste den Haken mit der Arterienklemme und ließ den Fisch wieder schwimmen.

Jetzt begann die Beißphase! Ich beschloss, das Handy für den restlichen Angeltag auszuschalten. Nur wollte ich vorher noch rasch die Nachrichten des Tages überfliegen. Ich wischte übers Display. Eine Schlagzeile sprang mir ins Gesicht und traf mich wie der Schlag mit der Holzlatte im Keller. Ungläubig starrte ich auf den kleinen Bildschirm, und mir war klar: Jetzt würde nichts bleiben, wie es bislang war. Und der Knallfrosch in meiner Brust hüpfte wild, als wollte er meinen Körper in Stücke reißen. *Tief atmen, Susanne, tief atmen.*

Ich griff zur Wasserflasche und legte meinen Kopf nach hinten. Der Flaschenhals an meinen Lippen fühlte sich wie ein Beatmungsschlauch an. Ich nahm einen tiefen Schluck und spürte die Flüssigkeit durch meinen engen Hals rinnen.

Mir wurde schwindlig, und ein Schleier senkte sich vor meine Augen. Ich hielt mich an der Bootswand fest.

30

Der Straßenlotse

Ich hoffe, Sie halten mich nicht für eingebildet, aber ich muss es einfach sagen: Mein Plan ist aufgegangen wie ein Soufflé im Backofen. Mittlerweile haben die Medien mir bestätigt, worauf ich gehofft hatte. Mein Auftraggeber dürfte begeistert sein, auch wenn es in dieser Branche unüblich ist, für meine einwandfreie Arbeit eine nette Referenz auszustellen. Aber die Zielperson wird niemandem mehr schaden, höchstens der Qualität des Wassers, in dem ihr Körper jetzt dümpelt.

Wie mögen die letzten Minuten abgelaufen sein? Bestimmt eine große Überraschung, wenn man das Wasser auf sich zurasen sieht, eintaucht und dann von den Fluten umarmt wird. Glauben Sie mir, der Sprung ins Wasserbett ist eine feine Sache, man wird nicht einmal von seinen eigenen Schreien belästigt, alles läuft geräuschlos und diskret ab. Manchmal ertrinken Menschen, ohne um Hilfe zu rufen, das liegt an der Hyperventilation. Und spätestens nach fünf Minuten hat man die Straßenseite gewechselt.

Wussten Sie, dass der menschliche Körper, wenn er überraschend ins Wasser taucht, automatisch tief einatmet? Dafür sorgen die Wärmerezeptoren, diesen Vorgang nennen wir »Inspiration«. Danach, in der Apnoe, der zweiten Phase des Ertrinkens, wehrt sich der Mensch gegen diesen Reflex und hält seinen Atem an. Im kalten Wasser gelingt das nur zehn Sekunden. Die Kohlendioxidkonzentration im Wasser steigt höher, als es das Atemzentrum toleriert – weshalb der Mensch unwillkürlich einige Atemzüge nimmt, wir nennen das »Dyspnoe«.

Dann passiert das Unvermeidbare: Wasser flutet den Kehlkopf, und bei dem Versuch, es wieder rauszuhusten, öffnet sich die körpereigene Schleuse, neues Wasser dringt ein – und den Rest der Geschichte können Sie sich ausmalen, er ähnelt dem Ersticken an Land, und über dieses Thema haben wir uns ja bereits ausgetauscht, Stichwort Mütterchen. All dies setzt natürlich voraus, dass der Einschlag ins Wasser nicht schon tödlich verläuft.

Und während ein Unfall an Land viele Spuren hinterlässt, besitzt Wasser die freundliche Eigenschaft, viele Spuren zu verwischen. Das gilt schon direkt nach dem »Unfall«. Ich frage mich, welches Bild mag sich geboten haben? Zuerst hat es sicherlich geklatscht, das Wasser spritzte, war aufgewühlt, Wellen haben zu allen Seiten geschlagen.

Aber dann, als das Wasser mit seinen Armen nach unten zog, was ihm gehörte, lag die Oberfläche wieder da wie zuvor. Dann trieben die Schaumkronen wieder dahin, als wäre nichts passiert. Dann kreischten die Möwen, als wäre nichts passiert. Dann heulte der Wind, als wäre nichts passiert. So liebe ich es: diskret und unauffällig, Arbeit unter der Oberfläche.

Und mit meiner Expertise darf ich Ihnen sagen, dass es aussichtsreichere Unterfangen als die Obduktion einer Wasserleiche gibt, zumal die Schleimhaut am Mageneingang reißen, das Wasser tief eindringen und eine rasche Fäulnis einsetzen kann. Je nachdem, wie lang ein Mensch im Wasser liegt, quillt die Haut auf und verfärbt sich, löst sich in Streifen ab, und die Nägel fallen aus. Am Ende umschließen Algen den Körper, als wäre er ein Stück Totholz.

Und am schwierigsten ist die Obduktion einer Leiche, die gar nicht erst gefunden wird.

31

Jane Sternberg trug ihr schlechtes Gewissen in der Hosentasche, vorne rechts. Es drückte bei jedem Schritt, während sie den vertrauten Weg marschierte, vom Hauptbahnhof zum Rathausmarkt. Die Schaufenster der Mönckebergstraße leuchteten an diesem trüben Herbstmorgen wie Aquarien im Keller eines Zoos. Sie ließ alles links liegen, die Schmuckauslagen, die teuren Designerklamotten, die kunstvoll drapierten Schuhe, deren Kartons sie immer an die Treppchen eines Siegerpodests erinnerten.

Ihr schlechtes Gewissen war rechteckig geformt, und von Zeit zu Zeit piepte es, als wollte es sie erinnern: *Vergiss nicht die ganzen Nachrichten von Susanne Mikula! Du weißt, dass etwas nicht stimmt mit ihr, dass sie in Gefahr sein kann. Du musst reagieren.*

Aber was, bitte schön, hätte sie denn tun sollen? Susanne hatte ja keine Ahnung, dass sie selbst schon über die *Stage-Bau* recherchiert, sogar mit den Eheleuten Weigel gesprochen und Frank von Leibringen eine exklusive Geschichte angeboten hatte. Doch mit fadenscheinigen Argumenten hatte der Chefredakteur sie abblitzen lassen – es waren fast wörtlich dieselben gewesen, die sie dann in ihrer Hilflosigkeit gegenüber Susanne im *Abaton* aufgewärmt hatte.

Ein paar Tage später hatte ein Kollege bei der Morgenkonferenz einen kritischen Bericht über die Praktiken der *Omnor AG* gegenüber ihren Mietern vorgeschlagen. Und plötzlich ließ ihr Chef den Mieterschützer raushängen und hob das Thema sofort ins Blatt. Keine Rede mehr davon, dass die Geschichte über einen Vermieter, der seine Kunden drangsaliert, so gewöhnlich sei wie die über einen Hund, der einen Briefträger beißt.

Offenbar verfügte die *StageBau* über lange Arme, die bis in ihre Redaktion griffen. Keine Ahnung, warum ihr Vorgesetzter sich zum Handlanger einer fiesen Immobilienfirma machte, obwohl deren Chef Heiner Stagemann für Boulevardschlagzeilen völlig unergiebig war: Er lebte skandalfrei und zurückgezogen, mied Promi-Partys, nicht mal Fotos von ihm gab es.

Wer die *StageBau* angriff, legte sich offenbar mit einem mächtigen Gegner an. Das hätte Jane schon ausgehalten, und auch ihrem Chefredakteur hätte sie nur zu gerne Kontra geboten. Aber sie war erpressbar, seit der Sache mit Michael. Was war er doch für ein Narr gewesen! Sie hatte Frank von Leibringen anflehen müssen, den Bericht zu canceln, sonst wäre ihr Mann mit einem bundesweiten Skandal aus seinem Amt als Gleichstellungsbeauftragter geflogen. Und sie hätte sich als Ehefrau zur Vollidiotin gemacht.

Zwar wäre der Bericht eine gerechte Strafe für ihn gewesen. Aber was hätte sich Ella auf dem Schulhof anhören müssen, wenn ihr Papa solche Schlagzeilen gemacht hätte? Mit neun Jahren versteht man so was nicht.

Als Jane diese Bilder ihres Mannes gesehen hatte – es war ein Schock gewesen! –, hatte er noch am selben Abend das Ehebett räumen und Quartier im Hobbyraum beziehen müssen. Nie wieder würde sie mit ihm schlafen. Nicht neben ihm. Und schon gar nicht mit ihm. Das hatte sie ihm an den Kopf gebrüllt. Und daran würde sie sich halten.

Im *Abaton* hatte Susanne sie gefragt: »Was bist du nur für eine Journalistin?« Die ehrliche Antwort wäre gewesen: »eine erpressbare«. Aber wer lief schon gern als zahnloser Tiger durch die Stadt?

Sie hasste es, harmlos zu sein, denn das war sie viel zu lang gewesen. Mit sechs Jahren war sie als ungestümes Mädchen einem Ball nachgerannt, von einem Auto angefahren worden und hatte ein halbes Jahr im Krankenhaus gelegen. Von dort war sie verschüchtert nach Hause gekommen: ein Mädchen, das sich hinter seine Mutter verkroch, sobald die eigenen Spielkameraden an der Tür klingelten. Ein Mädchen, das als Gymnasiastin nur einschlafen konnte, wenn die Tür des Kinderzimmers einen Spalt offen blieb und das einfallende Licht vom Flur versprach, dass die Nacht enden würde und ihre Eltern sie hörten. Ein Mädchen, das mit fünfzehn, wenn es allein zu Hause war, das Radio einschalten musste, um ihre Ängste zu vertreiben. Sie brauchte Stimmen um sich herum, das gab ihr Sicherheit, zumal sie als Mädchen selbst keine Stimme hatte, immer nur mitspielte, nur mitlief, nur nickte, nur Ja sagte, keine eigene Meinung hatte.

Um das zu verändern, hatte sie Journalistik studiert, eine Flucht nach vorne. Sie musste in diesem Beruf mit Menschen reden, Farbe bekennen, Widerstände aushalten. Als Redakteurin hatte sie endlich eine Stimme bekommen, war gehört worden und zur Ressortleiterin aufgestiegen. Aber war sie tatsächlich leitende Journalistin? Oder spielte sie nur eine Rolle, um ihre Ängste auszutricksen? Schließlich verschluckte sie beim Reden immer noch Satzenden, als würde sie auf halbem Weg der Mut verlassen, und pendelte beim Sprechen hin und her – das hatte ihr ein Kommunikationstrainer gespiegelt.

Und in ihrem Privatleben fühlte sie sich oft hilflos wie das Mädchen von einst. Hatte sie nicht längst gewusst, dass Michael sie betrog? Warum zog sie keinen Schlussstrich? War es wirklich nur die Rücksicht auf Ella – oder hatte sie Angst vor dem Konflikt und vor der Trennung? Michael kam ihr vor wie ein schlechtes Radioprogramm, das sie als Jugendliche ertragen hatte. Alles war besser als die Stille, das Alleinsein, das haltlose Stehen in einer Welt, die schwankte und voller Abgründe war.

Susanne war eine Frau, wie Jane es gern gewesen wäre: mutig, zupackend, vorpreschend. Voller Bewunderung hatte sie im Vorstellungsgespräch gehört, wie Susanne die Sprechblasen aufgab und Tacheles redete. Schon vorher hatte sie die alten Berichte über die Affäre in Reinstadt gelesen. Unglaublich, was Susanne dort geleistet hatte: einen alten Mordfall aufdecken, einen korrupten Verleger enthüllen und dann auch noch einen Kampf auf Leben und Tod gewinnen – das musste ihr erst mal jemand nachmachen.

Bei dem Gedanken, wie Susanne ihr Leben auf der Brücke gerettet hatte, erschauerte Jane: In der Zeitung war von »Fleischmaden« die Rede gewesen. Zufällig hatte Susanne eine Dose mit diesem lebenden Angelköder in der Tasche gehabt, als ihr muskulöser Chef sie über das Geländer einer Autobahnbrücke stoßen wollte. Und in letzter Sekunde steckte sie ihm die lebenden Krabbeltierchen ins Hemd. Der Verleger Hans-Otto Gleim, der einen Mord auf dem Gewissen hatte, war als Insektenphobiker sofort kampfunfähig, er hatte die Kontrolle über sich verloren und war dann rückwärts übers Geländer der Autobahnbrücke gestürzt.

Offenbar brachte Susanne das, was sie anfing, konsequent zu Ende. Aber was, wenn es mit der *StageBau* anders laufen würde: wenn das, was sie anfing, sie selbst ans Ende brachte – und sei es psychisch? Etwas schien mit ihr nicht in Ordnung zu sein, die letzten Nachrichten klangen merkwürdig. Erst hatte sie gefragt: »Kommt die *StageBau*-Geschichte nun ins Blatt?« Diese Frage war nachvollziehbar. Dann hatte sie geschrieben, sie müssten sich dringend über eine »unsanfte Begegnung im Keller« unterhalten. Und: »Nimmst du es mit mir auch bei Tageslicht auf?!« Wirres Zeug. Jane hatte keine Ahnung, wie sie antworten sollte. Nun waren einige Tage vergangen, fast zu spät, um noch zu reagieren. Deshalb fühlte sich ihr Handy in der Tasche wie ein schlechtes Gewissen an.

Heute war Jane im Rathaus zu einem »Hintergrundgespräch« verabredet, der Fraktionsvorsitzende Henning Kleinert hatte kurzfristig per SMS darum gebeten. »Hintergrundgespräch« bedeutete, dass ein Politiker Dinge sagte, die nicht jedermann wissen durfte. Zum Beispiel erfuhr sie vorab, wie eine Fraktion sich in einer Abstimmung verhalten würde. Oder dass ein Personalwechsel anstand. Oder welche Themen den kommenden Wahlkampf dominieren würden.

Der Rest der Welt musste sich überraschen lassen, aber sie wurde ins Boot geholt. Damit gab ihr der Politiker das Gefühl, ein Familienmitglied zu sein. Und entsprechend freundlich sollten ihre nächsten Berichte dann ausfallen. Das Spiel war leicht durchschaubar, aber offenbar nicht für alle Journalisten, sonst hätten die Politiker es längst eingestellt.

Henning Kleinert kam ihr schon in seinem Vorzimmer entgegengeeilt, verbeugte sich tief bei der Begrüßung und bat sie in sein Büro. Dann sagte er: »Ich habe eine heiße

Nachricht für Sie, die noch nicht über den Ticker ist. Nichts über meine Fraktion, aber sehr relevant für die Stadt. Und ich dachte: Wenn es jemand verdient hat, das früher zu erfahren, dann Sie.«

Jane war sicher, dass er dieselben Schmeicheleien den Journalisten der Konkurrenzzeitungen schon um den Bart geschmiert hatte oder noch schmieren würde.

»Dann legen Sie mal los«, sagte sie. »Worum geht es?«

»Um ein Unglück, das sich heute Vormittag zugetragen hat, aber noch nicht offiziell ist.«

Eine Viertelstunde später, als er alles erzählt hatte, spürte Jane klarer als je zuvor: Sie hätte Susannes Nachrichten nicht ignorieren dürfen!

32

Bislang war ich sicher gewesen, dass es nur einen Weg gab, Iris sprachlos zu machen: ein dickes Kreppband vor ihrem Mund. Niemand sprudelte seine Sätze so spontan hervor wie sie. Aber jetzt, als ich von dem Unglück erzählt hatte, schwieg mich das andere Ende der Leitung an.

»Iris, bist du noch dran?«, fragte ich. Keine Antwort. »Iris, hallo?«

»Ich bin – bin fassungslos, Prinzessin!«

»Dann sind wir schon zwei Fassungslose. Und wie geht's jetzt weiter?«

»Auflegen und noch mal anrufen?«

»Ich meine: Wie geht es weiter mit mir? Das hat doch keinen Zweck mehr, dass ich bleibe, jetzt!«

»Hey, Prinzessin, mach keinen Kokolores! Du darfst nicht aufgeben! Jetzt gibt's schon zwei Mordopfer. Und keine Sau weiß, wer das dritte sein wird!«

»Ich hab da so eine Ahnung. Der Schlag mit der Latte war nicht gerade eine Streicheleinheit. Und jetzt wird die Sache noch viel gefährlicher für mich. Bislang war ich Seiltänzerin mit Netz. Nun klafft unter mir ein Abgrund.«

»Pfeif drauf! Wenn das eine Netz weg ist, dann hängst du halt ein neues auf. Lass dir von Marion eins knüpfen!«

»Aber Marion ist nur Personalchefin. Was soll sie denn gegen Patricia Stagemann ausrichten? Vergiss nicht, bis jetzt hatte ich den obersten Boss hinter mir. Er wollte aufklären, welche schmutzigen Geschäfte da laufen. Und nun sind nur noch diejenigen übrig, die genau diese Geschäfte betreiben und vertuschen wollen.«

»Hey, Prinzessin, eins ist doch klar wie Kloßbrühe: Es war sein Wunsch, dass du denen den Arsch aufreißt. Also musst du das auch machen, hörst du?«

»Dieser Wunsch hat Heiner Stagemann womöglich sein Leben gekostet, Iris! Ich bin sicher, dass sein kleines Privatflugzeug nicht zufällig ins Meer gestürzt ist. Da hat jemand nachgeholfen.«

»Sag ich doch! Deck es auf, fahr ihnen an den Karren, lass sie auffliegen.«

»Iris, ich bin wacklig auf den Beinen. Als ich die Nachricht las, wäre ich fast aus meinem Angelboot gefallen. Minutenlang war mir schwindlig.«

»Hey, jetzt mach nicht auf Patientin im Endstadium. ›Investigativ‹ bedeutet nicht ›palliativ‹. Du hast es doch drauf, Prinzessin! Du hast ins Hornissennest gestochen. Jetzt sind die Viecher aus ihren Löchern gekommen und stechen wild um sich. Das ist gut, das macht sie unvorsichtig.«

Ich schloss die Augen. »Was ist gut daran, dass zwei Menschen ums Leben gekommen sind?« Ich dachte an den Piloten, der ebenso wie Stagemann vermisst wurde, seit die Maschine vom Radar verschwunden war. In allen Nachrichten wurde er nur am Rande erwähnt, während die Hauptberichte Stagemann galten – als hinge der Wert eines Lebens vom Kontostand ab. Wenn das zutraf, durfte ich selbst nicht mit langen Nachrufen rechnen.

»Der Absturz ist natürlich Mist. Aber du weißt doch, wie die Welt tickt: Stirbt ein Normalo, ist er halt gestorben. Aber erwischt es so einen Stinkreichen wie den Stagemann, dann bekommt die Justiz plötzlich Beine. Ich wette, die werden schon noch herausfinden, dass es ein Mord war. Und dann hat diese Firma ein Riesenproblem!«

»Bis jetzt hat man weder die Leichen noch das Wrack gefunden. Das war doch bestimmt der Plan: Ein winziges Flugzeug wird vom Meer verschluckt. Woher sollen da die Beweise kommen?«

»Unterschätz die Technik mal nicht, es gibt doch Flugschreiber und all diesen Krams.«

»Ich fürchte, so eine kleine Maschine ist da schlechter ausgestattet. Aber selbst wenn … Kannst du dich nicht erinnern, dass vor ein paar Jahren eine komplette Boeing verschwunden ist, Flug MH370 – erst vom Radar, dann wie aus der Welt? Wahrscheinlich ins Meer gestürzt. Bis heute hat man sie nicht gefunden. Obwohl es eine Riesenmaschine war. Obwohl über zweihundert Passagiere an Bord waren. Obwohl sie einen Flugschreiber hatte. Ich sehe da bei einem Miniflugzeug ziemlich schwarz.«

»Na und – dann bleibt die Maschine halt verschwunden. Aber du weißt doch auch so, was Sache ist. Wozu brauchst du Beweise? Der Fall ist doch klar wie Kloßbrühe!«

Dass ich viel wusste, konnte auch ein Nachteil sein. »Und wenn es Mord war? Dann wird doch jemand alles dafür tun, damit er nicht auffliegt.«

Iris schwieg einen Moment. »Du meinst, die Stagemann wirft dich im hohen Bogen raus, damit du nicht weiter schnüffeln kannst?«

Das war auch mein erster Gedanke gewesen, als ich vom Absturz Heiner Stagemanns gehört hatte: *Hol deine Entlassungspapiere ab, Susanne! Dein Auftraggeber ist tot, dein Auftrag beendet. Oder glaubst du, irgendwer sonst in dieser Fir-*

ma hat ein Interesse daran, dass du im hauseigenen Mist herumwühlst? Patricia Stagemann wird dich keinen Tag länger hier dulden.

Aber meine zweite Überlegung ging anders: Hätte Patricia Stagemann nicht damit rechnen müssen, dass ich nach meiner Entlassung den Staffelstab der Polizei weiterreichte und die Ergebnisse meiner bisherigen Recherchen mit den Beamten teilte? Dass ich, sobald ich das Unternehmen verließ, schlechter zu kontrollieren wäre? Dass sie es dann womöglich statt mit mir mit professionellen Strafverfolgern zu tun bekäme?

Vielleicht sagte sie sich: *Mit dieser popligen Journalistin werde ich am geräuschlosesten fertig, wenn ich sie hier in der Firma halte – hätte ja fast schon im Keller geklappt.*

Für einen Moment blitzte ein Gedanke auf, der mir erst schlüssig, dann aber absurd erschien: Was, wenn nicht Jane Sternberg die Latte auf meinen Kopf geknüppelt hatte, sondern Patricia Stagemann persönlich? Hatte ich nicht das Gefühl gehabt, mit der Person aus dem Flur schon einmal gesprochen zu haben? Und ebenso, dass sie in diesem Mietshaus nichts verloren hatte, was auf eine Konzernlenkerin zweifelsfrei zutraf?

Andererseits wäre es kein allzu kluger Plan von ihr gewesen, am helllichten Vormittag mit ihrem öffentlich bekannten Gesicht in ein menschenvolles Mordhaus zu spazieren, um dort die nächste Tat zu begehen – wobei sie ja nicht in dieser Absicht gekommen wäre, sondern sich unter Zugzwang gesehen hätte durch ihre panische Flucht und den dadurch bei mir erzeugten Verdacht.

Ich antwortete Iris, dass beides möglich sei: meine Entlassung – aber auch, dass ich bleiben könne.

»Apropos, Prinzessin: Lass die Kohle schnell rüberwachsen, sobald du dein erstes Gehalt hast – und ich reiße diesen verflixten Geiern den Armreif deiner Mutter wieder aus den Klauen.«

Ich hatte Iris gebeten, für mich an der Versteigerung in Reinstadt teilzunehmen. Von Marion wusste ich, dass die *StageBau* zum 25. Oktober mein erstes Gehalt überweisen würde, also noch diese Woche. Das traf sich gut: Zwei Tage später war die Versteigerung angesetzt.

»Und ich dachte, du hast noch ein paar Tausender auf der hohen Kante«, scherzte ich – Iris war bekannt dafür, dass sie mit ihrem Gehalt als Redakteurin gerade so über die Runden kam. Sie war antiautoritär erzogen worden, hatte ihre Eltern, Jörn und Inge, immer nur beim Vornamen genannt und von ihnen gelernt, man müsse mit allem großzügig umgehen: mit seiner Liebe, seiner Kreativität und auch mit seinem Geld.

Wenn man Iris nicht bremste, zahlte sie im Lokal nicht nur für den eigenen Tisch, sondern auch für die Nachbarn, falls die verbliebenen Scheine zufällig noch ausreichten. Und ein Kleid, das sie im Schaufenster anlachte, wanderte dreißig Sekunden später in die Einkaufstüte – auch wenn ihr Kleiderschrank so voll war, dass nicht mal mehr eine Motte darin landen konnte.

Iris war großzügig zu anderen, sie hatte mir ihre Freundschaft nicht entzogen, nachdem ich meine Karrierepläne wichtiger als unsere Freundschaft genommen hatte. Und sie war großzügig zu sich selbst, wenn sie zum Einkaufen ging. Das gefiel ihren Eltern, zwei alten Hippies, die die Hälfte des Jahres in ihrem klapprigen Wohnmobil verbrachten, wohl weniger gut – aber dazwischengeredet hätten sie ihr nie, denn Jörn und Inge sagten: »Wir wollen dich nicht von Fehlern abhalten: Jeder Reinfall ist eine Erfahrung.«

Nichts gegen diese Erziehung – Iris war ein Prachtexemplar von einer Freundin geworden. Doch die Philosophie, andere nicht von Fehlern abzuhalten, schien sie gerade auf mich zu übertragen. Dabei machte es einen kleinen Unterschied, ob man sich beim Einkauf das falsche Kleid in die Tüte steckte – oder mal eben sein Leben verlor. Mir war klar, dass jetzt jeder Fehler der letzte sein konnte. Und ich hatte nicht vor, Sebastian zum Halbwaisen zu machen, zumal ich nicht allzu viel von seinem Vater hielt, meinem mittlerweile geschiedenen Mann Heiko – immerhin diese Scheidung hatte ich im letzten Jahr geschafft.

Aber die Hornissen, wie Iris sie genannt hatte, bedrohten nicht nur mich: Tante Martha schwebte ebenfalls in höchster Gefahr. Wer auch immer in ihre Wohnung eingedrungen war, konnte es erneut versuchen. Und mussten die finsteren Gestalten in der *StageBau* nicht auch damit rechnen, dass ich meine Rechercheergebnisse am Essenstisch mit der Tante teilte, dass sie Mitwisserin war?

Und wie gefährlich lebte eigentlich Marion Römer? Vermutlich wussten etliche Menschen in der Firma, dass sie das Vertrauen Heiner Stagemanns genoss. Bislang hatte er sicher seine schützende Hand über sie gehalten. Nun war damit zu rechnen, dass der wilde Hornissenschwarm über sie herfiel. Denn eine potenzielle Mitwisserin in der Führungsetage der eigenen Firma galt sicher als tickende Zeitbombe.

Ich musste mit Marion sprechen, ganz dringend.

33

Tante Martha hatte mir ins Gewissen geredet: Ich sollte der Polizei die rote Mappe offenlegen, meine Theorie über den Flugzeugabsturz mitteilen und Anzeige erstatten gegen den Einbrecher, der spät nachts an Marthas Herd gespielt und ein spezielles Buchgeschenk hinterlassen hatte.

Das klang vernünftig, aber welchen Preis hätte ich dafür bezahlt? Sofort wäre meine Tarnung – vielleicht bestand sie ja doch noch – aufgeflogen. Und hätte ich Marion nicht in größte Gefahr gebracht? Jeder wusste, dass sie mich eingestellt und meine Arbeit koordiniert hatte. Wenn ich zur Polizei ging, rückte ich sie ins Visier.

Mein inneres Teufelchen schüttelte heftig den Kopf und flüsterte: *Tu doch nicht so edel, Susanne! Du willst nicht Marion schützen, sondern dich selbst. Lange hattest du keinen Grund mehr, morgens aus dem Bett zu steigen, aber jetzt wieder: Du schnüffelst dieser Firma hinterher. Wenn du weitermachst, dann aus Mangel an Alternativen. Was würdest du sonst tun? Wieder auf dem Sofa liegen, wieder Müll in der Glotze schauen, wieder in Selbstmitleid baden, wieder Rechnungen ignorieren, wieder Besuch vom Gerichtsvollzieher bekommen. Tolle Alternativen!*

Mit diesen Gedanken öffnete ich Marions Bürotür. Es war ein lichter Raum, mit einem großen Besuchertisch in der rechten Hälfte, auf dem immer ein frischer Blumenstrauß leuchtete, und einem Schreibtischensemble links. Sie saß mit dem Rücken zu mir und beugte sich über ihren Bildschirm. Aber etwas in diesem vertrauten Bild stimmte nicht. Warum war ihr Haar blond? Warum trug sie einen Schlabberpulli, warum …

Ich räusperte mich. Eine junge Frau drehte sich zu mir um, ihre Augen blinzelten nervös, und auf ihrer Nasenspitze glänzte ein Pickel. Mit zittrigen Fingern – ich sah es genau – zog sie einen USB-Stick aus dem Computer. »Ja, bitte?«

»Sie haben Nerven!«, sagte ich. »Sie sitzen an einem fremden Schreibtisch und tun so, als wäre das die normalste Sache der Welt. Was, zum Teufel, machen Sie hier?«

Ihr Mund öffnete sich tonlos, wie bei einem Fisch im Aquarium. »Eigentlich nur meinen Job«, sagte sie im zweiten Anlauf.

In meinen Kopf stieg Hitze. »Das sollten Sie an Ihrem eigenen Schreibtisch tun. Für mich sieht das so aus, als schnüffelten sie hier herum.«

Die junge Frau senkte ihren Blick und rieb ihren Pickel mit der linken Hand zwischen Daumen und Zeigefinger. Die rechte Hand mit dem Stick sank unter den Stuhl. »Wie meinen Sie das?«, fragte sie.

Ich kurvte um den Schreibtisch und sah, wie sich ihre Faust um den USB-Stick schloss. Ich griff nach ihrer Hand: »Aufmachen!«

Sie zog die Hand an den Bauch, mit einer Entschlossenheit, die ich ihr nicht zugetraut hätte.

»Was haben Sie da?«, fragte ich.

»Einen Stick«, sagte sie trotzig.

»Und was ist auf diesem Stick wohl drauf?«

»Das geht Sie nichts an. Wer sind Sie eigentlich? Ich kenne Sie nur vom Sehen.«

»Wenn Sie so weitermachen, werden Sie eine Seite von mir kennenlernen, die Ihnen nicht gefällt.« Ich war verblüfft, mit welcher Dominanz ich auftrat. Das war fast schon wieder die alte Susanne, die leitende Redakteurin, die es mit ihrer Härte übertrieben hatte. Aber diesmal war ich ja für eine gute Sache im Einsatz.

»Also«, sagte ich ganz langsam. »Sie geben mir jetzt diesen Stick.« Unsere Blicke duellierten sich. Zehn Sekunden hielt sie es aus, dann senkte sie den Kopf. Ich griff nach ihrer Hand – kalte Finger – und nahm den Stick.

»Was ist da drauf?«

»Na was schon?«, sagte sie. »Das sind Daten für …«

»Lassen Sie mich raten«, fiel ich ihr ins Wort. »Das sind Daten für Patricia Stagemann, stimmt's?«

Verblüfft schaute sie mich an. »Woher wissen Sie das? Arbeiten Sie für die Geschäftsleitung?«

»Sozusagen«, antworte ich. *Aber leider nur die tote Hälfte*, fügte ich in Gedanken hinzu. »Und jetzt würde ich gerne mal schauen, was auf dem Stick ist.« Ich führte den Datenträger in den Computer und klickte ihn an. Mir war klar, was gleich auf dem Bildschirm erscheinen würde: eine Riesendatei, die Marions komplette Festplatte umfasste. Bestimmt ließen sich dort Hinweise darauf finden, dass sie für mich vertrauliche Dokumente aus der Geschäftsleitung kopiert hatte. Aber das würde ich zu verhindern wissen.

Ich wich ein Stück vom Bildschirm zurück. Denn das Dokument, das dort erschien, hieß »Bewerbung Tatjana Frei«. Läppische 4 Megabyte. Sonst nichts. »Was ist das?«, fragte ich.

»Das ist die Bewerbung von Frau Frei. Sie will Bereichsleiterin werden und hätte deshalb gleich ein Gespräch mit

Frau Römer und Frau Stagemann gehabt. Aber Frau Römer ist krank und hat mich gebeten, diese Datei von ihrem Laptop zu kopieren und auszudrucken.«

Jetzt war ich es, die den Blick beschämt senkte. »Das zwischen uns hier, das hier war ein blödes, wie soll ich sagen, Missverständnis. Das tut mir leid.«

»Sagen Sie mir jetzt bitte, wer Sie sind?«

»Susanne Mikula, eine enge Mitarbeiterin von Frau Römer. Wie lange wird Frau Römer denn krank sein?«

Sie war unter die Tür getreten und legte den Kopf leicht nach hinten; ihre Nase mit dem Pickel schien jetzt steil nach oben zu ragen. »Längere Zeit. Aber wenn Sie eine so enge Mitarbeiterin von ihr sind, hat sie bestimmt schon bei Ihnen angerufen. Oder etwa nicht?«

Sie drehte sich um und sagte im Gehen: »Und ich bin Laura Schmalstieg. Und wenn Sie mich noch mal so behandeln, lernen Sie auch mich von einer Seite kennen, die Ihnen nicht gefällt.«

Eine Freundin fürs Leben hatte ich mir in ihr nicht gemacht, so viel stand fest. Ich hoffte inständig, sie würde Patricia Stagemann meinen peinlichen Auftritt verschweigen.

Sofort rief ich Marion an. Nur die Mailbox ging ran. Ich hatte ihr Geschäftshandy angewählt, weil ich keine andere Nummer kannte, ebenso wenig ihre Wohnadresse. Was uns verband, war kein Wissen übereinander, sondern ein tiefes Gefühl. Und dieses Gefühl sagte mir: Sie würde mich jede Sekunde zurückrufen. Ihr musste klar sein, ich brauchte sie mehr denn je – jetzt, da ein weiterer Mensch gestorben war. Aber warum hatte sie sich eigentlich nicht schon am Wochenende gemeldet?

34

Jane war vom Rathaus in die Redaktion gesaust, um Frank von Leibringen einzuweihen. Der saß gerade über ein Manuskript gebeugt, sein Rotstift kratzte darin herum, als wollte er überflüssige Wörter ausschaben. Erst hatte er Jane kaum zur Kenntnis genommen. Erschreckend oft kam es vor, dass sie Räume betrat, ohne dass jemand auf sie reagierte – als wäre sie immer noch das schüchterne Kind, von dem die Erwachsenen sich nicht stören ließen.

Aber dann, als sie die Nachricht aussprach, schoss er von seinem Chefsessel hoch wie ein Fan auf der Tribüne beim Siegestor. »Das ist ja großartig!«, rief er. »Das ist der Knaller! Ausgerechnet ein Typ, der uns sein Leben lang nie eine Schlagzeile geliefert hat, legt einen solchen Abgang hin!«

Es klang, als hätte Heiner Stagemann eine große Leistung bei einer Olympiade vollbracht. Dabei war sein Flugzeug nur vom Himmel gefallen und er wohl in den Tod gestürzt.

»Die Schlagzeile!«, rief von Leibringen erregt, »lassen Sie uns die Schlagzeile texten.« Er tigerte in seinem riesigen Büro auf und ab, gedankenvertieft, den Blick zum Boden gesenkt, er sah aus wie ein Schlafwandler. Jedes Mal trug es ihn auf die breite Fensterfront zu, hinter der die Dächer gespenstisch im Nebel lagen, als wollte er über die Stadt hinweglaufen. Erst einen Schritt vor der Glasfront machte er kehrt.

Dann blieb er mitten im Raum stehen, riss seinen Kopf hoch, als wäre er gerade aus tiefem Schlaf erwacht, und rief probehalber Schlagzeilen in den Raum: »›Meer verschluckt Milliardär: Steinreicher Mann sinkt wie ein Stein.‹« Er lauschte seinen Worten nach. »Na, was sagen Sie – vorne ein Reim, hinten ein Wortspiel. Nicht schlecht, oder?«

»Wir wissen doch gar nicht, ob er im Meer versunken ist«, sagte Jane. »Vielleicht ist das Flugzeug ja auch an einer Insel ...«

Von Leibringen tigerte weiter. Eine Runde, zwei Runden, drei Runden. Dann, mit einem Ruck, blieb er wieder stehen: »›Rätselhafter Tod im Meer: Reichster Mann Hamburgs von Haien gefressen?‹« Ein Schmunzeln zog seine Mundwinkel hoch. »Wir könnten ein Flugzeug und einen Hai aufs Cover montieren. Auch nicht von schlechten Eltern, was?«

»Wir wissen doch gar nicht, ob er wirklich ins Meer gestürzt ist«, wiederholte Jane. »Und Haie sind, glaube ich, auf Leichen nicht so scharf.«

Streng sah er sie an. »Haben Sie denn das Fragezeichen nicht gehört? Ich habe nicht gesagt, dass er von Haien gefressen wurde. Ich habe nur gefragt, ob?«

»Ist der Chefredakteur der *Hamburger Allgemeinen* ein Volltrottel?« Jane überlegte, was er wohl zu dieser Schlagzeile gesagt hätte. Natürlich wusste er um die Suggestivkraft einer Frage. Die meisten Leser nahmen nur die fetten Buchstaben wahr, nicht das Satzzeichen dahinter.

Frank von Leibringen steuerte erneut auf die nebligen Dächer zu – dann drehte er sich zu Jane um und rief in energischem Tonfall: »Der tiefe Absturz eines Milliardärs: Heiner Stagemann zerschellt?«

»Das können Sie nicht machen«, sagte Jane und merkte, dass sie ihr Gewicht im raschen Wechsel von einem Bein aufs andere verlagerte. »Das klingt, als hätte er sich was zuschulden kommen lassen. Dabei ist er doch ...«

Frank von Leibringen blieb stehen und fixierte sie mit seinen eisblauen Augen. »Sie haben mir doch neulich erst eine große Enthüllungsgeschichte über die *StageBau* auf den Schreibtisch geknallt. Und jetzt behaupten Sie, der oberste Boss sei als Engel vom Himmel gefallen?«

»Heiner Stagemann hat das operative Geschäft schon vor Jahren an seine Schwester abgegeben.«

»Ich kenne seine Schwester. Die kann kein Wässerchen trüben. Wenn da krumme Dinger in der Vergangenheit gelaufen sind, dann gehen sie von ihm aus. Der Pate ist er!«

»Für einen ›Paten‹ spendet er ziemlich viel Geld, wie man so hört«, wandte Jane ein.

Ihr Chefredakteur zog seine rechte Augenbraue nach oben. »Auf so was fallen Sie rein? Das ist doch nur ein Schafspelz, den sich der Wolf gezielt umhängt. Wir machen diese Überschrift – und basta!«

»Ehrlich, Herr von Leibringen – dafür würde ich mich ...«

»Was würden Sie sich?«

Jane rang mit sich, ob sie es sagen sollte – dann zwang sie sich, ihren pendelnden Oberkörper in der Mitte zu fixieren und es auszusprechen: »Schämen würde ich mich.«

Er trat einen Schritt auf Jane zu, seine Augenschlitze schienen zu vereisen. »Sie sich schämen, Frau Sternberg? Da fallen mir noch ganz andere Überschriften ein, zum Beispiel über Gleichstellung.«

Schon wieder eine dieser widerlichen Anspielungen. »Wie lange wollen Sie mir denn noch ...«

»Ich will nur, dass Sie meine Überschrift jetzt den Grafikern bringen. Zum Mitschreiben: ›Der tiefe Absturz eines Milliardärs: Heiner Stagemann zerschellt?‹«

Jane seufzte. »Und wer schreibt den Artikel?«

»Raten Sie mal«, sagte er und tippte mit dem Zeigefinger an seine Brust.

Auch das noch.

Seine Story, die Jane am Nachmittag auf den Tisch bekam, ging so: Böser Milliardär lebt öffentlichkeitsscheu, weil er mehr als nur sein Gesicht zu verbergen hat, macht seiner Schwester das Leben schwer, weil er ein fieser Typ ist – und nun erteilt ihm das Schicksal eine gerechte Lektion. Womit die Führungsetage *StageBau*, ein »Hamburger Traditionsunternehmen«, von einer Altlast befreit wird und besser als je zuvor dasteht.

Jane musste zugeben, dass er das nicht *ausdrücklich so* geschrieben, sondern auch ein paar Floskeln des Bedauerns eingestreut hatte. Aber jeder, der auf den Tenor achtete, durchschaute die Heuchelei.

Am folgenden Montag, als das Blatt erschienen war, beschwerten sich etliche Leser über diese unwürdige Berichterstattung. »Wie können Sie den Tod eines guten Menschen nur so zynisch kommentieren?«, fragte die Vorsitzende des Kinderhospizes am Telefon. »Ohne ihn gäbe es uns gar nicht. Er hat sich bis zum Schluss um uns und um die schwer kranken Kinder gekümmert.«

Was hätte Jane antworten sollen? *»Ich sehe das wie Sie! Unser Chefredakteur hat sich im Ton vergriffen. Niemals hätte er das Andenken eines Unternehmers so beschmutzen und seine fragwürdige Schwester glorifizieren dürfen.«*

Die Wahrheit war leider keine Option, wenn man erpressbar war, die kritisierte Überschrift selbst ins Layout gegeben und den Artikel produziert hatte. Also verteidigte Jane ihren Chef, wies auf die Missstände in der *StageBau* hin und behauptete, das private Engagement des Milliardärs mache die geschäftlichen Sünden nicht besser.

Es wurde ein anstrengender Montag, ein Konferenzmarathon bis zum Redaktionsschluss. Als sie um 23.30 Uhr endlich ging, kam sie sich wie betäubt vor. Sie trat in die Nacht hinaus, und doch fühlte es sich an, als verließe sie einen schützenden Kokon, sie kam sich verletzlich vor. Als erwartete sie ein Mob aus Lesern, der ihr eine Abreibung verpassen wollte. Hätte sie es nicht verdient gehabt? »Was bist du nur für eine Journalistin?« Diese anklagenden Worte klangen immer noch in ihrem Kopf nach.

Die Straßenlaternen vor dem Verlag leuchteten gegen den wabernden Herbstnebel an. Ihr Licht war wie verschütteter Organgensaft, der sich in der dicken Buttermilch des Nebels verlor. Menschenleere Straßen, mitten in der Stadt. Am Himmel waren wieder mal keine Sterne zu sehen, nur der übliche Dunst.

Jeder Atemzug füllte ihren Bauch mit schneidender Kälte. Jane kniff die Augen zusammen, die Sicht war wirklich miserabel. Dieser Nebel ist so dicht, dachte sie, als wollte er mich einfach verschlucken. Dann würde ich vom Radar verschwinden wie das Flugzeug von Heiner Stagemann. Sie schüttelte sich, weil die Kälte sie frösteln ließ und sie diesen Gedanken abwerfen wollte.

Dass jemand neben sie getreten war, bemerkte sie erst, als sich eine Hand mit eisernem Griff um ihren Unterarm legte.

35

»Marion«, sagte ich – und mir fiel auf, dass meine Stimme nicht redete, sondern flehte –, »Marion, du musst mir erzählen, was passiert ist. Wann hast du zuletzt mit Heiner Stagemann gesprochen – und worüber? Hat er erwähnt, dass er sich bedroht fühlt, erzählt, dass ihn jemand verfolgt oder erpresst? Und wie arbeiten wir jetzt weiter, ohne ihn im Hintergrund?«

Ein sanftes Kopfnicken ermunterte mich zum Weitersprechen; sie spürte, wie viel mir auf dem Herzen lag. »Und was passiert jetzt in der Firma, wer profitiert von seinem Tod? Bekommt Patricia Stagemann Rechte eingeräumt, die sie vorher nicht hatte – welche genau? Wer wird dadurch befördert und bekommt mehr Einfluss? Und wie kann es sein, dass der Aktienkurs der *StageBau* nach oben schießt, obwohl er gestorben ist?«

Eine Antwort auf die letzte Frage ahnte ich schon. Mit Entsetzen hatte ich den Bericht in der *Hamburger Allgemeinen* gelesen, der Boulevard pinkelte dem Verunglückten ins Grab. Er wurde als »Pate« der *StageBau* dargestellt, als rücksichtsloser Exzentriker, der nichts mehr zur täglichen Führungsarbeit beigetragen, aber durch seine moralinsauren Zwischenrufe immer wieder für Chaos und Fehlentscheidungen gesorgt hätte. Ohne ihn sei die *StageBau* berechenbarer und effektiver.

Diesen Tenor hatten überregionale Medien aufgegriffen. Ein Porträt in einer großen Wirtschaftszeitung, »Der finstere Häuser-König«, war deutlich von dem Bericht der *Hamburger Allgemeinen* inspiriert. Gleichzeitig wurde Patricia gefeiert. Die Gewinne seien enorm gestiegen, seit ihr Bruder das Tagesgeschäft nicht mehr durchgehend, sondern nur noch teilweise behindert habe.

Klar, dass die Aktionäre die Champagnerkorken knallen ließen und den Tod Stagemanns feierten. Statt Aktien abzustoßen, wie sonst oft nach Unglücken, kauften sie eifrig nach – womit der Wert des Unternehmens an der Frankfurter Börse um über zehn Prozent nach oben geklettert war.

Aber vielleicht lag ich mit meiner Hypothese auch falsch. Vielleicht gab es ganz andere Gründe für die Explosion des Aktienkurses. All das konnte mir Marion sagen, sie kannte das Unternehmen, aber auch die Vorgänge an der Börse viel besser als ich.

Ein erneutes Nicken sorgte dafür, dass ich noch einmal ansetzte, diesmal leise und eindringlich: »Marion – sei vorsichtig! Mach nicht auf, wenn es klingelt. Renn weg, wenn sich jemand verdächtig nähert. Wir beide – wir können die Nächsten sein!«

»Jetzt ist gut, Kind«, flüsterte Tante Martha – sie hörte zu nicken auf und führte ihre Drachentasse an den Mund. Ich drückte den roten Hörer auf meinem Handy. Es war die fünfte Nachricht, die ich seit heute Morgen auf Marions Mailbox hinterlassen hatte.

»Wenn Sie sich melden will, dann wird sie sich jetzt gewisslich melden«, sagte Tante Martha und nahm einen Schluck Tee. Ihr vertrauter Duft aus Zitrone, Jasmin und Vanille stieg mir in die Nase. In letzter Zeit wirkte sie körperlich zerbrechlich, zog beim Gehen ein Bein nach. Am frühen Abend erwartete sie den Hausbesuch ihres Arztes

Dr. Otten, dem einzigen Menschen, der außer ihr und mir den neuen Wohnungsschlüssel besaß. Zwar hatte ich ein flaues Gefühl dabei, keine Ahnung, warum. Aber wie hätte ich Martha davon abraten können? Nachdem der Schlüssel des Hausmeisters nun nicht mehr passte – wir hatten das Schloss eigenmächtig ausgetauscht –, musste doch wenigstens ihr Arzt im Notfall die Wohnung öffnen können.

Ihr letzter Satz gab mir zu denken: »Wenn sie will, meldet sie sich? Das klingt, als hätte sie Gründe, mich nicht anzurufen. Aber ich bin sicher: Sie wird es tun. Ich hab dir doch erzählt, wie schnell wir uns angefreundet haben. Es kommt mir so vor, als ob wir uns schon lange kennen.«

Martha streichelte den Griff ihrer Teetasse. »Mir fallen zuvörderst vier Gründe ein, warum sie sich nicht meldet.« Typisch Tante, sie war wieder mal sofort strukturiert im Kopf.

»Dann leg mal los«, sagte ich – und war gespannt, ob ein neuer Grund dabei war, denn seit dem Morgen zermarterte ich mir schon das Gehirn.

»Der erste Grund: dass sie ihre Nachrichten womöglich nicht abhört. Sie ist ja im Krankenstand und wird viele Anrufe aus der Firma bekommen. Eventuell ist es ihr unpässlich, sich damit auseinanderzusetzen.«

Diese Möglichkeit schien mir fast ausgeschlossen. Schließlich musste sie doch mit *meinen* Anrufen rechnen. Sie wusste, dass ich ihre Privatnummer nicht hatte.

»Der zweite Grund«, fuhr Tante Martha fort. »Sie hört deine Nachrichten ab, aber will mitnichten zurückrufen.«

Am liebsten hätte ich gerufen: »Warum sollte sie das tun? Sie weiß doch, wie sehr ich jetzt in der Luft hänge!« Aber ich beherrschte mich, denn ich wollte erst die anderen Gründe hören.

Sie führte die Drachentasse an den Mund, nahm einen Schluck und fuhr fort: »Der dritte Grund: Sie will mit dir sprechen, aber jemand hindert sie dran.«

Ja, genau! Was, wenn sie hilflos in ihrer Wohnung lag, mit Kabelbinder gefesselt? Was, wenn Laura Schmalstieg mich angelogen hatte, wenn es heute früh kein Telefonat gegeben hatte? Vielleicht hatte man Heiner Stagemann und sie zeitgleich ausgeschaltet. Dann war ich die letzte Mohikanerin – mit nicht allzu großer Lebenserwartung, fürchtete ich.

»Und der vierte Grund, Martha?«

»Das ist ein emotionaler Grund, Kind. Er hat fürwahr mit Liebe zu tun. Vielleicht kommst du selber darauf.«

Ich überlegte. Aber mir fiel nichts ein.

Sie streichelte zärtlich über den Tassendrachen. »Du hast mir Marion beschrieben, eine bezaubernde Frau, ein südländischer Typ, wohlfeil im Aussehen, sehr elegant. Fast möchte ich sagen: Du hast von ihr geschwärmt.«

Ich wusste nicht, worauf sie hinauswollte, und sie fuhr fort: »Weißt du, ob sie in einer Partnerschaft lebt?«

»Sie ist Single, schon seit etlichen Jahren, das hat sie mir erzählt.«

»Und jetzt legen wir mal eine andere Annahme zugrunde: dass sie jüngsthin doch in einer Beziehung gelebt hat – aber einer Beziehung, über die sie nicht so einfach sprechen konnte. Einer geheimen Beziehung. Weil ihr Partner prominent war.«

Der Gedanke durchfuhr mich wie ein Stromstoß. »Du meinst, Marion könnte die – könnte die Geliebte von Heiner Stagemann ... « Ich wägte die Überlegung einen Moment lang ab. »Das würde vieles erklären: Darum hatte sie einen so engen Draht zu ihm. Darum konnte sie ihn jederzeit sehen. Darum hat sie so positiv über ihn gesprochen.«

»Dann weißt du gewisslich, was der vierte Grund ist – oder?« Martha sah mich lange an, und ihre Augen wirkten ein wenig glasig. Sie führte ihre Hand von der Drachentasse an die Brust. »Ein gebrochenes Herz und große Trauer.«

36

Vor meinem Gespräch mit Tante Martha hatte ich meinen Arbeitstag zu Ende gebracht, wie er begonnen hatte: mit einem USB-Stick. Ich saß in meiner Bürobesenkammer, schmutziges Herbstlicht tröpfelte durch das Minifenster, starrte auf meinen Laptop und klickte ein Dokument nach dem anderen an: Sitzungsprotokolle, interne Mails, Aktennotizen, Richtlinien, Immobiliengutachten, Hausmeisterberichte, Verträge mit Dienstleistern, Briefwechsel mit Mietern, Renovierungsaufträge, Pläne zur Immobilienentwicklung, Mietverträge, Kaufverträge.

Es war, als würde ich in einer riesigen Sandbank nach einem Goldkorn suchen. Marion hatte alles, was sie greifen konnte, auf den Stick gezogen, darunter viel Vertrauliches aus Führungsrunden. Schon vorher hatte ich in dieser Sandbank geschürft, aber nichts Verwertbares gefunden. Ich trug den Stick immer am Körper, um zu verhindern, dass er in falsche Hände fiel – das hätte für Marion fatale Folgen haben können. Beim Schlafen steckte ich ihn in meine Nachttischschublade.

Mein inneres Teufelchen flüsterte: *Spinn nicht rum, Susanne! Glaubst du ernsthaft, die dokumentieren ihre eigenen Gaunereien, Handwerkeraufträge wie: »Schornstein zumauern«, »Höllisch Lärm machen«, »Buttersäure im Flur verspritzen« oder »Wasserschäden verursachen«? Erwartest du hier eine förmliche Einladung an Prostituierte, doch bitte von der*

Herbertstraße in eine StageBau-*Wohnung zwecks Eröffnung eines Bordells umzuziehen? Träum weiter!*

Und schon gar nicht durfte ich hoffen, Details zum Tod von Elfriede Jaspers zu finden. Falls die *StageBau* diese Fäden gezogen hatte, dann sicher spurlos. Aber mittlerweile hielt ich es für möglich, dass dieser Mord ein Zufall war. Denn dass der Täter bei seiner Flucht einen Hund mitgenommen und offenbar erwürgt hatte, sprach eher für einen Psychopathen als für einen Profikiller. Bestimmt gab es Gründe, warum die Polizei den Hund zur Geheimsache erklärt hatte. Waren vielleicht schon andere »Kombi-Morde« in Hamburg passiert: Herrchen oder Frauchen mitsamt Haustier? Oder ließ die Spur auf einen stadtbekannten Irren schließen, den man nicht durch Zeitungsberichte warnen wollte?

Während ich nachdachte – immer wieder auch darüber, ob Marion nicht doch noch bei der Arbeit auftauchen würde –, klickte ich mechanisch auf ein neues Dokument, es war von Patricia Stagemann an gehobene Führungskräfte verschickt worden und hieß »Grundsätze für den Umgang mit langjährigen Mietern«.

Mein Blick huschte über die Zeilen, alles unverdächtig: Die Mitarbeiter wurden angewiesen, es den Mietern recht zu machen, Schäden zu verhindern und rasch zu reparieren. Vielleicht war Patricia Stagemann ja doch die geschäftstüchtige Sauberfrau, als die sie die Wirtschaftspresse gerade dargestellt hatte.

Es war fast komisch: Statt der Gesetzesbrecher, deren Spuren ich suchte, fand ich Gesetzeshüter. Ich schloss das Dokument und sprang ins nächste, ein langweiliges Immobiliengutachten, das in steifer Fachsprache über Bausubstanz, Mikrolage und Makrolage referierte.

Doch meine Gedanken hingen noch an dem letzten Dokument fest, keine Ahnung, warum. Ich sprang zurück und las den Text diesmal aufmerksamer:

Grundsätze für den Umgang mit langjährigen Mietern.

Grundsatz 1: *Wir legen großen Wert darauf, den Verfall gefragter Immobilien zu verhindern, also die Bausubstanz zu erhalten, Wasserschäden vorzubeugen, Schimmel zu bekämpfen und Geruchsbelästigungen zu minimieren.*

Grundsatz 2: *Unser primäres Ziel ist es, die Lebensqualität der Mieter so hoch wie möglich zu halten, also Belästigungen durch Baulärm, Staub, Planen, Gerüste am Haus und ähnliche Einschränkungen zu verhindern.*

Grundsatz 3: *Wir achten bei der Neubelegung von Wohnungen darauf, in der Nachbarschaft langjähriger Mieter keine Gruppen ins Haus zu holen, von denen Lärm, Unfrieden oder sittlich Anstößiges ausgehen könnte.*

Grundsatz 4: *Wir kümmern uns darum, dass die Heizanlage durchgehend funktioniert, gerade an kalten Wintertagen, damit die Mieter sich in ihren Wohnungen wohlfühlen und nicht frieren müssen.*

Grundsatz 5: *Wir sorgen bei Elektroschäden so schnell wie möglich für eine Reparatur, damit unseren Mietern nicht zugemutet wird, im Dunkeln zu sitzen oder einen Flur ohne Beleuchtung betreten zu müssen.*

Insgesamt umfasste das Dokument zwölf Grundsätze, gegen die inhaltlich nichts einzuwenden war. Doch auf den zweiten Blick fand ich es höchst verdächtig, dass Selbstverständliches betont wurde: Warum hielt die oberste Chefin der *StageBau* schriftlich fest, dass eine Heizanlage im Winter funktionieren musste, Wasserschäden verhindert werden sollten, ein Stromausfall zeitnah zu beheben war? All dies hätte jeder Hausmeistergehilfe auch ohne Wink aus der Chefetage gewusst.

Aber was geschah, wenn der Leser dieses Dokument als Kassiber erkannte? Wenn er die Verben in ihr Gegenteil verwandelte, statt »verhindern« »herbeizuführen« las, statt »erhalten« »zerstören«? Dann lautete zum Beispiel der erste Grundsatz:

Grundsatz 1: Wir legen großen Wert darauf, den Verfall gefragter Immobilien herbeizuführen, also die Bausubstanz zu zerstören, Wasserschäden zu verursachen, Schimmel zu fördern und Geruchsbelästigungen zu maximieren.

Ich war sicher, dass es sich um eine paradoxe Anleitung handelte. Was für ein raffinierter Schachzug! Die Führungskräfte bekamen einen Leitfaden zum Rausekeln der Mieter an die Hand. Aber kein Staatsanwalt hätte das Dokument als Beweis gegen die *StageBau* verwenden können; was hier stand, schien vom Gedanken der Mieterfreundlichkeit geleitet.

Merkwürdig nur, dass ich in mehreren Mieterhäusern das *exakte* Gegenteil des Beschriebenen vorgefunden hatte: Wasserschäden, Verfall, Gestank, Plane vorm Haus – und »Gruppen« in der Nachbarwohnung, von denen »sittlich Anstößiges« ausging. Ich war sicher, dass es sich bei diesem Grundsatz um die Vorlage für das Bordell im Haus der Weigels handelte.

Als ich den zwölften Grundsatz noch einmal las, hüpfte mein Knallfrosch die Brust hinauf bis zum Hals. Ich wollte einatmen, aber meine Luftröhre schien wie zugestopft. *Tief atmen, Susanne, tief atmen.*

Ich brauchte etwas Zeit, bis ich weiterlesen konnte. Der zwölfte Grundsatz lautete:

Wenn alle vorgenannten Grundsätze erfüllt sind, ziehen wir in Erwägung, den Brandschutz in einer alten Immobilie aktiv zu fördern und damit die Wohnmöglichkeit der Mieter dauerhaft zu erhalten.

Wenn diese Anleitung wirklich paradox gemeint war, dann ging es nicht um Brandschutz, sondern um Brandstiftung – wobei offenblieb, wohin die Mieter »dauerhaft zu vertreiben« waren: aus dem Haus – oder gleich ins Jenseits?

Aber war das nicht unlogisch? War ein intaktes Haus mit Mietern nicht wertvoller als eine Brandruine? Ich rief die Wertgutachten von Häusern und Grundstücken auf, ging sie nacheinander durch und verstand: Kostbar waren nicht die alten Immobilien mitten in der Stadt – kostbar waren die Grundstücke, auf denen sie standen. Und der höchste Wert wurde Grundstücken zugesprochen, die frei von »Altlasten« waren: frei von Bebauung, frei von Mietern – und damit frei zu verwenden.

Verblüfft las ich, dass einige Grundstücke in exklusiven Lagen gezielt *nicht* bebaut, sondern einfach nur gehalten wurden, weil das offenbar lukrativer war. Während die

StageBau ihre Hände in den Schoß legte und künstlich zur Wohnungsknappheit beitrug, schoss der Wert solcher Grundstücke von Jahr zu Jahr in die Höhe. Potenzielle Investoren standen Schlange, um Riesensummen auf den Tisch zu blättern.

Was für eine perverse Welt, dachte ich: Wenn ein altes Haus in exklusiver Stadtlage niederbrannte, entstand kein Schaden, sondern zusätzlicher Wert. Denn nun war der Weg frei für das, was die Gutachten eine »sinnvolle wirtschaftliche Verwertung« nannten. Zum Beispiel der Verkauf des Grundstücks, eine Komplettsanierung oder ein Neubau.

Ich erinnerte mich, dass ich kürzlich von einem Brand gelesen hatte: In der Eppendorfer Landstraße war ein altes Wohnhaus bis auf die Grundmauern niedergebrannt. Die Mieter waren in letzter Sekunde gerettet worden, ich hatte die Bilder aus der *Hamburger Allgemeinen* im Kopf: eine Mutter, die mit der Drehleiter nach unten gefahren wurde, mit Zwillingen auf dem Arm. Im Hintergrund stieg Rauch auf, Flammen züngelten aus den Fenstern der unteren Stockwerke. Bislang hatte ich diese Meldung nicht mit der *StageBau* in Zusammenhang gebracht.

Aber jetzt hielt ich alles für möglich. Ich gab »Eppendorfer Landstraße« mitsamt der Hausnummer als internen Suchbegriff in meinen Computer ein. Sofort ploppte ein Dokument auf, es hieß: »Häuser zur Prüfung anstehender Brandschutzmaßnahmen«, jeweils mit einem »Abschlussdatum« versehen. Und neben der Anschrift des abgebrannten Hauses war eine weitere Adresse genannt, in Winterhude. Sie kam mir seltsam bekannt vor.

Und dann machte es »klick« in meinem Kopf: Es war die Anschrift der Weigels.

37

Als ich im Licht der Straßenlaternen zum dritten Mal probierte, auf Baldurs altes Fahrrad zu steigen, verfluchte ich mich: Warum hatte ich bloß dieses enge Kleid angezogen? Die Beinfreiheit reichte zum Radeln, aber ich kam nicht auf den Sattel. Erst jetzt – ich hatte das Kleid weit nach oben geschoben – klappte das Aufsteigen. Ich trat in die Pedale und hörte, wie der alte Dynamo mürrisch zu brummen begann. Der Lichtkegel zitterte über den Radweg, der kalte Fahrtwind hob mein offenes Haar und ließ es flattern.

Tante Martha hatte ich eingebläut, unter keinen Umständen die Haustür zu öffnen und mich sofort anzurufen, falls ihr jemand auf die Pelle rücken wollte. Eigentlich hätte ich mit gefährlichen Besuchern nicht am frühen Abend gerechnet. Aber nach dem Absturz Heiner Stagemanns hielt ich es für besser, nichts mehr auszuschließen.

Martha humpelte immer noch, leider hatte ihr Arzt Dr. Otten den vereinbarten Hausbesuch kurzfristig abgesagt. Das passte gar nicht zu ihm, im Gespräch mit mir hatte er so verbindlich gewirkt. Ich dachte an den Wohnungsschlüssel. Hoffentlich hatte ich mich nicht in ihm getäuscht.

Ich radelte flott, gebremst nur von Kreuzungen, hängte ein paar Studenten mit moderneren Rädern ab und kurvte an Autos vorbei, deren Schnauzen in den Radweg ragten. Dann war ich im Schanzenviertel angekommen. Es war der Gegenentwurf zur Elbchaussee, die Heimat der Autonomen.

Er hatte mir die Hausnummer der Bar durchgegeben, doch ich hätte sie nicht gebraucht: Durch einen Kellerschacht stieg Livemusik auf, jemand zupfte einen Blues auf einer E-Gitarre. Offenbar hatte er seine Rechnungen zuverlässiger als ich bezahlt, meine Gitarre stand jetzt im Auktionshaus.

Ich kettete mein Fahrrad an, steckte meine Turnschuhe in den kleinen Rucksack und schlüpfte in die High Heels. Mein inneres Teufelchen flüsterte: *Geht's noch, Susanne?! Was willst du mit High Heels im Schanzenviertel? Jeder wird dich für eine Tussi halten – als wärst du im Taxi vorgefahren, nicht auf einem klapprigen Herrenrad. Du siehst aus, als wärst du auf Männerjagd. Hast du's wirklich so nötig?*

Nun ja, nach fast einem Jahr, das ich allein auf dem Sofa verbracht hatte, sprach nichts dagegen, meine Liegefläche mal wieder mit jemandem zu teilen. Aber das musste ich meinem kleinen Teufelchen ja nicht auf die Nase binden. Offiziell war ich hier, um mehr über die fiesen Methoden Patricia Stagemanns zu erfahren.

Im Licht der Straßenlaterne zog ich meinen Lippenstift nach. Dann griff ich mir noch das Minifläschchen mit dem Haarspray, rückte meine Frisur zurecht und steckte es zurück in die Tasche meines blauen Mantels. So stöckelte ich die Treppe hinab in die Kellerbar. Hitze schlug mir entgegen, Stimmengewirr, Musikfetzen. Es roch nach Schweiß und Lederjacke. Schummriges Licht, das sich im großen Spiegel hinter der Bar brach, zitternd wie eine Fata Morgana.

Auf einem hohen Barhocker, mitten im Gewühl, entdeckte ich Friedhelm Ganter mit seinem wild gelockten Kopf. Dieser Anblick gefiel mir. Auf einem anderen Barhocker, der seinen fast berührte, saß eine attraktive Brünette, Bein an Bein mit ihm, und neigte sich beim Lachen vor, als wollte sie in seinem weit aufgeknöpften Hemd Brusthaare zählen. Dieser Anblick gefiel mir weniger.

Wir waren nicht verabredet. Er hatte nur gesagt, dass er hier am Abend öfter mal zu finden sei. Ich war auf gut Glück hingefahren, und jetzt schien ich Pech zu haben: Es sah nicht so aus, als würde mir die Brünette ihren Hocker freiwillig überlassen. Alle anderen Plätze an der Bar waren besetzt. Einen Moment überlegte ich, ob sie seine Freundin war. Nein, es wirkte eher wie ein Flirt. Gerade hatte sie ihre Hand mit den langen Fingernägeln auf seinen Oberarm gelegt. Mir kam es vor, als wollte sie einen Besitz markieren.

Ich beschloss, mich vorerst im Hintergrund zu halten, stellte mich neben eine Gruppe beim Eingang und bestellte bei der heiteren Bedienung einen Gin. Vom Nebentisch prostete mir ein St.-Pauli-Fan zu. Es war mein erster Drink seit einer Ewigkeit, er rann mir wie Feuer durch die Kehle.

Ich sah rüber zu Friedhelm Ganter, welches Rätsel verbarg sich unter seinen Locken? Erst hatte er wie eine Art Robin Hood die fiesen Tricks der Hamburger Vermieter seziert, mich auf gefälschte Abrechnungen, lückenhafte Gesetze und auf Mietermobbing hingewiesen. Dann aber, als ich die *StageBau* ins Spiel gebracht hatte, war Schluss mit lustig gewesen. Dass ich die rote Mappe eingesteckt hatte, war ein klarer Fall von Notwehr gewesen. Am Telefon hatte er versöhnlich geklungen.

Ich ließ mir einen zweiten Gin bringen, er schmeckte schon milder. Der Gitarrist auf der winzigen Bühne war immer noch im Blues unterwegs, seine Gitarre zupfte den Herbst rauf und runter. Ich musste an meinen Freund Ratte denken, der sich mit seiner schwarzen Gitarre lange als Straßenmusiker durchgeschlagen und ausschließlich Lieder von Heinz Rudolf Kunze gespielt hatte. Jetzt war er mit Jan Gleim, dem Sohn meines Ex-Chefs, »zusammen obdachlos«, wie er das scherzhaft nannte. Wollte heißen: Die beiden machten eine Rucksacktour um die Welt. Gerade mussten sie in Australien sein.

Mein Blick wanderte wieder zu Friedhelm Ganter. Nun hatte sich die Brusthaarzählerin eine Etage höher verlegt. Ich sah, wie ihre Hand kurz durch seine Locken wuschelte. Die Markierung schritt voran. Wenn ich noch länger wartete, würde sie ihre Beute in den Bau schleppen.

Mein dritter Gin schmeichelte der Kehle. Mein Körper war ein Ballon, dieser Drink das Helium, er machte mich leicht. Meine Füße wollten eine Runde tanzen. Aber dazu war es viel zu eng in diesem Keller.

Mein inneres Teufelchen flüsterte: *Hey, Susanne, doofe Kuh, du betrinkst dich gerade. Wozu soll das gut sein? Willst du kotzen, damit ihn dieses attraktive Geräusch zu dir rüberschauen lässt? Wenn du jetzt mit ihm sprichst, findet er mehr über dich heraus als du über ihn. Oder trinkst du dir nur Mut an, um die Brünette in die Flucht zu schlagen?*

Sie in die Flucht schlagen! Diesen Gedanken fand ich beschwingend. Warum eigentlich nicht? Nach drei Drinks traute ich mir alles zu, auch das. Ich stand auf, stöckelte mir den Weg frei, direkt auf die beiden Turteltauben zu. Die Brünette sah mich erst, als ich den Höflichkeitsabstand bereits durchbrach, das Ich-bin-ja-so-süß-Lächeln erstarb auf ihrem Gesicht. Ich näherte mich seinem Ohr von der Seite und sagte im vertraulichen Ton der langjährigen Ehefrau: »Friedi-Schatz, da bist du ja!«

Im Reflex dreht er seinen Kopf zu mir – und ich küsste ihn auf den Mund, einmal trocken, zweimal trocken, aber dann, als ich seine Zunge spürte, küsste ich ihn lang und nass und innig. Das Helium stieg in meinen Bauch. Mein Magen fuhr eine Runde Achterbahn, es fühlte sich wunderbar an. Jetzt tanzte nicht ich – jetzt tanzte der Boden der Bar unter mir. Als ich die Augen wieder öffnete, sah er mich ungläubig an.

Der Hocker neben ihm war frei geworden, ich nahm Platz.

»Was war das jetzt?«, wollte er wissen.

»Ein Kuss«, sagte ich und schaute in seine grünblauen Murmelaugen.

»Bei unserem letzten Gespräch haben wir uns noch gesiezt.«

»Dann duzen wir uns jetzt.«

»Du hast mir eine Mappe gestohlen.«

»Nicht nur Mappen sind rot.«

Er lächelte und zwinkerte mir zu. »Warum bist du gekommen? Wegen der *StageBau*? Oder wegen mir?«

»Wegen beidem.«

Sein Zeigefinger kraulte sich zärtlich durch die Bartstoppeln des Kinns. »Aber etwas mehr wegen mir, oder?«

»Das musst du selbst herausfinden.«

Seine Hände legten sich zart um meinen Hinterkopf, er zog mich zu sich heran und küsste mich. Wieder ein inniger Kuss, kein trockener.

»Mehr wegen mir«, sagte er.

»Hast du von Heiner Stagemann gelesen?«

»Küsst du immer fremde Männer?«

»Ich glaube nicht, dass es ein Unfall war.«

»Dein Kuss war mega und volle Absicht«, sagte er, während sein Zeigefinger das Kinn hinauf bis zur Unterlippe wanderte.

»Wer könnte ein Interesse daran haben?«

»Die Frau, die vor dir auf dem Hocker saß, bestimmt nicht.«

»Erklär mir, warum du der *StageBau* kein Haar krümmen willst.«

»Ich fasse lieber dich an.« Seine Hand streifte über meine Wange und hinterließ eine Feuerspur, die bis hinab in meinen Bauch schlingerte. Und tiefer.

»Du bist Mieterschützer, nicht Pressesprecher der *StageBau*.«

Er lachte. »Wie bist du bloß auf ›Friedi-Schatz‹ gekommen?«

»Willst du deine Mappe zurück?«

»Du darfst mein Herz behalten.«

Ich sah tief in seine grünblauen Murmelaugen. »Habe ich es denn?«

»Das musst du selbst herausfinden.«

Diesmal zog ich ihn zu mir heran und küsste ihn. Lang und innig.

38

Jane Sternberg hatte den Mann noch nie gesehen, dessen Hand ihren Unterarm umklammert hielt. »Begleiten Sie mich ein Stück«, sagte er. »Ich soll Sie abholen.« Es klang wie eine Einladung zum Abendspaziergang, dabei kam es Jane vor, als würde sie gerade entführt. Auf offener Straße. Direkt vor ihrem Verlagsgebäude. »Hier lang«, sagte er und zog sie auf die andere Straßenseite ohne Gehsteig, wo sich das orange Licht der Laternen im Nebel verlor. Seine Stimme, dachte Jane, woher kenne ich sie bloß?

Etwas flüsterte in ihr: Du darf nicht einfach mit ihm mitgehen. Aber sie ging. Etwas flüsterte: Du musst jetzt schreien. Aber sie schrie nicht. Etwas flüsterte: Du musst ihm den Ellbogen in den Bauch rammen. Aber sie rammte nicht. Sie kam sich vor wie eine Schauspielerin in einem Film, dessen Drehbuch ohnehin nicht mehr zu verändern war. Sie war jetzt nicht mehr die mutige Journalistin, sondern das Mädchen von einst, gelähmt von der eigenen Angst. Und statt nur Satzenden zu verschlucken, brachte sie keinen Ton mehr heraus.

Eigentlich schrieb man als Journalistin nur über die Erlebnisse anderer: über Unfälle anderer, über Entscheidungen anderer, über Ehekrisen anderer, über Skandale anderer und über Entführungen, deren Opfer sie wurden.

Aber jetzt erlaubte sich das Schicksal einen üblen Scherz mit ihr, als hätte es einen Kutscher mit Peitsche zum Pferd verwandelt. Jetzt würde sie die Schlagzeile nicht texten, sondern selbst die Schlagzeile sein. In Gedanken sah sie Frank von Leibringen schon durch sein Büro tigern, den Blick wie ein Schlafwandler gesenkt, auf der Suche nach einer idealen Headline: »Nebel des Grauens: Redakteurin bei Nacht entführt?« Und bestimmt würde er die Frage hinterherschieben: »Hat es mit dem Skandal ihres Mannes zu tun?« Kein Zweifel, er würde die Gelegenheit nutzen, seinen Kübel voller Dreck endlich auszukippen. Bis heute fragte sich Jane, wie er in den Besitz des Videos gekommen war.

Dass Informanten einer Redaktion kompromittierendes Material über einen Prominenten zusteckten, kam immer wieder vor. Aber als Gleichstellungsbeauftragter der Stadt war ihr Mann meilenweit davon entfernt, ein Promi zu sein. Welche Absicht verfolgte der Informant?

Jane wurde das Gefühl nicht los, dass es einen Zusammenhang zwischen ihrer Recherche bei der *StageBau* und dem Auffliegen ihres Mannes gab. Sie war gerade dabei, ihrem Chef die Ergebnisse ihrer Nachforschungen zu präsentieren, als der sie an seinen Computerbildschirm bat. »Schöne Sauerei, schauen Sie sich das an!«, hatte er gesagt und das Video angeklickt. Den eigenen Mann in einer solchen Situation zu sehen! Sie hätte im Boden versinken können.

»Eigentlich müssen wir diese Geschichte sofort bringen«, hatte der Chefredakteur gesagt. »Aber manchmal gibt es Gründe, sich in der Berichterstattung ein wenig zurückzuhalten.« Was er nicht sagte, aber offenbar gemeint hatte: Auch Jane sollte sich zurückhalten – in Sachen *StageBau*.

Der Mann – roch er nach Alkohol, oder war das nur sein Deo? – zog sie weiter durch die Stadt, in Richtung Jungfernstieg, der Nebel schien immer dichter zu werden, je näher das Wasser kam. Einmal hatte sie auf die andere Straßenseite hinüberrufen und eine Gruppe halbstarker Kneipenheimkehrer alarmieren wollen. Aber der Nebel schien wie ein Knebel in ihrem Mund zu stecken. Ob die *StageBau* hinter dieser Aktion steckte? Schließlich hatte sie gerade einen zweiten Anlauf unternommen, eine kritische Geschichte über diesen Verein ins Blatt zu heben. War es ein Fehler gewesen, sich von Susanne anstacheln zu lassen?

Die *StageBau*-Recherche! Auf einmal zuckte ein Lichtblitz durch ihren Kopf. Jetzt wusste sie, woher sie die Stimme des Mannes kannte.

39

Der Nebel war es, dieser feuchte Nebel, der mir die Drinks aus dem Kopf wusch und mich wieder nüchtern machte. Ich stand am Ufer der Alster, die anstelle von Wasser Dampfwolken zu führen schien. Der Nebel quoll aus dem Fluss, er lag über der Stadt, er benetzte mein Gesicht wie Nieselregen. Ich atmete feuchte Luft ein und sah im dämmrigen Schein einer Laterne, dass Nebel sogar aus meinem Mund quoll.

Ein grusliger Gedanke durchzuckte mich: Vielleicht ist heute die Nacht, in der sich all die Ertrunkenen der Jahrtausende vom Flussbett der Alster erhoben haben und nun, die Münder dicht unter der Oberfläche, die letzte Luft aus ihren Lungen stoßen, abgestanden, trüb und kalt wie der Tod. Und weil der Fluss so viele Menschen schon verschluckt hat, speit er heute diesen fetten Nebel über die Stadt, als stummen Schrei der Toten.

Wie mochte Heiner Stagemann ums Leben gekommen sein? Starb er, als die kleine Privatmaschine ins Wasser schlug? Oder musste er jämmerlich ersaufen und verrichtete im Meer jetzt denselben Job wie seine Schicksalsgenossen hier an der Alster?

Susanne, Spinnerin, hör auf mit diesem Käse!, rief mein kleines Teufelchen. *Die einzige Leiche in Flussnähe ist eine Schnapsleiche, und das bist du! Wieder nüchtern, dass ich nicht lache! Dann wärst du jetzt im Bett, statt auf ihn zu warten.*

Ich hätte zurückfragen können, in welchem Bett, bei mir oder Friedhelm, aber ich wollte mein Teufelchen nicht provozieren. Es warf mir vor, ich hätte gegenüber Friedhelm nicht gerade ein Ausrufezeichen in Sachen Seriosität gesetzt. Das stimmte, aber was scherte mich meine Seriosität? Lang genug war ich Zaungast des Lebens gewesen, hatte nicht gearbeitet, nicht geküsst, nicht gelebt. Jetzt war ich wieder im Spiel, als hätte ich den Grund eines Flusses verlassen und die Oberfläche durchbrochen. Ich war mutlos gewesen. Jetzt hatte ich mich mit einer mächtigen Immobilienfirma angelegt und hoffte, den Kampf bald mit Marion fortführen zu können – zu meiner großen Sorge hatte sie sich noch immer nicht gemeldet.

Ich war einsam gewesen. Jetzt hatte ich zum ersten Mal in meinem Leben einen fast Fremden geküsst, und es war nicht einmal peinlich gewesen. Es hatte sich richtig angefühlt, offenbar auch für ihn, denn im Laufe des Abends war er mehr und mehr aufgetaut, auch in der anderen Sache.

Erst hatte er abgestritten, gegenüber der *StageBau* unkritisch zu sein, immer wieder behauptet, diese Firma sei besonders klagefreudig, deshalb müsse er sich zurückhalten. »Ich glaube dir kein Wort«, hatte ich erwidert – so oft, bis er, durch ein paar weitere Küsse inspiriert, zerknirscht sagte: »Na gut, es stimmt ja: Jemand hat mir einen Knüppel zwischen die Beine geworfen.«

Ich gab mir alle Mühe, die Formulierung nicht misszuverstehen, auch wenn sich die Situation dafür angeboten hätte. »Wer ist dieser Jemand?«

»Ich bin noch nicht so weit, darüber zu sprechen.«

Ich hatte das »noch« registriert und nachgebohrt. Er hatte verspochen, in sich zu gehen und zu prüfen, ob er nicht doch sprechen konnte, wollte, musste.

Dann hatten wir die Bar verlassen, wateten Hand in Hand durch den Nebel, und ich fragte ihn: »Würdest du was völlig Verrücktes für mich tun?«

Und er hatte »ja« gesagt, ohne die Details zu kennen – was er, als er die Bitte hörte, dann sichtlich bereute.

Gedämpfte Schritte, die flott aufs Wasser zustrebten – der Nebel waberte so dicht, dass ich mehr hörte als sah. Gerade hatte ich mit Tante Martha telefoniert, um mich zu vergewissern, dass bei ihr alles in Ordnung war. »Bei mir schon«, hatte sie gesagt. »Aber du klingst fürwahr beschwipst. Und weißt du eigentlich, wie spät es ist, Kind?« Sie kannte mich wirklich aus dem Effeff.

Den ganzen Tag hatte ich mir vorgenommen, auf Jane vor dem Verlagshochhaus zu warten – ich wusste, dass ihr Dienst in der Regel gegen 23.30 Uhr endete. Ich wollte endlich wissen, was in die Redakteure dieser Zeitung gefahren war. Wer hatte sich die infame Überschrift mit dem tiefen Sturz eines Milliardärs ausgedacht? Warum machte man sich zum Sprachrohr von Patricia Stagemann? Nur weil von Leibringen mit seinen Vorträgen abkassierte? Oder gab es Gründe, die tiefer lagen? Gründe, die auch Jane betrafen? Hatte sie mir im Keller aufgelauert?

Falls es eine enge Verbindung zwischen der *StageBau* und der *Hamburger Allgemeinen* gab, musste ich damit rechnen, dass das Verlagsgebäude tausend Augen hatte. Und der Kontakt mit mir schien gefährlich zu sein. Ich hatte die Hornissen aus dem Bau gescheucht, sie waren wild und unberechenbar geworden. Womöglich würde Heiner Stagemann noch leben, hätte er mich nicht angeheuert. Weitere Vorfälle dieser Art wollte ich nicht provozieren.

Also hatte ich Friedhelm gebeten, Jane vor dem Verlag aufzugabeln. Ein aktuelles Fahndungsbild fand ich auf der Homepage der Redaktion. Ich wollte ein Hühnchen mit ihr rupfen, der anonyme Schmierartikel hatte mich stinksauer gemacht, deshalb sagte ich zu Friedhelm: »Lass sie zappeln. Sag ihr nur, dass du sie abholen sollst. Und sorg dafür, dass sie nicht wegläuft.«

Die beiden kamen näher. »Susanne, was machst du denn hier?«, rief Jane. Es klang fast erleichtert. Ihr Gesicht war so blass und glasig, als wäre es aus dem Nebel dieser Nacht geformt.

Ich hielt mich nicht mit einer Begrüßung auf. »Wer hat den Artikel über Stagemann verbrochen? Und wer diese idiotische Überschrift? Ich habe die Autorenzeile vermisst!«

Sie glotzte mich eine Weile an, während ihr Oberkörper pendelte, als zögen Gewichte an ihm, mal senkte sich die eine Schulter, dann die andere. »Ist das dein Ernst? Weil dir eine Überschrift und ein Artikel nicht gefallen, lässt du mich auf offener Straße …«

»Sind wir uns neulich nicht in einem Keller begegnet?«

»Wovon redest du?«

»Von einem unsanften Schlag auf meinen Kopf.«

Sie sah verwirrt aus. »Ich mache Schlagzeilen. Aber ich schlage nicht auf Köpfe.«

»Das ist manchmal dasselbe. Ich habe dich abholen lassen, weil ich das unauffälliger fand, als selbst vor dem größten Verlagshaus Hamburgs zu stehen.«

Jetzt pendelte sie ein Stück nach hinten. »Das war kein Abholen, das war ein Verschleppen. Dazu hast du kein …«

»Ich würde dich lieber zu einem kritischen Artikel über die *StageBau* beglückwünschen.«

Sie ging in die Knie, als müsste sie sich übergeben. Ein paar Sekunden verharrte sie am Boden, den Kopf geneigt, ehe sie wieder nach oben kam. »Weißt du eigentlich, dass ich Todesangst hatte? Ich bin von einer Entführung ausgegangen.«

»Das tut mir leid.« *Kann daran liegen, dass ich etwas beschwipst bin,* wollte ich hinzufügen, aber das klang nicht wirklich wie eine gute Entschuldigung.

Sie drehte sich zu Friedhelm. »Und Sie machen da mit? Ich weiß genau, wer Sie sind.«

Friedhelm zog den Kopf etwas ein. »Woher, ähm, woher wissen Sie das?«

»Ich habe bei der Recherche für einen Artikel mal kurz mit Ihnen telefoniert.«

»Sie waren diese Journalistin von der *Hamburger Allgemeinen*?«

Jane nickte.

»Du hast recherchiert für einen Artikel, der merkwürdigerweise nie erschienen ist«, sagte ich.

»Das lag nicht an mir.«

»Und die heutige Überschrift? Lag auch nicht an dir. Und der Inhalt? Lag auch nicht an dir.«

»Susanne, überleg doch mal: Warum sollte ich ein Thema recherchieren, wenn ich darüber nicht schreiben wollte? Ich fand es skandalös, was die *StageBau* ihren Mietern zumutet.«

»Auf einmal also doch? Hast du nicht selbst zu mir gesagt, die Geschichte über einen ausbeuterischen Vermieter sei stinklangweilig: Hund beißt Briefträger statt umgekehrt?«

»Ich habe mich vor dir geschämt. Das war nur eine Ausflucht. Es geht bei diesem Blatt leider nicht nach mir.«

»Du bist die Chefin des Lokalteils, du hast das Recht, eine Geschichte ins Blatt zu heben.«

Sie wandte ihren Blick ab und sprach in den Nebel. »Eigentlich schon. Aber mein Chefredakteur ...«

»Ich hab dir doch gesagt: Wer kämpft, kann verlieren. Aber wer nicht kämpft, hat schon verloren. Du kämpfst zu wenig.«

»Ich brauche nicht zu kämpfen«, flüsterte sie. »Ich habe den Kampf schon verloren.«

»Warum?«, fragte ich.

»Weil ich ...« Sie stockte und atmete schwer.

»Weil du?«

»Weil ich erpressbar bin.«

»Wodurch?«

»Die erpressen mich mit Videoaufnahmen, kompromittierendem Material.«

»Das ist wirklich perfide!«, rief Friedhelm aufgewühlt. Es klang, als käme ihm dieser Vorgang bekannt vor.

40

»Lass mich raten, Prinzessin: Du steckst in der Scheiße, und ich darf dich rausziehen – stimmt's?«

Es war 2.30 Uhr in der Nacht, aber Iris klang kein bisschen sauer über meinen Anruf, sondern erfreut, mir helfen zu können.

»Ich hab ein paar Drinks zu viel gekippt«, sagte ich. »Und einen fast fremden Mann geküsst.«

»Ist ja spektakulär. Dir geht es besser!« Pause. »Und jetzt sag mir, was mich am meisten interessiert!«

»Marion hat sich noch immer nicht gemeldet. Ich kann mir das nicht mehr erklären: am Samstag kein Wort, am Sonntag kein Wort und heute auch nicht.«

»Ich wollte hören, ob er küssen kann. Und ob ihr im Bett gelandet seid.«

»Wir haben eine Journalistin entführt.«

Iris stieß einen Pfiff aus. »Zu euch ins Bett?«

»Jetzt hör aber auf! Ich musste ihr ein paar dringende Fragen stellen. Und es hat sich gelohnt.«

»Hey, ist ja 'n Ding, Prinzessin: Du gibst wieder Vollgas. Ich sag ja: Du wirst gesund!«

»Stell dir vor, die *StageBau* ist auch im Filmgeschäft tätig.«

»Echt jetzt? Was drehen die denn? Gruselfilme in ihren Häuserruinen?«

»Die filmen Männer, die sich gegen Bezahlung den Arsch versohlen lassen.«

Iris pfiff erneut. »Darf ich so einen Film auch mal sehen, Prinzessin?«

»Ich hab dir doch von der Nachbarwohnung der Weigels erzählt, wo's immer so zur Sache geht, dass die Wände wackeln. Das ist nicht die einzige Wohnung dieser Art.«

»Ist doch klar wie Kloßbrühe: Dann sprechen wir nicht vom Filmgeschäft, sondern von Prostitution!«

»Von einer Kombination aus beidem. Die *StageBau* besitzt einige Immobilien auf dem Kiez. Offenbar gibt es enge Verbindungen zu Zuhältern. Ein Fingerschnipsen genügt, schon wird eine Wohnung von Prostituierten bezogen.«

Vor einer Stunde war ich nach Hause gekommen, hatte den Stick geöffnet und die Wohnadresse der Weigels in die Suchmaske eingetippt. Das Haus tauchte nicht nur bei den »Brandschutzmaßnahmen« auf, sondern auch in der Liste »Wohnprojekte für Frauen«. Hier fanden sich siebenundzwanzig Wohnungen, meist in exklusiven Vierteln der Stadt. Handwerkerrechnungen über »visuelle Sicherheitsmaßnahmen« wiesen auf den Einbau von Kameras hin. Ich war überzeugt, dass es sich um Bordelle handelte. Damit konnte man nicht nur unliebsame Mieter verscheuchen, sondern auch eigene Gegner erpressen. Wer als männlicher Hauptdarsteller in einem solchen Film auftauchte, musste vor Scham nicht nur erröten, sondern auch verstummen.

»Und was hat die Journalistin damit zu tun?«, fragte Iris. »War sie in einer dieser Wohnungen und hat sich …«

»Nein, das hat Jane nicht. Aber ihr Mann. Und der ist Gleichstellungsbeauftragter.«

Iris sprudelte ihr legendäres Lachen heraus. »Mit Betonung auf ›Stellung‹ – oder?«

»Ihr Chefredakteur hat sie jetzt in der Hand: Sie darf kein böses Wort über die *StageBau* schreiben. Sonst fliegt ihr Mann auf.«

»Ihr Chef – ist das nicht dieser Idiot Frank von Leibringen, der dich im Vorstellungsgespräch hat abblitzen lassen?«

»Er wäre ein Idiot gewesen, wenn er mich genommen hätte – bei meinem peinlichen Auftritt.«

»Quatsch, Prinzessin! Der hatte andere Gründe: Wie man keinen Marder in einen Motorraum setzt, ohne um die Kabel zu fürchten, so setzt man keine Susanne Mikula in eine Redaktion, ohne zu fürchten, dass sie an der Fassade knabbert und die Wahrheit aufdeckt.«

»Dass du mich mit einem Marder vergleichst, lass ich dir nur durchgehen, weil es mitten in der Nacht ist. Ein Marder richtet Schaden an: Er zerbeißt Schläuche.«

»Wenn's die richtigen sind – meinetwegen! Dann bleibt das Gangsterauto stehen, hey.«

»Aber deine Argumentation ist unlogisch: Warum lädt Frank von Leibringen mich zu einem Vorstellungsgespräch ein, wenn er mich fürchtet? Er hätte meine Bewerbung doch einfach in den Papierkorb stopfen können.«

»Und wenn es diese Jane war, die dich eingeladen hat? Wenn er gar nicht wusste, wer ihn da erwartet?«

»O doch, das wusste er: Jane hat mir nach dem Gespräch am Fahrstuhl erzählt, er sei ganz scharf darauf gewesen, mich kennenzulernen. Ihm war bekannt, was ich in Reinstadt veranstaltet hatte.«

»Ist ja noch viel unlogischer: Wenn er ein Fan von dir ist, dann hat er dich verflixt noch mal einzustellen.«

»Es sei denn …«, hob ich an – und brach ab, weil mir der Gedanke nicht gefiel.

»Es sei denn …«

»… er hat mich nur eingeladen, um mich in die Arme der *StageBau* zu treiben.« Fast hatte ich schon wieder meine dringende Frage vergessen, woher der livrierte Chauffeur wusste, zu welcher Sekunde ich aus einem Verlagsgebäude in Hamburg trete.

»So 'n Quatsch, Prinzessin! Die *StageBau* hätte dich nicht freiwillig ins eigene Haus gelassen.«

»Patricia nicht, die will alles vertuschen. Aber Heiner hat mich ja geholt.«

»Du meinst, dass dieser Chefredakteur ein kleiner, mieser Lakai von Heiner Stagemann war?«

Ich dachte an die Schlagzeilen des Tages – wie er Stagemann ins Grab gepinkelt hatte. »Nein, das ergibt keinen Sinn.« Oder war es doch so, wie Tante Martha spekuliert hatte? War ich nicht in die *StageBau* geholt worden, um etwas aufzuklären, sondern nur, um den Anschein von Aufklärung zu erwecken? Hieß meine wahre Jobbeschreibung: »Feigenblatt«? Und hatte Heiner Stagemann nur sterben müssen, weil ich aus dieser Rolle gefallen und den kriminellen Elementen gefährlich geworden war?

Iris erinnerte mich noch daran, ihr rasch die vereinbarten 3.000 Euro für die Versteigerung per Schnellüberweisung zu schicken. Dann gähnte sie ins Telefon. »Prinzessin, ich brauch noch 'ne Mütze Schlaf. Aber die wichtigste Antwort bist du mir noch schuldig, hey.«

Ich grübelte. »Welche denn?«

»Konnte er küssen?«

Ich lachte. »Und ob!«

Mit diesem Gedanken schlief ich fünf Minuten später ein.

41

Als mein Handywecker um sieben Uhr ging, war ich so müde, dass ich mich kaum von der Stelle bewegen konnte. Doch zwanzig Sekunden später saß ich aufrecht in meinem Bett. Die Schrift auf dem Display zitterte, was an meinen Händen lag. Eine Nachricht von Marion. Sie lebte! Und sie schrieb: »Wir müssen reden. Heute Abend beim Joggen. Nicht anrufen! Bin um sieben an der Oberalster.« Sie nannte die Koordinaten einer kleinen Brücke.

Mir fiel ein ganzes Gebirge vom Herzen. Offenbar hatte Marion Zeit gebraucht, um wieder zu sich zu kommen. Sie hatte einen geschätzten Menschen verloren, vielleicht sogar einen geliebten. Je länger ich über diese These Marthas nachdachte, desto plausibler erschien sie mir. Hatte Marion nicht übermäßig von seinen Qualitäten geschwärmt – eben so, wie Verliebte es tun?

Meine Blitzrecherche hatte ergeben, dass über Heiner Stagemanns Privatleben nur zweierlei bekannt war: dass er Hobbys sammelte wie andere Leute Briefmarken, inzwischen waren es wohl über zwei Dutzend – und dass er als »begehrtester Junggeselle der Stadt« galt, also unverheiratet war. Nichts hätte dagegengesprochen, sich mit einer so attraktiven Frau wie Marion einzulassen, zumal beide vom Denken gut zueinander passten. Marion war eine soziale Frau, die sich für Afrika engagierte, er ein sozialer Mann, der mit seinem Geld Hospize und andere soziale Einrichtungen unterstützte.

Ich duschte und genoss es, wie das Wasser auf mich einprasselte. Der Dampf, der danach nebelartig im Badezimmer stand, erinnerte mich an den Vorabend, ebenso meine preisverdächtigen Augenringe. Und mein Kinn sah aus, als hätte es jemand mit einer Stahlbürste geschrubbt. Auch wenn die »Bürste« aus Bartstoppeln bestand.

Ein Lächeln zog meine Mundwinkel hoch. Endlich gefiel ich mir wieder im Spiegel, meine Augen verströmten Licht und Leben. »Du wirst wieder gesund«, hatte Iris gesagt – womöglich stimmte das, zumindest seelisch. Und wofür gab es eigentlich Make-up, wenn nicht zum Kaschieren eines ramponierten Kinns und schauriger Augenringe?

Am Frühstückstisch las ich Tante Martha vor, was Marion geschrieben hatte. Sie führte gerade ihre Drachentasse an den Mund, hielt aber in der Bewegung inne: »Warum freust du dich so über diese Nachricht, Kind?«

»Weil ich in großer Sorge war. Weil ich jetzt weiß, dass mit Marion alles in Ordnung ist.«

Ihre Augenbrauenjalousie fuhr nach oben, und ihr Blick fixierte mich. »Weißt du das gewisslich?«

»Wenn es ihr schlecht ginge, würde sie mich nicht zum Joggen einladen.«

Martha nahm einen Schluck Tee. »Kommen dir der Ort und die Uhrzeit nicht merkwürdig vor?«

»Tante, sie ist krankgeschrieben! Sie kann nicht am hellen, heiteren Nachmittag mit mir an der Alster entlangjoggen.«

»Aber du sagst doch, dass ihr noch nie zusammen laufen wart. Warum gerade jetzt?«

»Weil das unauffällig ist! Am Telefon könnten wir belauscht werden, in einem Lokal genauso. Vielleicht auch in ihrer Wohnung. Aber beim Joggen ist das unmöglich – es sei denn, uns liefe jemand hinterher. Aber das würden wir hören.«

»Um neunzehn Uhr, Kind, ist es jetzt im Herbst doch längst zappenduster.«

Ich tippte an meinen Kopf. »Der moderne Jogger trägt eine Stirnlampe, Tante!«

»Warum will sie dich am Oberlauf der Alster treffen? Dort ist um diese Zeit doch keine Menschenseele unterwegs.«

»Genau das ist der Grund: Da sind wir für uns und können in Ruhe reden.«

Sie setzte die Tasse etwas zu laut ab. »Und wenn du in eine vermaledeite Not gerätst? Bäume eilen dir nicht zu Hilfe. Und der Fluss verschluckt deine Rufe.«

»Ich gerate höchstens in Atemnot, weil Marion viel fitter ist als ich.«

»Kind, wer von uns beiden lahmt? Nicht du, sondern ich. Und Doktor Otten war immer noch nicht da.« Tante Martha nippte so vorsichtig an ihrem Tee, als wäre er glutheiß; dabei war er nur noch lauwarm: »Warum sollst du sie nicht anrufen?«

»Ich vermute mal, sie ist in Sorge, dass man sie abhört.«

Sie schwieg und kratzte sich am Kopf. Ich atmete tief ein, der vertraute Geruch aus Zitrone, Jasmin und Vanille kitzelte in meiner Nase. »Susanne, ich will dir keine Angst machen, aber ich habe ein fürwahr ungutes Gefühl. Erst meldet sich deine Freundin drei Tage lang nicht. Und dann will sie dich plötzlich bei Dunkelheit treffen, an einem einsamen Ort, ohne vorher fernmündlich mit dir zu sprechen.« Ihre Stirn lag in tiefen Falten.

»Worauf willst du hinaus, Tante Martha?«

»Der schlimmste Fall wäre aus meiner Sicht, dass deine Freundin in einer misslichen Lage ist.«

»So schlecht kann es ihr nicht gehen, wenn sie sich mit mir zum Joggen verabredet.«

»Hat sie sich mit dir verabredet?«

»Klar – ich hab dir die Nachricht doch vorgelesen.«

»Nein, ich meine: Hat gewisslich *sie* sich mit dir verabredet?«

An ihrer Betonung merkte ich, woher der Wind wehte. »Du meinst, jemand anders könnte ihr Handy benutzen.«

Ihr Zeigefinger beschleunigte im Looping des Tassengriffes. »Womöglich wird sie gefangen gehalten. Oder hat ihr Leben schon ausgehaucht. Kannst du mir das Gegenteil beweisen?«

»Theoretisch ist das möglich«, sagte ich diplomatisch.

»Und deshalb, Kind, musst du dieses Treffen an einen belebteren Ort verlegen. Zum Beispiel in die Innenstadt.«

»Das ist ein guter Vorschlag«, sagte ich diplomatisch. Diesmal schien mir Tante Marthas Vorsicht übertrieben. Zwar traute ich der *StageBau* mittlerweile vieles zu. Aber dass Marion tot in ihrer Wohnung lag, während der Killer die Joggingschuhe schnürte und mir Nachrichten schrieb – dieses Schauermärchen war lächerlich. Einleuchtend erschien mir, dass Marion am Trauern war und sich erst mal hatte sammeln müssen. Gut möglich, dass sie mir erzählen wollte, wie eng sie wirklich mit Stagemann verbandelt war. Für mich stand fest: Niemand war so sehr an der Aufklärung dieses Unglücks interessiert wie sie. Und gemeinsam würden wir es packen.

Ich freute mich, sie am Abend zu treffen. Nur die Stirnlampe musste ich mir noch besorgen.

42

Es musste ein Missverständnis sein, eine Riesenschlamperei in der Buchhaltung. Auf meinem Girokonto war nur ein Bruchteil meines Gehaltes angekommen – gerade genug, um Sebastian seinen Unterhalt nach London zu überweisen und mein eigenes Leben zu finanzieren. Aber viel weniger, als in meinem Arbeitsvertrag vereinbart. Und viel weniger, als ich gebraucht hätte, um den Armreif meiner Mutter zurückzuersteigern. Und ich musste das Geld dafür noch heute an Iris überweisen.

Mein inneres Teufelchen rief dazwischen: *Genug, um dein Leben zu finanzieren? Träum weiter! Hast du denn schon verdrängt, wie viele offene Rechnungen sich in deiner Schublade stapeln? Verdrängt, dass Iris jeden Tag neue Umschläge aus deinem Briefkasten kramt und auf dem Küchentisch stapelt? Verdrängt, dass sie erst neulich mit deiner Vollmacht mehrere Einschreiben von der Post geholt hat, die verdächtig nach letzten Mahnungen aussahen? Aber du hast sie ja gebeten, die Umschläge geschlossen zu lassen. Als wäre eine Rechnung nur offen, wenn man den Umschlag auch öffnet. Das ist die Logik einer Dreijährigen. Werd erwachsen!*

Ja, ich hatte als Finanzministerin versagt. Aber dennoch war mir die *StageBau* mein volles Gehalt schuldig – heute noch, denn ich musste das Geld an Iris weiterreichen und hatte nicht vor, mir das Andenken an meine Mutter ein zweites Mal aus dem Herzen reißen und den Armreif morgen an einen Wildfremden versteigern zu lassen.

Nach ein paar internen Telefonaten hatte ich herausgefunden, wer meine Ansprechpartnerin in der Personalbuchhaltung war: Laura Schmalstieg, die Frau mit dem USB-Stick. Ausgerechnet! Aber mir blieb keine Wahl, ich musste in die Höhle der Löwin. Ihr Büro lag auf der anderen Seite des Gebäudes, ich trat ein und grüßte. Ein kleiner Raum, so aufgeräumt, als wäre er Teil eines unbenutzten Musterhauses.

»Ja, bitte?«, sagte sie, ohne den Blick von ihrem Bildschirm zu heben. Ich sah, dass der Pickel auf ihrer Nase vom Roten ins Gelbliche überging.

»Frau Schmalstieg, es geht um mein Gehalt. Da muss ein Missverständnis vorliegen. Es wurde nur ein Teil überwiesen.«

»Das ist *kein* Missverständnis«, sagte sie zu ihrem Bildschirm.

»Offenbar doch. Denn ich beziehe ein Bruttogehalt von 7.500 Euro. Netto müssten da über 4.250 Euro bleiben. Aber mir wurde viel weniger überwiesen.«

»Ihnen schon, das stimmt.« Die Art, wie sie ihre Lippen formte, erinnerte mich an das Maul einer Schlange.

»Wie bitte? Das klingt ja, als hätten Sie mein Gehalt an jemand anderen überwiesen.«

»Korrekt.« Ihr Zeigefinger tippte den rot-gelben Pickel auf ihrer Nase an, als wäre es ein Knopf, um ausgeteilte Gemeinheiten zu registrieren.

»Wollen Sie mich veräppeln? Sorgen Sie auf der Stelle dafür, dass ich mein komplettes Gehalt aufs Konto bekomme – per Eilüberweisung, heute noch. Sonst wird Frau Römer Ihnen Dampf machen.«

»Spricht sie denn mittlerweile wieder mit Ihnen?«

Ich hielt die Luft an, um nicht zu explodieren, denn genau das wollte sie. Ich musste sachlich bleiben, denn es ging um das Andenken meiner Mutter. »Ich entschuldige mich für meinen Auftritt von gestern. Ich hatte einen schlechten Tag. Aber sagen Sie mir jetzt bitte, wie ich rasch an mein Gehalt komme. Ich brauche es dringend.«

»Das mit dem ›dringend‹ glaube ich Ihnen sofort.«

»Wie komme ich an mein Gehalt?«

»Tut mir leid«, sagte sie, und ihre Zunge schien zu zischen. »Uns wurde ein Pfändungs- und Überweisungsbeschluss zugestellt.«

»Wie bitte?«

»Wir konnten Ihnen nur den unpfändbaren Anteil Ihres Einkommens ausbezahlen. Der Rest ist direkt an ihre Gläubiger gegangen.«

»Das können Sie doch nicht machen!«

»Das müssen wir sogar; der Gesetzgeber schreibt das vor, wenn jemand seine Schulden nicht bezahlt.«

»Es geht Ihnen doch gar nicht um die Gesetze! Sie wollen mich fertigmachen! Sie haben mir doch gerade erst angedroht, dass ich Sie noch von einer Seite kennenlerne, die mir nicht gefallen wird.«

»Das war ein Zitat von Ihnen. Und zu diesem Zeitpunkt war alles schon auf dem Weg.«

»Ich kenne die Gesetze nicht so genau wie Sie, aber eines weiß ich sicher: Es kann nicht sein, dass ich diese Hiobsbotschaft vom Gehaltszettel ablesen muss! Sie hätten mir vorher Bescheid geben müssen.«

»Das haben wir, sogar per Einschreiben. An Ihre Meldeadresse in Reinstadt. Lesen Sie Ihre Post denn nicht, Frau Mikula?«

Als ich wieder an meinem Schreibtisch saß, ließ ich meinen Kopf auf die Tastatur fallen und begann zu weinen. Es schüttelte mich, meine Tränen hätten ausgereicht, um die vertrocknete Topfpflanze auf der Fensterbank wiederzubeleben. Danach wischte ich meine Tastatur mit mehreren Papiertaschentüchern trocken – die Wimperntusche färbte sie dunkel – und schrieb Iris, dass sich ihr Auftritt bei der Versteigerung erledigt habe, leider.

Was war ich doch für eine Rabentochter; ich hatte es endgültig geschafft, das Andenken meiner Mutter zu verjubeln.

43

Ich schrieb es dem Restalkohol zu, dass ich die Information in der Nacht nur gelesen, aber ihre Tragweite nicht verstanden hatte. Wie gut, dass ich die Liste mit den zwei Häusern »zur Prüfung anstehender Brandschutzmaßnahmen« erneut aufgerufen hatte. Dass womöglich ein Feuerteufel das Haus der Weigels ins Visier nahm, ließ mir keine Ruhe.

Ich musste an Hermann Weigel denken, diesen Schatten von einem Menschen, dem der Lärm jeden Tag wie eine Überdosis Gift zusetzte. Und ich musste an seine Frau denken, der ich mein »großes Indianer-Ehrenwort« gegeben hatte, diesen Terror abzustellen.

Zu diesem Zeitpunkt war ich noch davon ausgegangen, der mächtigste Mann der *StageBau* könnte die Sache für mich regeln. Nun war Heiner Stagemann vom Radar der Welt verschwunden – noch nicht einmal die Überreste seiner Maschine waren aufgetaucht –, und ich musste die Sache im Alleingang zu Ende bringen. Oder mein Ehrenwort brechen.

Du hast dein Ehrenwort doch schon gebrochen!, zischte mein inneres Teufelchen. *Jedes Mal, wenn im Haus der Weigels der Bohrer heult, wenn es in der Nachbarwohnung quietscht und stöhnt, wenn ›Hermann-Schatz‹ auf seinem Krankenbett zusammenzuckt, als schüttelte ihn der Tod persönlich – jedes Mal wird Paula Weigel dein Gesicht vor Augen sehen, die Fratze einer Lügnerin. Wer nicht mal seine eigenen*

Rechnungen bezahlt, sollte anderen Leuten kein ›großes Indianer-Ehrenwort‹ geben!

Was ich auf dem Bildschirm vor mir sah, ließ mich frösteln. Der Knallfrosch in meiner Brust sprang wild durch die Gegend, mein Hals wurde eng, meine Hände umklammerten die Armlehne meines Schreibtischstuhls. Ich fixierte das entscheidende Wort: »Abschlussdatum«. Die Buchstaben, als wollten sie mich necken, schienen ihre Position zu tauschen, ich las »Asbchulssdtamu«. *Tief atmen, Susanne, tief atmen.*

Ich schloss die Augen, um mich zu sammeln. Ich musste einen kühlen Kopf bewahren, denn es ging um Menschenleben. Ich musste einschreiten, ehe es zu spät war, dem Feuerteufel ein Bein stellen. Aber wie bloß?

Ich öffnete meine Augen wieder: »Abschlussdatum« – jetzt hatten sich die Buchstaben wieder richtig formiert. Das erste »Abschlussdatum« für die »Brandschutzmaßnahmen«, 15. Oktober, stand unter dem Haus in der Eppendorfer Landstraße – an diesem Tag war der Brand ausgebrochen. Das zweite »Abschlussdatum« stand unter dem Haus der Weigels – 27. Oktober. Das war morgen.

Der Gang erinnerte mich wieder an eine Gletscherspalte, links und rechts ragten die Bücherregale bis zur Decke. Die Tür war offen, er saß vor dem Fenster. Sein Schreibtisch sah immer noch aus, als wäre gerade ein Orkan hinübergefegt. Es war ein merkwürdiges Gefühl, Friedhelm bei Tageslicht wiederzusehen, seine Locken kringelten sich trotzig in die Welt hinaus.

Wie würde es weitergehen mit uns? Die letzte Nacht konnte in sich geschlossen bleiben, ein Vakuum, und alles, was darin geschehen war, würde dem Tageslicht entzogen bleiben. Dann würden wir uns jetzt die Hand reichen, uns wieder siezen, die Lippen des anderen nur noch anschauen und in Gedächtnislücken stochern: »Ich kann mich an gestern Nacht gar nicht mehr erinnern – und Sie?«

Oder diese Nacht erwies sich als Brücke, die zum Ufer des Tages führte. Dann würden wir bei den Vornamen bleiben. Und die Lippen nicht nur zum Sprechen verwenden. Ich wusste, welche Variante ich bevorzugte, aber diesmal lag der Ball auf seinem Feld; ich hatte mich in der Bar schon weit genug vorgewagt.

Ich wusste fast nichts von ihm, außer, wie er zu seinem Namen gekommen war: Er hieß Friedhelm, weil sein Großvater Eckhard, Zimmermann und Pazifist, im Zweiten Weltkrieg gegen seinen Willen an der Ostfront gelandet war. Dort hatte er sich geweigert, auf den »Feind« zu schießen, worauf er von Kugeln durchlöchert worden war – deutschen Kugeln. Man hatte ihn der Desertion beschuldigt und an die Wand gestellt. Von diesem Drama erfuhr die Familie erst fünf Jahre später, als ein Kamerad des Großvaters aus der Kriegsgefangenschaft heimkehrte.

Der Großvater hatte den Helm der Wehrmacht getragen, obwohl er ein friedlicher Mann war. Das inspirierte den Sohn dazu, seinen Erstgeborenen Friedhelm zu nennen. »In der Schule haben sie mich mit dem Namen aufgezogen«, hatte Friedhelm auf dem Weg von der Bar zur Innenstadt erzählt. »Aber ich bin stolz auf den Namen, er erzählt eine Geschichte, ist viel individueller als Werner oder Michael oder Frank. Für mich ist er ein Erbstück.« Beim letzten Wort hatte ich schlucken müssen.

Als Friedhelm von seinem Schreibtisch aufsah und mich entdeckte, leuchteten seine grünblauen Murmelaugen. Er sprang auf, wehte zu mir und nahm mich fest in den Arm. Variante zwei, dachte ich. Bis sein Kuss mein Denken in Feinstaub auflöste.

Dann saßen wir wieder an seinem Besuchertisch im Vorzimmer. Ich erinnerte mich, wie ich mich hier das letzte Mal mit einer roten Mappe aus der Tür gestohlen hatte.

»Und du bist dir ganz sicher, Susanne?«, fragte er. »Ich meine: Wer wäre so blöd, einen Brandanschlag mit Datum zu dokumentieren.« Sein Zeigefinger malte Kreise in die Bartstoppeln des Kinns.

»Die haben nicht geschrieben: ›Wir zünden ein Haus an!‹«, sagte ich. »Die haben geschrieben: ›Wir schützen ein Haus vor Brand!‹ Damit kann ihnen niemand an den Karren fahren.«

»Aber das Datum! Wenn die Häuser am Abschlusstag der Brandschutzmaßnahmen niederbrennen, ist das doch extrem auffällig.«

»Wer kennt dieses Dokument denn schon? Das hing nicht am Schwarzen Brett. Nur zufällig bin ich darauf gestoßen, in einer riesigen Datenflut. Wollen wir wetten: Nach dem nächsten Brand wird es vom Server verschwunden sein.«

Sein Zeigefinger verharrte auf dem Kinn. »Und wenn du dich irrst? Wenn der Brand in der Eppendorfer Landstraße nur zufällig auf das Datum der Brandschutzmaßnahme gefallen ist? Du hast nur einen Brand verfolgt. Daraus kannst du doch kein Gesetz der Serie ableiten.«

»Erst habe ich nur ein Haus gekannt, in dem Eimer mit stinkender Flüssigkeit ausgeschüttet wurden – dann waren es mehrere. Erst habe ich nur ein Haus gekannt, in dem die

Mieter um den Verstand gehämmert wurden – dann waren es mehrere. Und bestimmt gibt's auch mehrere Fälle mit zugemauertem Schornstein. Oder?«

Ich probierte, ihn ernst anzuschauen, mich nicht gleich in seinen Murmelaugen zu verlieren. Würde er nun Klartext sprechen? Oder hielten ihn unsere Küsse nicht davon ab, nach wie vor die *StageBau* in Schutz zu nehmen?

»Das mit dem Schornstein war der zweite Fall hier in Hamburg«, sagte er. »Und es gibt einen weiteren in Köln.«

Na also! Er war gar nicht so schlecht darin, Farbe zu bekennen. »Siehst du!«, sagte ich. »Wer bereit ist, seine Mieter zu vergasen, schreckt auch vor Feuer nicht zurück.«

»Das mag ja sein. Ich weiß aus vielen Fällen, dass ein leeres Grundstück ohne Verpflichtungen mehr wert ist als ein bebautes mit laufenden Mietverträgen. Aber ich zweifle immer noch daran, dass morgen etwas passieren wird. Das Datum kann Zufall sein.«

»Dein Vorschlag lautet also: Wir unternehmen nichts – und schauen einfach mal, ob in der Nacht die Sirenen heulen, ein paar Menschen verbrennen und am nächsten Tag fette Schlagzeilen die *Hamburger Allgemeine* zieren?«

Sein Zeigefinger schabte hektisch übers Kinn, als wollte er die Wurzeln der Bartstoppeln ausgraben. »Das habe ich so nicht gesagt. Aber was willst du denn unternehmen?«

»Zum Beispiel: herausfinden, wer den Anschlag plant – und ihn daran hindern.«

»Dann finde das mal bis morgen heraus. Du hast fast nichts in der Hand.«

Ich überlegte einen Moment und sagte dann: »Es gibt einen Trumpf, mit dem ich einen Anschlag verhindern könnte.«

»Und der wäre?«

»Was ist, wenn ich den geplanten Brand öffentlich mache? Ich könnte im Internet ein Video hochladen, in dem ich der Öffentlichkeit von meinem Verdacht erzähle. Dann gerät die *StageBau* unter Druck!«

Er schlug die Handfläche gegen das Kinn. »Bist du verrückt! Du würdest einen Brand ankündigen, der dann garantiert nicht stattfindet – und hast eine Mega-Verleumdungsklage an der Backe. Die verstehen keinen Spaß, wenn jemand ihr Image schädigt. Die können dich auf Millionen verklagen.«

Jetzt war er wieder der abwägende Friedhelm, nicht mehr der mutige Robin. Dieser Rückschritt ärgerte mich. »Du klingst wie ein Angsthase. Wenn das Mieterschutz ist, dann will ich nicht von dir beschützt sein!«

»Susanne, du bist unfair!«

»Auf welcher Seite stehst du eigentlich?«

Seine Augenschlitze verengten sich, die grünblauen Murmeln sahen jetzt wie Linsen aus. »Ich will *dich* vor Schaden schützen, nicht die *StageBau*. Aber offenbar bist du wild entschlossen, dir eine blutige Nase zu holen. Du willst dir nicht helfen lassen.«

»Würdest du mir denn helfen?«

»Denk dran, was ich gestern Abend für dich getan habe. Die Aktion vorm Verlag, das war völlig verrückt.«

»Heißt das, du würdest mir wieder helfen?«

Er nickte, und ich sagte: »Gratuliere, du hast morgen Abend ein Date.«

Er legte den Kopf schräg und sah mich skeptisch an: »Und wo treffen wir uns?«

»Vorm Haus der Weigels.«

Sein Zeigefinger bohrte sich in das Kinn. »Du willst doch nicht …«

»Doch – ich will den Feuerteufel auf frischer Tat stellen.«

44

Mein Treffen mit Marion lag ein paar Tage zurück, und in der Erinnerung fiel mir auf: Es gibt zwei Arten von Bäumen – solche bei Tag und solche bei Nacht. Ein Baum bei Tag ist eine hübsche Pflanze, er beherbergt Vögel, ist die längste Zeit des Jahres grün, spendet Kühle und weist den Weg zur Sonne. Die Blätter wispern freundliche Geschichten, wenn der Wind sie krault, und das Vogelgezwitscher versüßt den Tag.

Bei Nacht aber mutiert ein Baum zum riesigen Schattenwesen, er verschlingt Mondlicht, foltert Käuzchen – schreien sie nicht gespenstisch? – und hält dem Himmel die Augen zu. Jeder Baum bei Nacht ist ein Riese, jeder seiner Äste ein Arm, der nach einem greifen kann. Und ein Baumstamm scheint nur dafür gemacht, dass jemand hinter ihm lauert. Bäume bei Nacht sind bedrohlich.

Das hatte ich gedacht, als ich mit raschem Schritt über den finsteren Waldweg gelaufen war. Das Laub hatte geraschelt unter meinen Füßen, als knisterte es vor Spannung. Links und rechts des Weges ragten die Bäume auf, wie eine schwarze Wand, die das spärliche Mondlicht aufsaugte. Einmal blieb ein runtergefallener Ast zwischen meinen Beinen hängen, ich stolperte, aber fing mich. Dafür, dass es dunkel war, lief ich zu schnell. Es war, als würde ich vor etwas fliehen, aber wovor?

Irgendwo im Unterholz knackte es, ein trockener Ast brach, vielleicht ein Wildschwein. Oder war es ein Mensch, dessen Hand jetzt einen Schlagstock umklammerte? Ich wollte darüber nicht nachdenken, ich lief weiter. Am Uferweg, vor einer kleinen Holzbrücke, war ich mit Marion verabredet.

Gern hätte ich meine Stirnlampe eingeschaltet, aber ich zwang mich, das nicht zu tun. Dann wären meine Augen sofort nachtblind gewesen, und man hätte mich in der Dunkelheit aus großer Entfernung gesehen. Ich wäre zur laufenden Zielscheibe geworden. Keine Ahnung, wer sich um diese Zeit mit welchen Absichten hier herumtrieb.

Es ist neunzehn Uhr, nicht Mitternacht, spottete mein inneres Teufelchen. *Sag doch gleich, dass du dir vor Angst in die Hosen machst. Erst lachst du Tante Martha aus, weil sie dich vor einem Hinterhalt warnt. Und jetzt, du Heldin, klappern dir die Zähne, weil es im Wald überraschenderweise ein paar Bäume gibt, dunkel ist und ein Häschen im Unterholz hoppelt.*

Vor mir zeichneten sich die Konturen einer Brücke ab. Und ein vertrautes Plätschern verriet den Fluss. Ein paar Schritte später sah ich Wasser silbern glitzern, hier ließen die Bäume einen Streifen Mondlicht durch. »Marion«, flüsterte ich in die Nacht. »Marion, bist du hier?«

Ein Klatschen im Wasser war die Antwort. Wahrscheinlich eine Bisamratte. Ich lehnte mich ans Brückengeländer. Mein Atem ging schnell, als käme ich bereits vom Joggen zurück. Dabei war ich nur vor meiner eigenen Angst weggelaufen. Dass ich jetzt ausgerechnet am Rand einer Brücke stand, kam mir wie ein übler Scherz des Schicksals vor: Wann würden mich die alten Bilder von der Autobahnbrücke wieder überfallen?

Zwei bläuliche Lichter, die über dem Boden schwebten, hoppelten aus der Ferne auf mich zu, begleitet von Laubrascheln und Keuchen. Brachte Marion jemanden zum Joggen mit? Wer mochte ihr Begleiter sein? Und warum hatte sie mir das nicht angekündigt?

Doch an den Stimmen erkannte ich, dass sich zwei Männer näherten. Es schien mir keine gute Idee, den beiden hier zu begegnen. Ich watete ein paar Schritte durchs knisternde Laub in den Wald und presste mich hinter einen dicken Baumstamm. Hier roch es nach Moos und Harz. Die beiden liefen vorbei, ohne mich zu bemerken. Einer erzählte von der Magersucht seiner Tochter, der andere sagte pausenlos »Verstehe!« Das heftige Keuchen bei mäßigem Tempo verriet, wie untrainiert sie waren.

Ich wartete ab, bis sie weit genug weg waren. Zurück zur Brücke! Doch ein Rascheln im Wald, direkt hinter mir, ließ mich erstarren. Wäre ich nur auf dem Weg geblieben, dachte ich noch – da spürte ich einen Luftzug im Nacken. Er fühlte sich an wie im Keller des Mordhauses. Ich duckte mich weg, fuhr herum und holte aus zu einem Schlag.

»Geht's wieder, Susanne?«, fragte Marion, nachdem wir ein paar Hundert Meter stumm nebeneinander her gejoggt waren. Die Lichter unserer Stirnlampen bohrten Löcher in die Dunkelheit und tanzten im Takt unserer Schritte auf und ab.

»Mein Puls ist noch immer auf 180«, sagte ich. »Ich hatte schon ausgeholt, als du meinen Namen geflüstert hast.«

»Tut mir leid, ich wollte dich nicht erschrecken. Ich bin nur äußerst vorsichtig und wollte sicher sein, dass dir niemand folgt. Deshalb habe ich einen Moment im Wald gewartet.«

»Lass uns über dich sprechen: Wie geht es dir, Marion?«

»Geht so.«

»Ich habe mir Sorgen gemacht. Ich meine, du und er, ihr habt ja sehr eng zusammengearbeitet. Sein Absturz muss dich hart getroffen haben.«

»Hat er auch.«

»Ich kann mir vorstellen, dass da ein großes Loch für dich entstanden ist.«

»Ist es auch.«

»Darf ich dich was Persönliches fragen?«

»Fragen ja«, sagte sie. Ich hörte die Einschränkung und nahm mir vor, sie zu respektieren.

»Wie eng war euer Verhältnis?«

»Mist«, schimpfte sie und taumelte zur Seite. »Wieder so ein blöder Ast. Man sieht sie einfach nicht unterm Laub.«

Schweigend joggten wir weiter. Gelegentlich flatterten ein paar Vögel mit trockenem Flügelschlag aus den finsteren Baumriesen. Meine Frage hing unbeantwortet in der Nacht. Vielleicht war es noch zu früh für sie, sich zu öffnen. »Sag mir einfach, wann du bereit bist, über ihn zu sprechen«, sagte ich.

»Jetzt«, antwortete sie. »Wir müssen dafür sorgen, dass nun ein paar Dinge auffliegen. Vor allem der Mord an Elfriede Jaspers. Es war ihm ganz wichtig, dass seine Schwester mit ihren faulen Tricks nicht auch noch als Erfolgsmanagerin dasteht. Der Aktienkurs muss sie bestrafen, sonst verändert sich nichts. Das leuchtet doch ein.«

»Ich dachte, es ging ihm vor allem um den Schutz seiner Mieter?«

»Das natürlich auch. Aber bei unserem letzten Gespräch vor seiner Reise hat er noch zu mir gesagt: ›Sorg dafür, dass Frau Mikula nicht zu lange zögert. Die Bombe muss zeitnah platzen.‹«

»Aber wie soll ich das hinkriegen?«

»Du musst dafür sorgen, dass dieser Mordverdacht endlich auf die *StageBau* fällt – jetzt! Dieses Verbrechen darf nicht ohne Folgen bleiben.«

»Marion, ich bin mir da gar nicht mehr so sicher. Der Mörder scheint ein Irrer zu sein, der Hunde erwürgt. Das ist nicht gerade die Handschrift eines Profikillers.«

»Wer sagt denn, dass es ein Profi war? Gut möglich, dass die Sache in der Familie geblieben ist.«

»Du meinst, Patricia Stagemann hat einem Makler mal eben gesagt: ›Heute verkaufen Sie keine Immobilie – heute ermorden Sie eine alte Frau!‹?«

»Du kennst Patricia nicht! Sie hat gegen jeden was in der Hand, der Firmenkeller ist voll mit schmutziger Wäsche. Und wer in ihrer Schuld steht, darf bei den Aufträgen nicht wählerisch sein.«

Gut erkannt, Marion, dachte ich. Warum sonst wären die Videos in den Bordellwohnungen gedreht worden? Und doch fand ich die These gewagt: »Aber sobald sie jemanden um einen Mord bittet, hat der sie doch seinerseits in der Hand.«

»Mir fallen sofort ein paar Charaktere ein, für die es eine Ehre wäre, einen solchen Auftrag für die oberste Chefin auszuführen. Die Leute sind äußerst karrieregeil. Und vergiss nicht: In der Immobilienbranche geht man ohnehin den ganzen Tag über Leichen. Ob man einen Mieter aus einer Wohnung mobbt oder noch einen Schritt weitergeht, macht da nicht den großen Unterschied.« Sie schwieg einen Moment, ein Käuzchen schrie vom anderen Ufer. »Die Firma hat Schlüssel für alle Wohnungen«, fuhr sie fort. »Darum war die Tür nicht aufgebrochen, das leuchtet doch ein. Und eine Frau in diesem Alter zu ermorden, dazu gehört nicht viel.«

»Findest du?«, fragte ich.

»Ich meine: rein körperlich. Dass es ein Unding ist, einer so alten Frau den Garaus zu machen, darüber brauchen wir nicht zu sprechen. Aber die haben es ja sogar geschafft, sein Flugzeug vom Himmel zu holen, diese Schweine.«

»Ich frage mich die ganze Zeit, wie man das macht: ein Flugzeug abstürzen zu lassen?«

»Zum Beispiel, indem man die Technik manipuliert. In der ersten Stunde läuft der Motor noch, dann fängt er zu spinnen an, und dann …«

Sie brach ab, blieb ruckartig stehen und legte beide Hände auf meine Schultern: »Susanne, schau dir die vertraulichen Unterlagen noch mal genau an. Wir brauchen endlich handfeste Beweise, was in diesem Laden läuft. Der Aktienkurs muss eine Delle bekommen, diese Strafe hat sich Patricia verdient.«

Mir fiel auf, dass sie schon wieder den Aktienkurs ansprach. Die Börse bestimmte den Wert dieser geldgierigen Firma, also war sie auch ihre Achillesferse. Nach dem Tod Heiner Stagemanns war der Firmenwert explodiert. Es lag auf der Hand, warum Marion so scharf darauf war, dieses Blutgeld wieder aus Patricias Hand zu schlagen.

An der Brücke verabschiedeten wir uns. Marion tauchte in die eine Richtung der Dunkelheit ab, ich in die andere. Kaum war ich allein, mutierten die Bäume wieder zu schattigen Riesen.

45

Der Brand in der Eppendorfer Landstraße war kurz vor Mitternacht im Keller ausgebrochen, ein technischer Defekt in der Elektronik, wie die Fahnder später annahmen. Erst war der Rauch das Treppenhaus hinaufgestiegen, dann war das Feuer ihm gefolgt.

Ein Bewohner im Erdgeschoss hatte die Gefahr als Erster gerochen, das Haus wach geklingelt und die Feuerwehr alarmiert. Die meisten Bewohner rannten das Treppenhaus hinab und retteten sich ins Freie. Eine Mutter mit ihren kleinen Zwillingen im Arm war zu spät dran, die Flammen schnitten ihr den Weg ab, die Feuerwehr angelte sie mit der Drehleiter aus der tödlichen Falle. Dass es keine Opfer gegeben hatte, war nur dem Zufall zu verdanken.

Heute stand die zweite »Brandschutzmaßnahme« an. Wo würde das Feuer im Haus der Weigels ausbrechen – wieder im Keller? Oder ließ sich der Feuerteufel, um keinen Verdacht zu erregen, eine neue Variante einfallen? Und würde überhaupt ein Brandstifter vor Ort auftauchen? Oder hatte jemand die Technik des Hauses ähnlich manipuliert, wie es offenbar mit dem Flugzeug Heiner Stagemanns geschehen war?

Nur in einem Punkt war ich mir sicher: Der Feuerteufel würde nicht bei Tageslicht zuschlagen, dieses Risiko war viel zu groß. Was, wenn ein Freier das Feuer entdeckte und rechtzeitig austrat? Womöglich fänden die Fahnder dann, in dem eben nicht abgebrannten Haus, verwertbare Spuren. Außerdem trieben sich tagsüber viele Handwerker im Haus herum. Erst am Abend, wenn das Haus zur Ruhe kam, begann die hohe Zeit des Zündelns. Ich wusste, dass die letzten Handwerker erst gegen zwanzig Uhr abzogen, danach wollte ich mich mit Friedhelm auf die Lauer legen.

Jetzt spinnst du total, Susanne!, giftete mein inneres Teufelchen. *Woran wollt ihr den Brandstifter denn erkennen? Glaubst du vielleicht, er hält einen Benzinkanister in der einen und eine Fackel in der anderen Hand? Bis ihr merkt, was er tut, steht das Haus doch längst in Flammen. Diesmal verbrennst du dir mehr als die Finger, nämlich den Arsch. Und glaub bloß nicht, dass Friedhelm ihn dir rettet. Auf welcher Seite steht er eigentlich? Hast du ihn nicht gerade noch einen Anwalt der* StageBau *genannt? Er ist kein besserer Mensch geworden, nur weil er dich küsst.*

Der Arbeitstag im Büro flog nur so an mir vorbei, ich wühlte mich durch die Dateien auf meinem USB-Stick. Es musste noch mehr verräterische Dokumente geben, und ich wollte sie finden. Warum hatte Elfriede Jaspers sterben müssen? Wann war der Absturz Heiner Stagemanns beschlossen worden? Wer hatte den Auftrag bekommen, das Flugzeug zu manipulieren? Wie genau war er dabei vorgegangen? Auf wessen Konto gingen die zugemauerten Schornsteine?

Und was brachte die *Hamburger Allgemeine* dazu, als schreibender Fanklub der *StageBau* aufzutreten? Waren es wirklich nur die Moderationshonorare Frank von Leibringens? Wohl kaum, denn ich hatte herausgefunden, dass er aus einer steinreichen Familie stammte, die mehrere Schlösser besaß und für die das Zählen von Geld sicher erst bei zweistelligen Millionenbeträgen begann. Ein solcher Mann hätte seine Meinung kaum für ein paar vierstellige Abendhonorare verkauft. Aber wofür sonst tat er es?

Ebenso interessierte mich, warum die Brüder Björn und Lars Ketterer so maulfaul geworden waren. Lag es auch hier an einer versteckten Kamera, die peinliche Bilder festgehalten hatte? Oder wie sonst war es der *StageBau* gelungen, diese so wichtigen Zeugen der Anklage verstummen und in ein Schwedenhäuschen abwandern zu lassen?

Außerdem hoffte ich, mehr über Friedhelm zu erfahren. Warum hatte er vor der *StageBau* gekuscht? Stimmte die Geschichte, die er mir nach langem Drängen erzählt hatte: dass ihn die *StageBau* mit einer vermeintlichen Unterschlagung von Fördergeldern erpresste, die er selbst als »kleine Schlampigkeit ohne Vorsatz« bezeichnete? Oder war er ohne Einverständnis Hauptdarsteller in einem der Videos geworden?

Und zwei weitere Fragen trieben mich um. Zum einen wollte ich erfahren, was Marion und Heiner Stagemann verbunden hatte: ein Angestelltenverhältnis – oder eine Romanze? Bei diesem Thema war sie gestern Abend erstaunlich schmallippig geworden. Und zum anderen interessierte mich privat die Frage: Wer hatte sich den Armreif meiner Mutter unter den Nagel gerissen? Laut Internet war er für 2.650 Euro versteigert worden.

Das Telefon auf dem Schreibtisch bei der *StageBau* riss mich aus meinen Gedanken. Das Display zeigte 15.58 Uhr. Bislang hatte nur ein Mensch diese Nummer gewählt: Marion. Die Nummer war unterdrückt, freudig hob ich ab.

Als ich die Stimme hörte, gefror das Lächeln in meinem Gesicht.

46

»Wofür bezahlen wir Sie eigentlich?«, fragte Patricia Stagemann und lehnte sich in ihren Chefsessel, die Handflächen am Hinterkopf, die Ellbogen ausgefahren. Ihre spitze Nase ragte zur Decke.

»Ich bin Mieter-Relationship-Consultant.«

»Ich habe Sie gefragt, wofür wir Sie bezahlen.«

»Ich führe Umfragen unter Mietern durch. Ich sorge dafür, dass die Kundenzufriedenheit wächst.«

Sie spreizte ihre Arme noch etwas weiter und räusperte sich, es klang tief wie der Donner kurz vor dem Blitzeinschlag. »Dann stellen Sie mir doch mal ein paar Umfrageergebnisse vor.«

»Ähm, ich stehe noch am Anfang meiner Arbeit.«

»Dann legen Sie mir ein paar Zwischenergebnisse vor, Statistiken und Ähnliches.«

»Nun, es liegt eine gewisse Unzufriedenheit vor, und zwar mit …« Ich brach ab, denn mir fiel kein unverfängliches Thema ein.

»Unzufriedenheit womit, Frau Mikula?«

Der Knallfrosch in meiner Brust begann zu hüpfen, glühend heiß. Ich spürte, dass ich weniger Luft bekam. »Unzufriedenheit mit der Wohnqualität«, presste ich heraus.

»Was Sie nicht sagen! Dabei ist gute Wohnqualität unser Anspruch. Was vermissen die Mieter denn genau?«

»Nun, die Bäder sind nicht immer auf dem neuesten Stand, gerade in den alten Häusern«, schoss ich ins Blaue. »Hier wären Renovierungsmaßnahmen fällig.«

»Interessant! Dabei haben wir in den letzten Jahren doch so viel Geld in die Renovierung unserer Häuser gesteckt. Was wünschen sich die Mieter für ihre Bäder denn genau?«

»Das werde ich im weiteren Verlauf meiner Erhebung noch im Detail aufschlüsseln.«

»Ich habe gehört, dass in einigen Häusern ein Braunschimmelbefall der Badewannenränder vorliegt. Sind Sie darauf auch gestoßen?«

Auf einmal bekam ich wieder Luft. »Ja, dieser Braunschimmelbefall ist ein wichtiges Thema. Einige Mieter haben mir gezeigt, wie es rund um ihre Badewannen aussieht. Wirklich unappetitlich.«

»Und können Sie bestätigen, dass dieser Befall in den oberen Etagen ausgeprägter als in den unteren ist? Unsere Ingenieure haben mir dafür immer noch keine Erklärung geliefert.«

»Absolut! In den oberen Stockwerken sind die Probleme mit dem Braunschimmel am größten.«

»Wer hat Sie eigentlich eingestellt?« Die Frage kam völlig unvermittelt.

»Frau Römer.«

»Wer ist Ihre direkte Chefin?«

»Auch Frau Römer.«

Sie fuhr ihre Arme noch weiter aus, als wollte sie damit wegfliegen. Plötzlich kam mir ihre Nase wie die eines Geiers vor, der auf Aas lauerte. »Soweit ich weiß, ist Frau Römer als Personalchefin nicht für die Zufriedenheit der Mieter, sondern nur für die Zufriedenheit der Mitarbeiter zuständig.«

»Sie will klären, welcher Personalbedarf sich aus meinen Ergebnissen ergibt«, käute ich die Legende wieder.

»Merkwürdig, dass mir Frau Römer darüber kein Wort gesagt hat. Was verdienen Sie eigentlich?«

»7.500 im Monat.«

Sie stieß einen ironischen Pfiff aus. »Ein stattliches Gehalt. Dann bringen Sie bestimmt langjährige Branchenkenntnisse mit. Für welchen unserer Wettbewerber haben Sie bislang gearbeitet?«

Der Knallfrosch arbeitete sich zuckend meinen Hals hinauf. Ich wollte einatmen, aber es ging kaum. »Ich habe bislang«, setzte ich an und holte Luft. »Also bis jetzt war ich …«

Die bewegten Bilder von der Brücke stürmten vor mein Auge. Sein rot glühendes Gesicht vor meinem. Das Geländer, das sich in meinen Rücken bohrt. Meine Füße, die sich heben. Und die Angst, dass Sebastian seine Mutter verliert. Und dass ich in den Tod stürze.

Ich musste mich beherrschen. Ich durfte nicht umfallen. Ich ließ mich auf den Besucherstuhl plumpsen, der vor Patricia Stagemanns Schreibtisch stand. Wie durch einen Nebel sah ich ihre frostigen Augen und erinnerte mich daran, wie kalt mir der Fahrstuhl nach ihrem Betreten vorgekommen war.

Sie räusperte sich, es klang wie ein Hundeknurren, neigte sich nach vorn und zischte: »Jetzt raus damit, aber dalli: Was machen Sie wirklich in meinem Unternehmen?«

»Ich bin Mieter-Relationship-Consultant«, wiederholte ich.

»Drücke ich mich undeutlich aus? Die Märchenstunde ist vorbei, ich will die Wahrheit hören!«

»Das ist die Wahrheit.«

Ein hämisches Lächeln verzerrte ihr Gesicht. »Falls Sie wirklich Mieter-Relationship-Consultant sind, machen Sie einen schlechten Job.«

»Wie meinen Sie das?« Ich musste mich zusammenreißen, denn jedes Wort kostete mich Kraft.

»Nun, den Braunschimmel unter den Badewannen haben Sie exklusiv für sich – der Braunschimmel ist ein Pferd!«

Sie hatte mich in eine Falle gelockt. Und ich war mit Hurra darauf reingefallen. »Ich habe normalen Schimmel gemeint.«

»Und vor Ihrer nächsten Lüge sollten Sie lernen: Schimmelprobleme in Häusern sind wie Kartoffeln auf dem Feld – sie wachsen von unten nach oben. Meist sind sie in den unteren Etagen wesentlich ausgeprägter als in den oberen. Das liegt an der Grundfeuchtigkeit des Bodens, die sich im Gemäuer fortpflanzt.«

Mein Knallfrosch hüpfte und lärmte, dass ich nicht mehr vernünftig atmen konnte. Und nicht denken. Und nicht sprechen. »Ähm, ich wollte doch. Ich meine …«

»Für eine Journalistin sind Sie nicht gerade wortgewandt.«

Ich erstarrte auf meinem Stuhl. Meine Tarnung war geplatzt, jetzt hatte ich nichts mehr zu verlieren. »Was wissen Sie über mich?«

»Alles. Und ich werde Sie nicht länger frei Schnauze in meinem Unternehmen agieren lassen.«

Ich wusste, was jetzt folgen würde: ein Rauswurf im hohen Bogen. Oder käme es noch schlimmer? Würde die Tür gleich auffliegen, zwei kräftige Männer auf mich zustürzen und sich um die Entsorgung dieses »Personalproblems« mit derselben Gründlichkeit wie bei Heiner Stagemann kümmern? Zumal bereits aufgefallen sein konnte, dass ich in diesem Todesfall herumschnüffelte. Beide Möglichkeiten gefielen mir nicht. Ich stand auf und drehte mich um.

In meinem Rücken hörte ich ein schmirgelndes Räuspern. »Nicht so eilig«, rief sie. »Ich bin noch nicht fertig mit Ihnen. Verstanden?«

Ich drehte mich wieder um. »Was wollen Sie denn noch?«

»Ich begrüße es, dass Frau Römer eine investigative Journalistin wie Sie engagiert hat. Nur hätte sie mich einbeziehen müssen. Ich sage immer: ›Wir müssen die Bomben im eigenen Keller kennen, um sie zu entschärfen.‹«

Skeptisch blinzelte ich sie an. Foppte sie mich mit Ironie, ehe sie ihre scharfen Hunde hereinrief?

»Nur eines wird sich für Sie ändern«, fuhr sie fort. »Künftig hat Ihnen Marion Römer nichts mehr zu sagen – ich koordiniere Ihren Einsatz direkt.«

Ich hörte, was sie aussprach, doch es dauerte einige Zeit, bis die Worte mein Gehirn erreichten. Ich war also *nicht* gefeuert, sondern gewissermaßen befördert. Sofort fragte ich mich, was überwog: die Chance, ihr aus der Nähe auf die Finger zu schauen, oder das Risiko, weil sie mir ebenfalls aus der Nähe auf die Finger schauen würde?

»Ich will Ihnen mein Vertrauen sofort beweisen«, sagte sie, als hätte sie meine Gedanken gelesen. »Heute Abend dürfen Sie an unserer Führungsrunde teilnehmen und unser Protokoll anfertigen, das können Sie als Journalistin doch perfekt. Es geht um neunzehn Uhr los. Planen Sie bis gegen elf Uhr ein.«

Ich dachte an das Haus der Weigels und spürte ein leichtes Schwindelgefühl. »Heute Abend geht nicht. Heute Abend habe ich schon etwas vor.«

»Verschieben Sie es.«

»Das ist unmöglich …«

»Ich bin Ihre Chefin.«

»Aber heute passt es nicht. Ein anderes Mal gern.«

»Machen Sie es passend. Verstanden?«

»Aber ich habe heute schon eine Verpflichtung.«

»Sagen Sie das ab, aber dalli!«

»Der Termin kann nicht verschoben werden, denn ich …«

»Habe ich mich undeutlich ausgedrückt? Sie werden heute unser Protokoll führen. Das ist ein dienstlicher Befehl!«

Es klang, als wüsste sie genau, was sie da tat.

47

Je länger die Sitzung dauerte, desto unruhiger wurde ich. Zu Beginn der Runde hatte ich mein Handy abgeben müssen, wie alle Teilnehmer. »Das ist Usus bei unseren vertraulichen Sitzungen«, hatte Patricia Stagemann gesagt. Stimmte das wirklich? Oder war es nur ein Trick, um mich an diesem Abend von der Außenwelt abzukappen?

Nur mit Mühe hatte mich Friedhelm dazu bewegen können, an der Runde teilzunehmen und meine Chefin *nicht* vor den Kopf zu stoßen. »Wo liegt das Problem?«, hatte er gesagt. »Ich übernehme die Frühschicht und lass das Haus keine Sekunde aus dem Auge, bis du kommst. Glaub mir, vor elf Uhr passiert da gar nichts.«

Nun saß ich wie auf Kohlen, während mein Stift übers Papier huschte. Der Hausjurist, ein Typ mit Nickelbrille, der hektisch gestikulierte, mahnte den Vertrieb, Käufer auf versteckte Mängel der Immobilien hinzuweisen, sonst könnten die Verträge angefochten werden. Er rügte einen freien Makler, der einen Wasserschaden verschwiegen hatte, und hielt ein juristisches Seminar über Paragraf 434, BGB.

Der Vertriebsleiter, ein Schönling mit goldenen Manschetten und Dauergrinsen, ging auf das Phänomen »Immobilientourismus« ein. Offenbar kam es immer öfter vor, dass Menschen eine zum Kauf stehende Immobilie besichtigten, wie man ins Museum geht: aus reinem Interesse, nicht mit Kaufabsicht.

Doch er stellte die These auf, dass beide Gruppen, echte und scheinbare Kaufinteressenten, unmöglich zu unterscheiden seien – weshalb er seiner Vertriebsmannschaft eingebläut habe, jeden Kunden als potenziellen Käufer zu sehen.

Er unterstrich seine Aussage mit dem Beispiel eines exzentrischen Millionärs, der sich einen Spaß daraus machte, mit klapprigen Autos bei Besichtigungen vorzufahren, nur um die Verkäufer auf die Probe zu stellen.

Es waren zwölf Menschen im Raum, aber mir fiel auf, dass die Wortbeiträge immer nur in eine Richtung flossen: zu Patricia Stagemann, die am Tischende thronte. Ein Blick von ihr genügte, um einen Schweigsamen ins Gespräch zu holen, einen Wortschwall zu stoppen oder eine Meinung zu drehen.

So sagte der Leiter der Immobilienverwaltung, eine Silberlocke mit alberner Blümchenkrawatte: »Meine Abteilung diskutiert gerade, ob wir das Portfolio unserer Dienstleister erweitern sollen.« Er machte eine Pause und sah Patricia Stagemann an wie ein Orakel. Und dieses legte die Stirn in Falten, worauf er fortfuhr: »Doch mittlerweile bin ich überzeugt: Mit einem Reduktionskurs sind wir besser bedient.« Nun nickte Patricia, und eifrig kündigte er radikale Streichungen an.

Ich hatte gehofft, ein paar Interna aufzuschnappen, schmutzige Praktiken, krumme Geschäfte. Aber um mich herum waren Musterschüler versammelt, die vor Gesetzestreue und Kundenfreundlichkeit nur so strotzten. Ihre Chefin konnte es sich erlauben, kaum ein Wort zu sagen, denn alle redeten ihr nach dem Mund.

Lief jede Führungsrunde so ab? Unmöglich! Alle hier am Tisch mussten die »Grundsätze für den Umgang mit langjährigen Mietern« kennen. Alle mussten wissen, dass Mieter gezielt aus ihren Wohnungen gemobbt wurden. Niemandem konnte entgangen sein, dass die *StageBau* die Nebenkosten der Mieter durch ihre eigenen Unterfirmen in unsittliche Höhen trieb, wie ich mittlerweile den Datensätzen entnommen hatte.

Und einige hier am Tisch, da war ich sicher, hätten auch ein Wort zu zugemauerten Schornsteinen, zu Bordellen in Wohnungen und zu versteckten Kameras sagen können – oder vielleicht sogar darüber, warum ein Flugzeugmotor plötzlich überm Meer versagte und warum eine 94-Jährige nachts erstickt worden war.

Mich beschlich das Gefühl, dass ich an einer Theateraufführung teilnahm. Die Gruppe hatte sich versammelt, um für mich das Stück »Wir Gesetzestreuen« aufzuführen. Und während ich hier protokollierte, wie rechtschaffen diese Firma war, schlich sich der Feuerteufel ans Haus der Weigels und holte zu seinem nächsten Schlag aus.

Oder litt ich unter Verfolgungswahn? Wäre diese Sitzung ohne mich exakt genauso abgelaufen? War ich für diese gehobenen Führungskräfte nur eine unbedeutende Sekretärin, die das Protokoll schrieb?

Es war 23.15 Uhr, als Patricia Stagemann die Sitzung schloss und die Handys wieder austeilte. Während die anderen Teilnehmer plaudernde Grüppchen bildeten, huschte ich aus dem Raum, ging eine Straßenecke weiter und wählte Friedhelms Nummer. Es klingelte. Und klingelte. Und klingelte.

Der Knallfrosch in meiner Brust regte sich. Ich schlürfte Luft ein. *Ruhig atmen, Susanne, ruhig atmen.* Vielleicht hat er sein Handy auf leise gestellt. Vielleicht geht er nicht ran, weil er den Brandstifter verfolgt. Oder vielleicht – der Knallfrosch sprang mir fast zum Hals hinaus – vielleicht ist das Haus schon niedergebrannt. Und er war drinnen. Wie hatte ich ihn nur ganz allein auf eine so gefährliche Mission schicken können.

»Susanne, bist du's?« Seine Stimme! Ich war total erleichtert.

»Fühl dich geküsst!«, sagte ich. »In zwanzig Minuten bin ich bei dir.«

»Wie spät ist es?«

»23.18 Uhr.«

»Mist!«, fluchte er.

»Warum Mist?«

»Du wirst mich hassen.«

»Was ist los?«

»Ich bin – bin noch zu Hause. Ich muss im Sessel eingeschlafen sein.«

Ich stemmte mich gegen eine Hauswand.

Legte auf.

Hasste ihn.

Und wählte die Nummer der Taxizentrale.

48

Wie lange wartete ich nun schon? Fünfzehn Minuten? Oder länger? Ich trippelte den Gehsteig rauf und runter, runter und rauf, aber mein Taxi kam nicht. »Ist unterwegs«, hatte die Frau aus der Zentrale auf meine Mahnung gesagt. Ich schaute die Straße hinab. Vor dem hell erleuchteten Gebäude der *StageBau* hatte sich eine kleine Menschentraube gebildet. Offenbar war nun auch der informelle Teil der Sitzung beendet.

Endlich kam mein Taxi, langsam tastete es sich die Straße hinab. Ich sprang fast auf die Fahrbahn, winkte. Der Fahrer, ein hagerer Mann mit weißem Haar, hielt. Ich riss die Tür auf und sprang in den Wagen.

»Da hat's aber jemand eilig!«, sagte er.

»Ich warte seit einer Viertelstunde!«

»Kann nicht sein. Ich wurde erst vor fünf Minuten gerufen.«

»Dann hoffe ich, Ihr Taxameter funktioniert exakter!«

Er sah mich skeptisch an: »Sie sind doch Frau Patricia Stagemann?«

Jetzt ging mir ein Licht auf. Ich nickte. »Klar, ich stehe nicht zufällig in dieser Straße!« Ich nannte die Adresse der Weigels und bat ihn, Vollgas zu geben. Daran hielt er sich. Die echte Patricia Stagemann, die beim Anblick des Taxis einen Schritt nach vorne getreten war, flog am Seitenfenster vorbei.

Bislang hatte ich noch nie erlebt, dass ein Taxifahrer die Geschwindigkeitsbegrenzungen völlig ignorierte. Aber heute Abend hatte ich einen Glücksgriff getan: Dieser Fahrer, ein Rentner mit Hörgerät, donnerte mit achtzig Sachen durch Hamburg. Er zog auf die linke Spur, blendete auf, um einen Audi nach rechts zu zwingen, und beschleunigte vor einer Ampel, die schon auf Dunkelgelb stand.

Bei diesem Tempo würde ich mit etwas Glück in einer Viertelstunde vor dem Haus der Weigels stehen. *Und mit etwas Pech stehst du vor einer Brandruine,* zischte mein Teufelchen. *Die Sitzung war doch nur ein Bauerntrick. Die haben dafür gesorgt, dass du zu spät kommst. Wetten, dass dort alles schon in Flammen steht? Und glaub bloß nicht, dass Friedhelm verschlafen hat. Der wusste, dass dort ein Feuerwerk gezündet wird. Und der wollte sich nicht verbrennen. Tja, Susanne, der Preis für die schlechteste Menschenkenntnis des Jahrhunderts geht mal wieder an dich. Gratulation!*

Wir hatten eine grüne Welle. Das Taxi flog über eine Kreuzung nach der anderen. Falls der Wagen Bremsen hatte, bekam ich sie nicht zu spüren. Und das gefiel mir.

»Sie haben es öfter mal eilig«, sagte der Taxifahrer, um einen Small Talk zu eröffnen.

»Sieht man mir das an?«, antwortete ich.

»Ach, die Zentrale hat mir das über Sie gesagt. Sie sind ja als Stammkundin bei uns registriert.«

Ich wurde hellhörig. »Was haben die noch so über mich erzählt?«

»Ursprünglich hieß es, ich sollte Sie heute Abend durch den Elbtunnel nach Niedersachsen rüberfahren.«

»Wohin wollte ich dort noch mal?«

»Zum Landwohnsitz der von Leibringens, in der Nähe von Lüneburg.« Ich klammerte mich fest an meinen eigenen Beinen. Was, zum Teufel, wollte Patricia Stagemann dort bei Nacht und Nebel? Offenbar verband sie mit Frank von Leibringen mehr als die gemeinsamen Podiumsdiskussionen. Deshalb die allzu freundliche Berichterstattung?

Ich sollte öfter mal mit falscher Identität ins Taxi springen, das war höchst erkenntnisreich, und ich wollte es weiter nutzen: »Und was wird noch so über mich erzählt?«

»Dass Sie die Fahrer immer so gut behandeln.«

»Das tue ich. Aber wie ist das genau gemeint?«

Er druckste herum und gab zu verstehen, ich sei bekannt dafür, schnelle Fahrten mit fürstlichen Trinkgeldern zu belohnen. Jetzt wusste ich, warum er so raste. Er hatte ja keine Ahnung, dass neben ihm keine Konzernlenkerin mit fettem Spesenkonto saß, sondern nur Pleite-Susanne, deren schönstes Erbstück gerade versteigert worden war.

Wir kamen gut voran. Ich erkannte die Gegend in Winterhude wieder, eine U-Bahn-Station, eine Häuserfassade, einen Kiosk – noch zwei Minuten, dann wären wir da. In mir stieg Hitze auf, als würde ich schon ein Feuer spüren. Was, wenn die Flammen das Treppenhaus hinaufliefen, während der schwer kranke Hermann Weigel an sein Bett gefesselt war? Seine Frau hätte vor dem Feuer davonlaufen können, aber er? Ich sah ihn noch da liegen, bei meinem letzten Besuch, sah ihn die Hand seiner Frau greifen – dieselbe Hand, die mich umklammert hatte, als ich mein Ehrenwort erneuerte. Und ich hörte Hermann Weigel zu Paula sagen: »Mach dir keine Sorgen, nicht um mich, hörst du, nicht um mich.«

Auf einmal bremste der Taxifahrer ab, obwohl kein Hindernis in Sicht war.

»Entschuldigung«, sagte er.

»Was ist los?«, fragte ich.

Er deutete auf seinen Rückspiegel. Ich drehte den Kopf und sah einen Polizeiwagen mit Blaulicht. Mein Taxi hielt an.

Zwei Beamte in Uniform traten neben unser Auto. Der Taxifahrer musste den Motor abstellen. Umständlich wiesen sie ihn auf seine »erhebliche Geschwindigkeitsüberschreitung« hin. Sie wollten seinen Führerschein sehen, seine Taxizulassung und bestimmt gleich noch seine Geburtsurkunde.

»Ich hab's eilig!«, sagte ich. »Können Sie das nicht abkürzen?«

»Dass Sie es eilig haben, ist uns aufgefallen«, sagte der ältere Polizist. »Haben Sie diese Fahrgeschwindigkeit veranlasst? Wer sind Sie eigentlich, bitte weisen Sie sich aus.«

»Ich habe nichts verbrochen, ich bin nur Fahrgast.«

»Das ist Patricia Stagemann«, raunte der Taxifahrer. »Sie wissen schon: die Chefin der *StageBau*.«

Nun war ich als prominente Führungskraft vorgestellt und konnte auch so auftreten. »Hören Sie, meine Herren, ich muss ganz dringend zu einem Mietshaus. Dort sind Menschenleben in Gefahr. Kommen Sie gern mit, aber lassen Sie uns weiterfahren!«

»Jetzt mal halblang! Bis jetzt haben Sie keine Menschenleben gerettet, nur welche gefährdet – indem Sie Ihren Taxifahrer durch die Stadt rasen lassen.«

»Ich muss ganz schnell zu dem Haus, sonst könnte ein Unglück geschehen.«

»Die meisten Unglücke geschehen im Straßenverkehr. Durch Raserei.«

»Ich kenne den Innensenator persönlich. Er wird sehr böse sein, wenn er erfährt, dass Sie seine langjährige Freundin aufgehalten haben.«

Er sah seinen Kollegen an. »Die will mich erpressen. Die denkt, sie kriegt einen Promirabatt.«

»Ich will eine Brandkatastrophe verhindern. Helfen Sie mir dabei!«

»Und woher wissen Sie, dass es brennen wird? Erzählen Sie mir jetzt nicht, dass sie als Konzernchefin in Ihrem eigenen Mietshaus in einer Zweizimmerwohnung wohnen und den Herd angelassen haben.«

»Ich weiß es eben. Lassen Sie uns weiterfahren. Schnell. Bitte!«

»Ganz ruhig, Lady! Ihr Fahrer macht jetzt erst mal einen Alkoholtest. Und Sie zeigen mir Ihren Ausweis, Frau Stagemann – dann kann ich den Innensenator von Ihnen grüßen.«

»Gut, dazu brauche ich aber Licht.« Er nickte. Ich öffnete die Tür, trat unter eine Straßenlaterne und wühlte mein Portemonnaie aus der Handtasche. Dann rannte ich los, was das Zeug hielt.

Und hörte seine Schritte hinter mir.

49

Noch ehe ich um die letzte Ecke vor dem Mietshaus bog, stieg mir dieser beißende Geruch in die Nase, ein Qualm wie beim Osterfeuer, nur schärfer und chemischer. Ich wusste, welcher Anblick mich erwarten würde: ein Haus, das wie eine Fackel in den finsteren Himmel loderte. Sicher würden die Flammen schon rüber zu den angrenzenden Dächern züngeln. Waren die Bewohner entkommen? Oder saßen sie noch in der Falle? Und warum, verdammt noch mal, waren noch keine Feuerwehrsirenen zu hören?

Meine Füße trommelten auf den Asphalt, ich rannte schneller als erwartet. Der Polizist hatte die Verfolgung rasch aufgegeben, mir flogen unsichtbare Kräfte zu. Ich hatte genug Luft, ich hatte genug Kraft, es ging um Menschenleben.

Als ich um die Ecke bog, hätte ich vor Erleichterung weinen können: kein Feuer, das Haus stand noch. Meine negativen Fantasien hatten mir einen Streich gespielt, mich verrückt gemacht.

Ich bremste meine Schritte ab und näherte mich dem Haus. Vor der Tür stand ein Grüppchen aus Menschen, ein Haufen, der konfus und aufgescheucht wirkte. Stimmen plapperten durcheinander, schnell, aufgeregt, laut. Jemand fragte: »Wann kommt denn endlich die Feuerwehr?«

Mein Herz trommelte los, ich beschleunigte meinen Schritt wieder. Sofort erkannte ich Paula Weigel, in ihrem altmodischen, hellen Schlafrock sah sie aus wie ein Gespenst, sie stand ein paar Meter abseits. Mit beiden Händen drückte sie etwas an ihre Brust, ich erkannte eine Handtasche. Ihr Kopf war gesenkt, als klebte das Kinn am Hals.

Ein bärtiger Mann hüpfte in Hausschuhen umher und brüllte wirres Zeug, mit heiserer Stimme. Immer wieder rannte er ein paar Schritte auf die Haustür zu. Doch zwei Männer, offenbar Passanten, hielten ihn mit vereinten Kräften fest, jeder an einem Arm. Und dieser aufgescheuchte Menschenhaufen wurde umkreist von einem kläffenden Hund.

Die Haustür stand offen, das Licht im Flur war an. Das Licht? Es waren Flammen, sie züngelten das hölzerne Geländer hinauf. Dicke Qualmwolken krochen unter die Decke. Schon hier draußen war der Rauch so scharf, dass ich husten musste.

»Frau Weigel!«, rief ich und packte sie an den Schultern. Sie hob den Kopf nicht, nur den Blick. Ihre Augen waren glasig, sie schien mich nicht zu erkennen. Offenbar stand sie unter Schock, und der Grund war mir klar: Ihr Hermann war nirgendwo zu sehen.

»Frau Weigel«, brüllte ich und schüttelte sie. »Ihr Mann, ist Ihr Mann noch da drinnen?«

»Mein Mann ist tot«, murmelte sie abwesend.

»Ihr Mann ist noch nicht tot! Ich hol ihn da raus!«

Ich drehte mich um und stürmte auf die Haustür zu. »Halt!« Einer der Passanten, die den Mann in den Hausschuhen gehalten hatten, baute sich wie ein Torhüter beim Fußball vor mir auf, die Arme ausgebreitet. »Es ist lebensgefährlich – der Rauch. Sie können da nicht mehr rein. Die

Feuerwehr ist unterwegs.« Irgendwo heulte tatsächlich ein Martinshorn.

»Okay«, sagte ich. »Ich bleib draußen. Was ist passiert?« Er ließ seine Arme fallen und suchte nach Worten. Ich stürmte los, seine Hände glitten an mir ab. »Sie sind ja verrückt!«, rief er mir hinterher. Mit angehaltenem Atem preschte ich ins Treppenhaus. Unten, dicht am Boden, schien die Luft fast klar zu sein. Etwas höher stand eine hellgraue Rauchschicht im Treppenhaus, wie Nebel über der Alster. Und oben, unter der Decke, hangelten sich Rauchschwaden wie eine fette, schwarze Gewitterfront das Haus hinauf.

Dieser verdammte Rauch! Er biss mir in die Augen, scharf wie eine ätzende Flüssigkeit, ich spürte Tränen über meine Wangen kullern. Doch ich rannte wie von Sinnen, hatte schon den ersten Stock erreicht. Es fiel mir immer schwerer, die Luft anzuhalten, ich war vorher schon aus der Puste gewesen. Aber jetzt hatte ich keine Wahl mehr.

Noch ein Stockwerk, dann bist du bei ihm, dachte ich. Ich kannte die Wohnung. Ich wusste, wo das Bett stand. Ich würde Hermann Weigel hier rausholen.

Todesursache: Dummheit!, meldete sich mein inneres Teufelchen. *Du kommst die Treppen ja kaum hinauf – wie willst du dann, mit noch viel weniger Luft, einen Mann allein bis zur Haustür schleppen? Er wird ohnehin schon tot sein. Und vielleicht ist das besser für ihn, er war schwer krank. Du hast jetzt zwei Möglichkeiten: Renn weiter – und stirb sicher. Oder dreh um – und stirb vielleicht.«*

Aber je länger ich die Luft anhielt, desto leichter fühlte sich mein Körper an, als wäre ich hier nicht in einem Haus, sondern unter Wasser. Irgendetwas gab mir eine Kraft, die mich vorwärtstrug wie eine unwiderstehliche Strömung, direkt in die Wohnung der Weigels. Die Tür stand offen, ich stürmte in den Flur, bog ins Schlafzimmer, sah schemenhaft das hohe Bett und fuhr die Arme aus, um ihn nach unten zu tragen.

Aber das Bett war leer. Es stand da wie ein Relikt aus vergangenen Tagen. Wo steckte Hermann Weigel? Hatte er sich noch hochgerappelt, in eine andere Ecke geschleppt? Ich sah mich um, aber konnte ihn nicht entdecken. Die Sirenen hatten jetzt das Haus erreicht, und gedämpft hörte ich, dass jemand militärische Befehle vor der Haustür bellte.

Mein Gefühl, unter Wasser zu schweben, nahm zu. Ich war leicht wie ein Fisch, und offenbar konnte ich hier atmen. »Herr Weigel«, rief ich mit voller Stimme. »Wo sind Sie?« Sofort fühlte meine Lunge sich an, als hätte ich zähflüssigen, heißen Teer geatmet. Mein Hals verstopfte, meine Kraft schwand. Und Herr Weigel antwortete nicht. Dafür hörte ich das Feuer, dieses ganze Haus knisterte und wisperte wie ein Kamin im Großformat. Und ich saß mittendrin.

Ich musste raus, schnell raus. Ich tastete mich an der Zimmerwand entlang. Vor meinen Augen tanzten kleine Sternchen. Ich durfte nicht erneut atmen, durfte nicht, durfte nicht … Doch mein Mund wollte nicht auf mich hören, er nahm einen tiefen Zug. Und noch einen.

Mir wurde schlecht. Alles drehte sich vor meinen Augen. Ich stemmte mich gegen die Wand. Meine Beine rutschten weg. Wie ein nasser Sack plumpste ich auf den Boden. Was für eine Erleichterung, endlich zu liegen. Nicht mehr gehen zu müssen. Wieder atmen zu dürfen.

Endlich sah ich Herrn Weigel. Er tanzte durchs Zimmer, leicht und beschwingt, er war wieder der »Hermann-Schatz«, nach dem sich die Weibsbilder umgedreht hatten, aber hallo. Er hielt eine Hand, während er tanzend durch den Raum wehte, es war die Hand seiner geliebten Frau – nur die Hand, nicht die Frau, und doch fehlte nichts.

Hermann Weigel tanzte auf so leichten Füßen, dass es ein Genuss war, ihm zuzuschauen, er wirbelte wie der Rauch umher, stieg an der Wand hinauf und bewegte sich unter der Decke. Ich wusste, wohin er wollte. Und ich war sicher, er würde ankommen. Oben im Himmel. Und dort würde er warten, bis seine Frau käme, deren Hand er nie losgelassen hatte.

Übrigens, Susanne, meldete sich mein Teufelchen, *auch du stirbst gerade. Du hast Rauch geatmet. Du bist in einem brennenden Haus. Und auf dich wartet auch jemand. Aber nicht im Himmel, sondern eine Etage tiefer. Du hast dein Wort gebrochen!*

An dieser Stelle endete mein Film.

50

Dass Redaktionen heimlich den Polizeifunk abhörten, um noch vor den Rettungskräften an einem Unglücksort zu sein, kam nur in schlechten Filmen vor. Aber es stimmte, dass die ersten Journalisten oft gleichzeitig mit den Rettungskräften eintrafen: Wer über die richtigen Kontakte verfügte, bekam einen Wink auf dem kurzen Dienstweg.

Jane Sternberg hatte gerade die Aufmacherseite für den nächsten Tag abgenommen – die *Hamburger Allgemeine* würde mit einer Schlagzeile über einen Bombenfund in Wandsbek titeln, einen Blindgänger aus dem Zweiten Weltkrieg, der nahe einem Schulhof bei Baggerarbeiten gefunden worden war. Die Überschrift erweckte den Eindruck, als hätten die Kinder seit Jahren am Rand einer Katastrophe gelebt: »Unsere Schule war ein einziges Pulverfass!«, wurde die Direktorin in Riesenlettern zitiert.

Jane wusste, wie solche Zitate zustande kamen. Kein Laie redete so zugespitzt, als Journalist half man ein wenig nach: »Kann man sagen, Ihre Schule war in den letzten Jahren so eine Art Pulverfass?« Und wenn die Direktorin jetzt nicht ausdrücklich widersprach, worauf sie beim ersten Interview ihres Lebens nicht unbedingt kam, hatte man seine reißerische Schlagzeile. Kein Wort davon, dass die Bombe, ehe der Bagger sie ankratzte, nicht viel gefährlicher als ein Regenwurm unter der Erde war.

Janes Handy piepte. Eine Nachricht von Wolf, ihrem Kontaktmann aus der Polizeizentrale. Ein Haus in Winterhude brannte. Jane dachte zuerst: Die armen Menschen! Und dann: Mist, warum so kurz nach Redaktionsschluss?! Das war zynisch, sie wusste das, aber die meisten Kollegen hätten in der umgekehrten Reihenfolge gedacht. Außerdem gab es ja noch die Online-Ausgabe, dort konnte man Texte zu jeder Zeit veröffentlichen.

Natürlich hasste sie die Online-Ausgabe, denn sie war Print-Journalistin. Durfte man sich wundern, dass die Auflage des eigenen Blattes immer mehr schwand, wenn die Leser im Internet alles umsonst bekamen? Außerdem ging es im Web nicht um die Qualität, nur um die Geschwindigkeit einer Nachricht, ein Jedermanns-Rennen, bei dem auch Laien, Lobbyisten und Verschwörungstheoretiker eifrig mitmischten. Ungeprüfte Behauptungen purzelten in die Welt hinaus, wurden von Schwachköpfen weiterverbreitet und schienen durch bloße Wiederholung den Rang einer Wahrheit zu erlangen.

Kein Wunder, dass die Zeitungsente im Internet einen neuen Lebensraum gefunden hatte, nur trug sie jetzt einen modernen Namen: *Fake News.*

Der Brand in Winterhude: Sie überlegte kurz, ob sie einen Kollegen losschicken sollte. Aber in letzter Zeit hatte sie zu oft am Produktions-Desk geklebt, fremde Texte verwaltet, statt als Reporterin ins Geschehen einzutauchen. Aber deshalb war sie Journalistin geworden: um die Wirklichkeit aus erster Hand zu erfahren, um ihrer verdammten kindlichen Feigheit zu entfliehen.

Ein brennendes Haus in der Nacht zog sie mehr an als ein einsames Ehebett, dessen leere Hälfte sie an Bilder erinnerte, die sie vergessen wollte. Sie machte sich auf den Weg nach Winterhude.

Erst als sie fast vor dem Haus stand, erkannte Jane die Adresse wieder. Die Straße sah aus wie ein Katastrophengebiet, getaucht in Blaulicht und Scheinwerfer. Schaulustige drängten sich vor einem Absperrband. Ein riesiges Löschfahrzeug hatte sich vor dem Haus platziert, flaniert von einigen kleineren Feuerwehrautos, einem Krankenwagen und zwei Polizeiautos. Feuerwehrleute mit leuchtenden Helmen und Jacken wuselten auf der Straße herum, riefen Befehle, rollten Schläuche aus. Mit metallischem Klacken wurden sie verkuppelt.

Zwei Feuerwehrleute, die mit ihren Atemgeräten wie Taucher aussahen, rannten auf die Haustür zu und stießen ins Gebäude vor. Jane sah dicke, schwarze Rauchschwaden aus dem Inneren quellen. Im Flur züngelten die Flammen, ein gespenstisches Flackern.

Die Feuerwehr hatte ein Absperrband gezogen. Jane zeigte ihren Journalistenausweis und wurde zum Krankenwagen vorgelassen. Dort versorgte man die Bewohner des Hauses, hier warteten die O-Töne. Sofort erkannte sie Paula Weigel, ihre Interviewpartnerin für jene Reportage, die Frank von Leibringen mit fadenscheinigen Ausflüchten abgelehnt hatte. Jemand hatte ihr eine blaue Decke übergeworfen, offenbar trug sie darunter nur Schlafkleidung; weiße Rüschen eines Nachthemds schauten heraus.

»Frau Weigel, ist mit Ihnen alles in Ordnung?«, fragte Jane.

Die alte Frau sah sie mit leeren Augen an. »Nichts is in Ordnung mit mir, gar nichts.«

»Ist Ihr Mann noch in dem …?«

»Mein Hermann-Schatz is tot.«

»Die Feuerwehr ist gerade reingegangen. Sie holt ihn vielleicht noch raus.«

Sie schüttelte den Kopf. »Mein Hermann-Schatz ist schon unter der Erde. Gestorben vor vier Tagen. Herzinfarkt. Der Lärm, der hat ihn kaputtgemacht.« Sie schaute weg und dann wieder hin zu Jane: »Kenn ich Se nicht? Sind Se nicht auch Journalistin?«

»Ja, wir haben miteinander gesprochen. Aber mein Chef war der Meinung, dass der Text …«

»Sie is da rein«, murmelte sie abwesend. »Einfach reingelaufen.«

»Wie bitte?«

»Na die andere Journalistin – sie is da reingerannt, in das brennende Haus. Sie wird sterben.«

»Welche Journalistin?«

»Ich weiß den Namen nicht mehr. Ich bin so durch 'n Wind.«

»Machen Sie sich keine Sorgen, Frau Weigel. Die Feuerwehr hätte ganz sicher keine Journalistin in ein brennendes Haus …«

»Sie war vor der Feuerwehr da.«

»Und warum hätte sie in das Haus gehen sollen?«

»Meinen Hermann-Schatz – sie wollte ihn rausholen.«

Spätestens jetzt war klar, dass Paula Weigel unter einem schweren Schock stand; schließlich war ihr Mann, um dessen Rettung es angeblich ging, schon beerdigt.

»Ich habe sie noch aufhalten wollen!«, schaltete sich ein Mann ein, der am Krankenwagen lehnte. »Aber sie ist an mir vorbeigestürmt, direkt in den Rauch rein.«

Offenbar gab es diese Journalistin doch. Aber ihr fiel keine Kollegin ein, die so unvernünftig gewesen wäre, ein brennendes Haus zu betreten.

»Kennen Sie den Namen dieser Journalistin?«, fragte sie den Mann.

»Woher denn? Die hat mir keine Visitenkarte gegeben – die hat mich weggerempelt. Die war wie von der Tarantel gestochen. Aber jetzt ist sie so lang da drin – die kommt nicht mehr raus.«

Im selben Moment, als Jane eine Ahnung beschlich, von wem hier die Rede war, preschte ein Mann mit Atemmaske zur Haustür heraus. Vor der Brust trug er einen Frauenkörper, dessen Arme leblos herabbaumelten. Der Notarzt lief ihm entgegen und rief nach einer Trage. Jane trat einen Schritt zurück.

Als die Trage in den Krankenwagen gehoben wurde, sah sie endlich das Gesicht der Frau. Es war Susanne Mikula.

51

Die Polizei behandelte mich wie eine Bankräuberin. Kein Wunder: Ich war vor zwei Polizisten geflohen, hatte meine Identität gefälscht und einen Hausbrand angekündigt, von dem ich noch nichts hätte wissen dürfen. Am Morgen nach meiner Einlieferung standen zwei Beamte vor meinem Krankenhausbett. Die Lage war so brenzlig, dass ich einen Anwalt hinzuzog.

Ich fühlte mich als Versagerin des Jahrhunderts, als tragische und lächerliche Figur. Hermann Weigel war vier Tage vor dem Brand gestorben, nicht an einem »Herzinfarkt«, wie es offiziell hieß: Er war daran gestorben, dass ich mein Wort gebrochen und den Höllenlärm nicht gestoppt hatte. Nie wieder würde ich Paula Weigel unter die Augen treten können.

Ich weiß noch, was sie mir vor dem brennenden Haus gesagt hatte: »Mein Mann ist tot!« Ich bin in das brennende Haus gestürmt, um ein Unglück abzuwenden, das längst geschehen war, eine Übersprunghandlung meines schlechten Gewissens. Wie hatte mein inneres Teufelchen treffend geflüstert: *Todesursache: Dummheit!*

Dass ich noch am Leben war, verdankte ich der Feuerwehr, die mich dem Schlund dieser brennenden Hölle noch entrissen hatte – und der Tatsache, dass ich zu Boden gegangen war. Im Stehen hätten mich die giftigen Dämpfe, die nach oben strebten, schnell getötet. Doch direkt am Boden war die Luft nicht ganz so giftig.

Über zehn Minuten lang hatte ich dort gelegen und wilde Sachen geträumt – ich weiß keine Details mehr, nur dass die Dinge um mich herum so leicht wie der Rauch waren und dass Hermann Weigel darin vorkam.

Erst im Krankenwagen war ich wieder zu mir gekommen. Ich hustete mehrfach, spuckte schwarz-braunen Schleim aus wie Kautabak. Mein Rachen fühlte sich an wie ein lange nicht mehr gereinigter Kamin, rußig und geteert. Ich wollte etwas sagen, aber brachte nur ein Krächzen hervor.

Äußerlich war mir nichts passiert, bis auf zwei, drei blaue Flecken von meinem Sturz. Und bereits nach einer Nacht im Krankenhaus gab der Chefarzt grünes Licht für meine Entlassung. Meine Augen waren wieder tränenfrei. Meine Lunge tat ihren Dienst ohne Einschränkungen. Und der rußige Geschmack in meinem Mund würde bestimmt auch noch verschwinden.

Ich wusste, was jetzt zu tun war: Ich musste zurück nach Reinstadt, zurück auf mein Fernsehsofa, dort konnte ich keinen Schaden anrichten. Wenn ein Flugzeug vom Himmel fiel, hatte das nichts mit mir zu tun. Wenn ein Haus brannte, ging das nicht auf meine Kappe. Und jedes Ehrenwort, das ich meinem Bildschirm gab – etwa nie wieder Trash zu schauen –, konnte ich ohne schwerwiegende Folgen brechen. Und auch Tante Martha würde umso sicherer leben, je weiter ich von ihr entfernt war. Am Ende war mein Verfolgungswahn so weit gegangen, dass ich schon einen verschobenen Hausbesuch von Dr. Otten, dieses freundlichen Arztes, als Verdachtsmoment gewertet hatte.

Ich brachte den Menschen Unglück. Heiner Stagemann war tot, Hermann Weigel war tot. Das reichte fürs Erste. Mich selbst in Quarantäne zu nehmen war eine soziale Tat.

Ich war gescheitert als Journalistin und gescheitert als verdeckte Ermittlerin. Genau genommen war ich schon damals auf der Autobahnbrücke gescheitert, denn Hans-Otto Gleim war in den Tod gestürzt. Ich hatte mir eingeredet, dass er dieses Schicksal verdient hatte, dass es eine gute Tat von mir war, seinen Sturz von der Brücke verursacht zu haben. Als hätte ich mit einem Besen menschlichen Unrat beiseite gefegt, wofür sich alle bedankten. Rational funktionierte diese Erklärung. Aber emotional nicht. Denn Gleim lebte weiter – in meinen Albträumen, in meinen Flashbacks, im finstersten Winkel meiner Seele. Beim Versuch, ihn loszuwerden, hatte ich ihn mir endgültig eingefangen. Meine Krankheit trug seinen Namen.

Ich war in einer Sackgasse gelandet, auch hier in Hamburg. Ich war keine Journalistin mehr, aber noch keine Medizinstudentin, sicher würde ich das niemals werden. Ich war bankrott, moralisch und finanziell, hatte sogar das Andenken meiner Mutter verjubelt. Bald würde meinem Haus dasselbe Schicksal wie ihrem Armreif drohen: unfreiwillige Versteigerung.

Ich war ein Wrack mit einem Knallfrosch in der Brust, der zu jeder Zeit explodieren konnte, ein Wrack, das sich völlig überschätzt hatte: Ich mimte die verdeckte Ermittlerin, ließ mir Latten über den Schädel hauen, stürmte in brennende Häuser und küsste fremde Männer, die mich zum Dank hängen ließen. Es war hoffnungslos.

Aber die Menschen um mich herum waren blind für mein Versagen, sie wollten mich im Unglück festhalten. Marion redete mir ins Gewissen: »Du bist es Heiner Stagemann schuldig, die offene Rechnung mit der *StageBau* zu begleichen.« Tante Martha lag mir in den Ohren: »Ich habe mich just an das Zusammenleben mit dir gewöhnt, du kannst doch nicht über Nacht ausziehen, Kind!« Und Iris schien mein Erlebnis in dem brennenden Haus für ein flambiertes Appetithäppchen zu halten, das meinen Hunger auf weitere Detektivspiele geweckt hatte: »Ein Grund mehr, dieses Hornissennest auszuräuchern, Prinzessin!«

Aber ich wusste, dass das Spiel verloren war, endgültig. Die *StageBau* hatte mir eindrucksvoll bewiesen, dass ich nur ein Spielball in ihren Händen war. Niemand hatte es für nötig gehalten, den geplanten Brandanschlag abzusagen, nur weil ich auf dieser Spur war. Es reichte völlig, mich am Abend der Tat in einen Sitzungssaal zu zwingen, so wie man einen braven Dackel mit der Leine vor dem Supermarkt anknotet.

Und dann tat ich Riesenrindvieh der Firma auch noch den Gefallen, den Tatverdacht auf mich persönlich zu lenken. Nur meinem Anwalt war es zu verdanken, dass ich nicht in Untersuchungshaft gelandet war. Er konnte nachweisen, dass der Brand zu dem Zeitpunkt, als ich der Polizei entschlüpfte, bereits der Feuerwehr gemeldet war. Auf seine Empfehlung hin hatte ich behauptet, als Journalistin einen Wink bekommen zu haben. Die Polizei zweifelte das zwar stark an, konnte das Gegenteil aber nicht beweisen – ich berief mich auf »Informantenschutz«.

Mein Anwalt hatte mir dringend geraten, im Zusammenhang mit dem Brand die vertraulichen Dokumente der *StageBau* aus dem Spiel zu lassen. Er fand meine Interpretationen gewagt und die Indizienlage viel zu dünn. Außerdem empfahl er mir, mich mit Patricia Stagemann gutzustellen, denn sie hätte meinen »Identitätsbetrug« weiterverfolgen lassen können. Mein Einwand, ich sei nur in ein falsches Taxi gestiegen, schien wenig glaubwürdig – der Taxifahrer und die beiden Polizisten bezeugten, dass ich mich als die Konzernchefin Patricia Stagemann ausgegeben und sogar mit Kontakten zum Innensenator geprahlt hatte.

Zwei Tage nach dem Brand hatte mich mein Anwalt angerufen und freudig gesagt: »Ihr Verfahren wird eingestellt!«

»Warum das?«, fragte ich.

»Es war keine Brandstiftung – sondern ein technischer Defekt.«

Es traf mich wie ein Keulenhieb. »Ich weiß aber genau, dass jemand das Feuer gelegt hat!«

»Dann behalten Sie es für sich! In einem Prozess wären Sie verloren. Sie haben von dem Brand nicht nur im Voraus gewusst, sondern sind auch ohne nachvollziehbare Gründe ins Gebäude gestürmt – als hätten Sie in letzter Sekunde eine von Ihnen deponierte Feuerquelle noch ausschalten wollen. Ich möchte nicht hören, was ein Staatsanwalt daraus konstruiert.«

Es war ein Witz: Wenn ich eine Brandstiftung nachgewiesen hätte, wäre nicht Patricia Stagemann im Gefängnis gelandet, sondern ich. Bei meinem Talent würde ich es fertigbringen, bald auch noch den Tod von Elfriede Jaspers und den Absturz von Heiner Stagemann auf meine Kappe gepackt zu bekommen.

Aber das wusste ich zu verhindern! Meine Koffer waren gepackt, der Abschied von Tante Martha tränenreich. Und dann saß ich im Zug nach Reinstadt.

52

Mein heimischer Küchentisch war überschwemmt mit Briefen. Das Papier, meist längliche Fensterumschläge im kleinen Format, ergoss sich von der Tischmitte in alle Richtungen, einige Umschläge waren bis an die Kante gerutscht. Es sah nach dem Abgang einer Lawine aus. Dabei hatte Iris lediglich meinen Briefkasten regelmäßig geleert und die Post einen knappen Monat lang auf dem Tisch gestapelt.

Hätte ich nicht gewusst, dass Iris in Gelddingen selbst eine Chaotin vor dem Herrn war: Meine Brieffreundschaften mit Dutzenden von Gläubigern, Inkassoinstituten und dem hiesigen Amtsgericht wären mir noch peinlicher gewesen. Doch Iris bezahlte ihren Kram, ehe der Gerichtsvollzieher kam. Mich hatte sein Besuch nur im Nichtzahlen bestärkt. Wie gut, dass Sebastian in London war und den Niedergang seiner Mutter nicht aus der Nähe miterlebte.

Mit beiden Armen schob ich den Briefhaufen zusammen, ließ ihn in einen Wäschekorb rutschen und schleppte ihn hinab in den Keller. In einer finsteren Ecke, neben dem alten Bücherregal, stellte ich den Korb ab. Eines Tages würde ich die Umschläge öffnen. Wenn ich wieder zu Geld gekommen war. Oder seelisch auf die Beine.

Also nie!, zischte mein kleines Teufelchen. *Du bist ganz unten, dort wirst du bleiben. Das war deine letzte Chance. Kein weiterer Milliardär wird dich anheuern. Medizinstudium? Vergiss es! Journalismus? Kannst du knicken!*

Eine feine Freundin bist du, lässt Marion hängen. Eine feine Nichte bist du, lässt Tante Martha hängen. Eine feine Rächerin bist du, lässt Friedhelm mit seiner Hab-verschlafen-Ausrede durchkommen. Vielleicht noch ein Küsschen zur Belohnung?

Aber eines muss ich dir lassen: Endlich hast du deine Grenzen erkannt, hängst das Superwoman-Kostüm an den Nagel und ziehst dich dorthin zurück, wo du besser geblieben wärst: auf dein Sofa.

Mir fehlte nicht nur die Kraft, dem Teufelchen zu widersprechen, sondern vor allem die Argumente: Alles stimmte. Ich hatte einen kurzen Ausflug in ein neues Leben unternommen, neue Ziele verfolgt, neue Menschen kennengelernt, den Knallfrosch in meiner Brust zeitweise vergessen. Aber mein Versuch, vor der Wirklichkeit wegzulaufen, war in einer Katastrophe geendet: Ich hatte mein Ehrenwort gegeben und gebrochen, den falschen Menschen vertraut, mich selbst in größte Gefahr begeben und meinen Gegnern Triumphe beschert.

Zwar lief mein Arbeitsvertrag mit der *StageBau* offiziell noch, aber mir war klar, dass Patricia Stagemann auf meinen Identitätsbetrug mit einer Entlassung reagieren würde. Zumal ich noch in der Probezeit war und nicht vorhatte, jemals wieder einen Fuß in diese Firma zu setzen, auch wenn ich die Schlüsselkarte fürs Gebäude noch besaß.

Es war früher Nachmittag, ich ging zum Vorratsschrank, holte eine Tüte Chips, schaltete den Fernseher an und ließ mich aufs Sofa fallen. Der Talk des Tages stand unter einer Überschrift, die wie für mich gemacht war: »Bin ich der totale Versager – oder was?«

Zur verbalen Hinrichtung wurde Johnny geführt, ein spindeldürrer Typ von Anfang 20, bleich wie ein Blatt Papier mit ein paar roten Pickelsprenkeln. Drei Ausbildungen hatte er begonnen, aber immer war er rausgeflogen. Zu spät gekommen. Die Schule geschwänzt. Lange Finger gemacht. Und jetzt bezog er »Hartz IV«.

Der Fernsehsender fuhr im Studio ein ganzes Hinrichtungskommando auf: seine Freundin, seine Mutter und zwei Ex-Chefs, die ihm nun unter die Nase rieben, dass er ein Taugenichts war – gut im Saufen, gut im Fremdgehen, gut im Klauen. Aber eine Null bei der Arbeit, eine Null im Leben, eine Null in der Liebe.

Johnny verteidigte sich durch Gegenangriffe: Seine Freundin habe ihn morgens nicht geweckt – daher die Verspätungen. Sein Chef habe ihn zu schlecht bezahlt – daher die Diebstähle. Und seine Mutter habe noch nie zu ihm gehalten – daher haute sie ihn hier in die Pfanne.

Seine Verteidigung machte alles noch schlimmer: Das jugendliche Publikum buhte dazwischen, wenn er sprach, verlachte seine Argumente und klatschte kräftig, während seine Gegner ihn zerfleischten. Die heuchlerische Moderatorin, die immer wieder die Jugendsprache aufgriff, obwohl sie dafür zwanzig Jahre zu alt war, redete Johnny mit pädagogischem Eifer ins Gewissen. Es klang, als bezahlte ihr Sender sie fürs Bekehren von Sündern, nicht fürs publikumswirksame Hinrichten.

Johnny sackte immer mehr in sich zusammen. Sein trotziger Blick erlosch, er blinzelte ins Publikum wie ein Reh in den Autoscheinwerfer. Seine Körpersprache erschlaffte, seine Stimme wurde leiser. Am Anfang war er noch jemand gewesen, ein bekennender und trotziger Sünder. Doch jetzt schrumpfte er zum Niemand.

Ich lag auf meinem Sofa, die leere Chipstüte zerknüllt in der rechten Hand, und wischte mir mit der linken etwas

Feuchtes aus den Augenwinkeln. Das kam sicher vom Rauch, meine Augen hatten sich noch immer nicht erholt.

Zu gern hätte ich Johnny die Hand gereicht: »Bruder!«

53

Ohne Iris, ohne ihren genialen Einfall, wäre ich nie wieder auf die Beine gekommen. Schon gar nicht so schnell.

Ich schaute Fernsehen, den ganzen Tag, glotzte auf Bilder von außen, um meine inneren Bilder zur verdrängen. Sendeschluss war, wenn mir die Augen zufielen, oft nach zwei Uhr nachts. Dann übernahm mein Kopfkino, diese Bilder durchnässten mein Bettlaken mit Angstschweiß. Mein Kampf auf der Brücke vermischte sich mit meinem Überlebenskampf in dem brennenden Haus. Flammen züngelten um mich herum, Rauch quoll empor, und ich hustete schwarzen Schleim, während der wuchtige Leib Gleims mich an den Rand der Brücke drängte. Und ein Gespenst, dessen Gesicht ich kannte, aber nicht zuordnen konnte, tanzte am gewittrigen Himmel wie eine überdimensionale Projektion.

Manchmal wachte ich auf von meinen eigenen Schreien. Aber ich hielt meine Augen mit ganzer Kraft geschlossen, als hätte mich, wenn ich sie öffnete, etwas noch Schlimmeres erwartet.

Das einzige Geräusch der Außenwelt, das meinen Schlaf unterbrach, war das Klingeln des Briefträgers gegen zehn Uhr. Ich spielte meine Rolle als tote Frau einfach weiter, bis die Schritte sich von der Tür entfernten. Der Schlaf saugte mich erneut ein, die Bilder fluteten wieder.

Gegen dreizehn Uhr kroch ich aus meiner Totenstarre hoch, schlüpfte in eine Jogginghose, aß im Stehen zwei

Scheiben Toastbrot und pilgerte zum Sofa. Dort erwarteten mich Bilder, die gnädiger waren als die in meinem Kopf. Es gab viele Johnnys auf der Welt, ich war nicht allein.

Nur einmal am Tag, sobald es dunkel geworden war, verließ ich das Haus. Ich zog die Tür einen Spalt auf, schaute, ob die Luft rein war, und pirschte mich auf leisen Sohlen hinaus. Ich befreite den Briefkasten von seiner akuten Rechnungsverstopfung und meine Nachbarn von ihrem akuten Tratschthema – mir war klar, dass über mich gesprochen wurde: *Sie war mal Ressortleiterin beim* Tagesboten. *Und dann die Heldin auf der Brücke. Mein lieber Scholli, ist die tief gestürzt! Der arme Junge. Wo ist er eigentlich? Hat das Sozialamt ihn ihr schon weggenommen?*

Wann immer mein Telefon klingelte – meist zeigte es die Nummer von Marion oder Friedhelm an –, drückte ich die Anrufe weg. Nur mit Martha hätte ich gesprochen, da ich mich um sie sorgte. Aber die Tante war sensibel genug, zu spüren, dass sie mit Anrufen in einer frischen Wunde gebohrt hätte.

Nur mit Sebastian tauschte ich mich noch aus, zweimal pro Tag wechselten wir Textnachrichten.

Austausch nennst du das?, schaltete sich mein Teufelchen ein. *Du lügst deinem Sohn die Hucke voll! Tust so, als wärst du freiwillig aus Hamburg weggegangen. Tust so, als wäre hier alles in Ordnung. Gibst ihm das Gefühl, dass ihn nach seiner Rückkehr eine heile Welt erwartet. Dabei lebst du auf Trümmern. Du sagst, du willst ihn schonen. Aber schonen willst du nur dich selbst – vor der bitteren Wahrheit!*

Einmal gegen sechszehn Uhr – ich lag auf meinem Sofa, wo sonst? – klingelte es an der Tür. Erst langsam, dann schnell.

Ich ahnte, wer es war, aber rührte mich nicht von der Stelle. Ein wahrer Klingelsturm brauste los. Dann hörte ich, wie ein Schlüsselbund klimperte und sich etwas im Schloss drehte. »Susanne«, rief eine vertraute Stimme, »ich weiß, dass du da bist – ich komm jetzt rein.«

Es war zu spät, um mich zu wehren. Ich blieb liegen. Und so sprang Iris in mein Wohnzimmer, begrüßte mich mit einem Jubelruf, umklammerte meinen Oberkörper, riss mich auf die Beine, drückte mich fest an sich und wirbelte mit mir durchs Wohnzimmer. Es war, als wollte sie mit einer toten Puppe als Tanzpartnerin ein Turnier gewinnen. Aber mein Zustand schien sie nicht zu stören. Sie hatte mich immer schon genommen, wie ich war, sogar damals bei meinem größten Egotrip – das tat sie jetzt erneut.

»Prinzessin, willkommen zu Haus!«, rief sie entzückt, hob mich hoch, bis sie nicht mehr konnte. Setzte mich ab, bis sie wieder konnte, um mich erneut anzuheben. Sie kam mir vor wie ein Frühlingswind, der in eine Grabkammer fuhr, und etwas Erstaunliches geschah: Ihre Lebendigkeit steckte mich an. Ich konnte meine Glieder nicht stillhalten, während sie so zappelte, konnte kein Pokerface wahren, während sie lachte.

Nach ein paar Minuten hatte sie mich so weit, dass ich ein wenig mittanzte, ein wenig mitlachte, obwohl ich sagte: »Iris, ich hab nichts mehr zu lachen. Ich bin pleite.«

Sie deutete auf meine Brust. »Wer ein großes Herz hat, lebt immer im Überfluss, Prinzessin. Auch ohne Knete.«

»Ich habe alles verbockt, was wichtig war.«

»Hey, Sebastian ist ein toller Junge. Und der war ja wohl am wichtigsten.«

»Ich hab den falschen Mann geküsst.«

»Sag doch gleich: Du hast von mir gelernt!« Ich musste lachen, weil sie seit zwanzig Jahren den Mann fürs Leben suchte, aber nur Männer für gewisse Stunden fand. Spätestens wenn sie mit ihnen in Urlaub flog, zerschlug es sich.

»Ich hab in Hamburg nur Trümmer hinterlassen«, sagte ich.

»Jetzt spiel dich nicht auf zur Operation Gomorrha. Du bist 'ne einzelne Frau. Und du wirst wieder nach Hamburg fahren und aufräumen.«

»Ich räume erst mal mein eigenes Leben auf.«

»Aber nicht hier auf dem Sofa! Du musst raus ins Leben, Arsch hoch, das macht dich lebendig.«

»Iris, ich bin eine Versagerin. Ich hab das Andenken meiner Mutter verjubelt.« Ich spürte, wie ein riesiger Kloß meinen Hals hinaufwanderte. Und meine Augen litten immer noch unter dem vielen Rauch, hastig wischte ich darüber.

»Welches Andenken meinst du?«, fragte sie.

Hatte sie schon vergessen, dass …

»Dieses zum Beispiel?«, fuhr sie fort und fingerte aus ihrer Hosentasche etwas Goldenes. Sie spreizte ihren Zeigefinger, legte den Armreif darüber und ließ ihn wie einen Hula-Hoop-Reifen kreisen, während sie wippte und eine Zirkusmelodie trällerte. Ich kam mir vor wie in einem Märchen, und Iris war die gute Fee. Diesmal fiel ich ihr um den Hals. Und drückte sie. Und wirbelte sie herum.

Vorerst wollte ich gar nicht wissen, woher sie sich das nötige Geld geschnorrt hatte. Aber ich schwor mir, ich würde es ihr zurückzahlen.

»Und jetzt brauchen wir nur noch einen Freier!«, rief Iris entzückt.

»Wir brauchen einen Freier?«

»Na für die *StageBau* – um ihr die verflixten Bordelle in den Wohnhäusern nachzuweisen. Wir brauchen einen Freier, der mit einer Minikamera ein paar Aufnahmen macht. Damit gehst du an die Medien. Dann landen diese Immobilienhaie in der Pfanne, jede Wette!«

»Die Hamburger Lokalmedien warten nicht gerade auf neue Themenvorschläge von mir.«

»Hey, Prinzessin – größer denken! Das wird ein überregionaler Skandal: ARD und ZDF, *Stern* und *Spiegel.*«

»Und woher willst du einen solchen ›Freier‹ nehmen?«

»Ist doch klar wie Kloßbrühe«, sagte sie, wischte auf ihrem Smartphone herum und hielt mir die Homepage einer Hamburger Schauspieleragentur unter die Nase. Dort konnte man Schauspieler engagieren, »auch für private Anlässe«, wie es ausdrücklich hieß.

»Such dir einen Kerl aus!«, sagte sie, und ich verfolgte, wie sich kleinformatige Porträts männlicher Schauspieler nebeneinander aufbauten. Ich begutachtete die Gesichter. Als ich *ihn* erkannte, schlug der Knallfrosch in meiner Brust einen dreifachen Salto, und das Stahlseil um meine Brust zog sich zusammen.

»Das kann – das kann nicht sein!«, rief ich.

»Was meinst du?«, fragte Iris.

Mein Finger hämmerte auf ein Gesicht: »Den kenne ich!« Braunes Haar und Seitenscheitel. Ich hatte seine Stimme noch im Ohr: »Ich habe die Ehre, Sie abzuholen.« Es war der Chauffeur von Heiner Stagemann.

Was, zum Teufel, machte er auf dieser Homepage?

54

Der Straßenlotse

Wenn es Ihnen ein Anliegen ist, mir zu gratulieren, bitte sehr – sofern Sie es nur in Gedanken tun, denn der Laie ahnt ja nicht, dass bei einem Händedruck laut Studien mehr Viren und Bakterien den Besitzer wechseln als bei einem Kuss. Ich nehme an, Sie sind nicht ganz unbeeindruckt davon, wie spurlos ich den reichsten Mann der Stadt über die Straße begleitet habe. Dass ein Milliardär in seinem Privatflugzeug verunglückt, erstaunt die Öffentlichkeit so wenig, als wenn ein toter Junkie aus dem Bahnhofsklo getragen wird.

Ist Ihnen aufgefallen, wie vorsichtig die Nachricht in den Medien formuliert war? Niemand hat gesagt, dass Heiner Stagemann nun das Zeitliche segnet, während die Fische seine Überreste frühstücken und sein Flugzeug am Meeresgrund dümpelt. Vielmehr war die Rede davon, seine Maschine sei »vom Radar verschwunden«, »das Schicksal der Insassen unbekannt« und man müsse von einem »technischen Defekt« ausgehen.

Neulich habe ich leichtfertig behauptet, niemand stelle mir eine Referenz für ausgezeichnete Arbeit aus. Diesmal ist genau dies geschehen! Jede Meldung über den Absturz ist zugleich ein Kompliment für meine Arbeitsqualität, ein medialer Ritterschlag. Dass ich diese Berichte nicht ganz oben in meine Bewerbungsmappe hefte, hat zwei Gründe: Zum einen verstieße eine solche Mappe gegen das Gebot der Diskretion – zum anderen, Sie ahnen es, bewerben sich die Auftraggeber bei mir, nicht umgekehrt.

Und dennoch lohnt es sich, die Erfolgsbilanz meines letzten Auftrages festzuhalten: Ich habe jemanden auf die andere Straßenseite begleitet, aber niemand außer mir weiß, dass er dort angekommen ist – mehr Diskretion geht nicht! Und für alle Fälle wurde mir ein vorauseilender Persilschein ausgestellt: Ein »technischer Defekt« habe das Flugzeug abstürzen lassen.

Die Schlampigkeit dieser journalistischen Berichterstattung ist ein ganz anderes Thema. Kann man denn heutzutage nicht mal mehr den Qualitätsmedien trauen? Angesichts dieser Berichte könnte mein Auftraggeber ja denken, ich hätte den Motor des Flugzeugs manipulieren lassen. Dabei ist Ihnen längst klar: Ich bin viel zu sehr Profi, als dass ich eine solche Beweislage hinterließe, nicht einmal in tausend Metern Tiefe am Meeresgrund.

Die Journalisten hätten besser darauf spekuliert, dass es mitten über dem Meer zu einem menschlichen Drama gekommen ist, in meiner Fantasie ist es so abgelaufen:

»Herr Stagemann«, sagt der Pilot, »mir ist schwindlig. Und ich werde so unfassbar müde. Was ist nur mit mir los?«

»Schlafen Sie mir bloß nicht beim Fliegen ein«, sagt der Milliardär heiter, blickt aufs offene Meer hinab und fügt hinzu: »Ich habe nämlich keine Badehose dabei.«

Der Pilot lacht. Der Milliardär lacht. Sie fliegen weiter.

Oder nein, die Geschichte geht noch perfekter, der Milliardär sagt also: »Nehmen Sie noch einen Schluck Wasser, damit Sie wach bleiben!«

Der Pilot, der bei jedem Flug Mineralwasser ohne Kohlensäure trinkt, das er sich vor Ort besorgt (was ich nicht zufällig weiß, wie Sie schon ahnen werden) – dieser Pilot legt noch ein Schlückchen nach. Natürlich hat er schon zuvor getrunken. Und natürlich hat die Wirkung meiner Zutat – da bin ich Experte – mit der gewünschten Verzögerung eingesetzt. Raffiniert von mir, ihm eine Überdosis Blutdrucksenker zu verabreichen, obwohl sein Blutdruck eher tief ist.

Der Milliardär, der immer neben dem Piloten sitzt, in einer kleinen, handgesteuerten Maschine, vertieft sich wieder in eine Zeitschrift. Was halten Sie davon, dass wir ihn im *Harvard Business Manager* lesen lassen? Oder, noch besser: im *Wall Street Journal.*

Und während er von einem Aktienkurs liest, der gerade abwärts rauscht, fällt ihm die Flugkurve seiner Maschine auf: steil nach unten. Er schaut zum Piloten, aber der, mangels Blutdrucks bleich wie ein Gespenst, ist überm Steuerknüppel zusammengesunken. Ich weiß, die Wasserflasche hätte er längst losgelassen, aber gönnen Sie mir dieses kleine Vergnügen: Seine rechte Hand umklammert noch die Flasche. Den Steuerknüppel aber hat er losgelassen.

Der Milliardär brüllt seinen Piloten an und rüttelt an ihm, in der vergeblichen Hoffnung, ihn wieder flugfähig zu machen. Derweil pfeift die Maschine aufs Wasser zu, die Möwen bilden ein Spalier, und dann geht es auf Tauchstation.

Warum ich Ihnen das erzähle? Weil es Sie angesichts dieses Erfolges kaum verwundern wird, dass meine Dienste erneut angefragt wurden. Erst kürzlich durfte ich mich um einen Mann kümmern, der sein Wissen über vertrauliche

Angelegenheiten offenbar zum eigenen Vorteil missbraucht hat. Sein Wechsel der Straßenseite lief wie am Schnürchen, die Polizei hat ihn schon in ihre Statistik aufgenommen, gewissermaßen als Opfer seiner selbst. Wieder ein Tod im Wasser, wenn auch diesmal nicht durch Ertrinken.

Und nun habe ich die Ehre, eine Frau im besten Alter über die Straße zu begleiten, kein Mütterchen – auch wenn sie Mutter ist, was jedoch keinen Einfluss auf meine Pläne hat, denn ihr einziger Sohn befindet sich zurzeit im Ausland. Offiziell habe ich keine Ahnung, wer mein Auftraggeber ist und warum er dieser Frau auf der anderen Straßenseite zuwinken will. Aber auch ohne meinen außerordentlichen IQ wäre mir aufgefallen, dass eine gewisse Parallele zu meinen letzten Aufträgen besteht. Nicht dass es sich um eine Milliardärin handeln würde, ganz im Gegenteil.

Aber offenbar ist diese Frau denselben Leuten im Weg und hat aufgrund ihrer Neugier ein paar Steine umgedreht, unter die sie besser nicht geschaut hätte. Laut meinen Recherchen hat sie sich damit schon früher in Lebensgefahr gebracht, und wie schreibt der weise Konfuzius so schön: »Erzähle mir deine Vergangenheit, und ich werde die Zukunft erkennen.«

Nach allem, was ich beobachtet habe, hat der Zielperson bislang niemand den Unterschied zwischen »mutig« und »tollkühn« erklärt. Sonst hätte sie sich neulich nicht ins Gebäude einer großen Immobilienfirma geschlichen. Sonst würde sie sich nicht an Menschen heranpirschen, die sie als Zeugen für ihre Anschuldigungen gewinnen will. Sonst hätte sie sich nicht mit einem Gegner angelegt, der ein paar Nummern zu groß für sie ist.

Falls Sie auf ältere Damen fixiert sind, weil meine erste Erzählung zum Thema so mitreißend war, habe ich ein

Schmankerl für Sie: Es wird wieder ein Mütterchen mit von der Partie sein, wenn auch nur als WG-Mitbewohnerin meiner Zielperson. Aber seien Sie unbesorgt: Ich werde die alte Dame auf der aktuellen Straßenseite belassen.

Sofern es sich einrichten lässt.

55

Als ich an seiner Haustür klingelte, war ich auf einmal nicht mehr sicher, ob ich hier das Richtige tat. Würde ich meinen Plan wirklich durchziehen? Oder vernebelte mir meine Wut den Blick? Er hatte mich hängen lassen, als es drauf ankam, hatte den Tod von Mietern in Kauf genommen und mich in Lebensgefahr gebracht. Hätte er sich an unsere Verabredung gehalten, der Feuerteufel wäre direkt in seine Arme gelaufen. Statt vor einer neuen Katastrophe zu stehen, hätten wir die alten aufklären können.

Du hast »wir« gesagt, du Spinnerin, wisperte mein inneres Teufelchen. *Wach auf, er sitzt nicht in einem Boot mit dir! Du willst aufklären, was die* StageBau *treibt – er will es vertuschen. Warum hielt er die rote Mappe unterm Deckel? Warum verrät er die Interessen der Mieter? Und warum hat er dem Feuerteufel die Bahn frei gemacht? Der Kerl ist der verlängerte Arm der* StageBau. *Für dich war er sogar der verlängerte Mund, du musstest ihn ja küssen. Tu nicht so, als würdest du das bereuen! Ich weiß genau, warum du ihn heute in seinem Haus triffst.*

Seit meiner Abreise aus Hamburg waren acht Tage vergangen, der November hatte der Stadt ein aschgraues Gesicht gepinselt. Die Verabredung einzufädeln war kein Problem gewesen: »Bin wieder in Hamburg. Möchte dich sehen.« Kaum hatte ich diese Nachricht abgeschickt, ploppte seine Antwort auf: »Gute Idee! 20 Uhr bei mir.« Seine Adresse stand unter der Nachricht.

Ich war sicher, auf eine chaotische Junggesellenwohnung in einem Mietshaus zu stoßen. Stattdessen stand ich jetzt, nach einer neuen Fahrradfahrt durchs Dunkle, vor einem Haus in Eidelstedt, das im Licht der Straßenlaterne überraschend gepflegt wirkte. Die weiße Fassade sah frisch gestrichen aus. Die Fenster waren vergittert, alle Büsche vor dem Haus akkurat geschnitten. Und der kurz geschorene Rasen war offenbar gerade erst vom Herbstlaub befreit worden. Aus den Fenstern im Erdgeschoss floss warmes, gelbes Licht.

Ich schätzte das Haus auf 250 Quadratmeter, ganz schön viel für einen Junggesellen. Oder war er vielleicht gar kein … Ich schaute aufs Klingelschild, um mir die Begegnung mit einer irritierten Ehefrau zu ersparen. Hier stand nur sein Nachname, das machte mich nicht schlauer.

Was verdiente man eigentlich als Geschäftsführer eines Mieterschutzvereins? Dieses Haus musste ein kleines Vermögen wert sein. Oder hatte er es von seinen Eltern geerbt? Bestimmt lebten die noch. Ich wusste fast nichts über ihn, fiel mir auf.

Oder war das Haus ein kleines Gegengeschenk der *Stage-Bau*, ein Lohn dafür, dass er ihr aufmüpfige Mieter und renitente Wahrheitssucher wie mich vom Hals hielt?

Mein kleines Teufelchen hatte recht: Hier sollte jemand um den Verstand geküsst werden. Aber nicht ich. Mir war klar, dass Friedhelm nicht zufällig eingeschlafen war, als das Feuer gelegt wurde. Er musste gewusst haben, was an diesem Abend passieren sollte. Ich konnte nicht einmal ausschließen, dass er eben doch zu dem Haus gefahren war, aber kein Feuer verhindert, sondern eines gelegt hatte. Seine verschlafene Stimme am Handy war vielleicht nur Schauspiel gewesen.

Ich hatte vor, ihn nicht mit harter, sondern mit zarter Hand anzufassen. Aber nicht weil ich Gefühle für ihn hatte – sondern weil es der einzige Weg zur Wahrheit war. Zur Wahrheit über ihn. Und zur Wahrheit über die *StageBau*. Er musste sich in vollkommener Sicherheit wähnen.

Friedhelm Ganter bekam einen Besuch nach seinem Geschmack: von einer Frau, die ihm aus der Hand fressen, ihn sturmreif küssen würde. Seine Bedenken wegflüstern. Seine Zweifel wegstreicheln. Seinen kritischen Verstand in die Hose rutschen lassen. Vor allem das.

Und während er dachte, ich schmölze dahin, würde ich innerlich kalt wie ein Stein bleiben. Dazu hatte ich mir einen Trick ausgedacht: Ich würde bei jedem Kuss, bei jeder Berührung nur an eines denken: an meine Todesangst in dem brennenden Haus, die er verschuldet hatte. Jeder Kuss würde nach Rauch schmecken, ätzend und bitter.

Derweil sollte er mich, die naive Schnellküsserin, für Wachs in seinen Händen halten. Und nur eine Gefahr durfte aus seiner Sicht von mir ausgehen: dass er diese Nacht kein Auge zubekäme.

Aber damit läge er falsch. Denn wenn er sich müde geküsst hatte und ins Reich der Träume abglitt, würde ich einen kleinen Spaziergang durchs Haus unternehmen: sein Handy checken, meinen Stick mit Daten füllen, Akten einsammeln und in der Nacht verschwinden. Ich war gespannt, welche Beute ich an Land ziehen würde.

Mittlerweile hatte ich dreimal geklingelt, aber er öffnete nicht. Hatte er die Gefahr gewittert und wollte mich draußen halten? Aber warum brannte dann Licht in seinem

Haus? Gedankenverloren lehnte ich mich nach vorne. Die Tür ging auf, fast wäre ich in den Flur gestürzt.

Entweder, ich hatte unverschämtes Glück – dann war er noch rasch zum Einkaufen geeilt, Sekt oder Champagner, hatte als hauptberuflicher Chaot die Tür nicht richtig verschlossen, stand jetzt in einer langen Kassenschlange und präsentierte mir unfreiwillig eine sturmfreie Bude.

Oder ich war gerade dabei, in eine Falle zu tappen. Was, wenn er irgendwo im Haus auf mich lauerte, mit einer Holzlatte in der Hand? Konnte es sein, dass *er* mich im Mordhaus niedergeknüppelt hatte? War er dort gewesen, um die Mieter zu besänftigen und von ungünstigen Aussagen gegen die *StageBau* abzuhalten? Aber hätte mich sein Anblick in diesem Haus so erstaunt, wie es offenbar der Fall gewesen war? Ich verfluchte mein Gedächtnis, das mir das Bild von meiner Begegnung im Flur nach wie vor schuldig blieb.

Oder war Friedhelm viel zu clever, um in seinem eigenen Haus zum Täter zu werden? Wählte er gerade die Nummer der Polizei, um einen Einbruch zu melden? Ich sah schon, wie der grelle Kegel einer Polizeitaschenlampe in mein Gesicht fuhr, während ich gerade Dokumente durchschnüffelte. Auf frischer Tat ertappt. Beim letzten Mal, als ich den Brand vorhergesagt hatte und vor den Polizisten geflohen war, stand ich schon mit einem Bein im Gefängnis. Aber wenn ein weiteres Delikt hinzukäme, der Einbruch bei einem Mieterschützer, würde mein nächstes Bett garantiert in einer Zelle stehen.

Aber ich war nicht nach Hamburg zurückgekehrt, um feige zu sein. Wie hatte mein Psychologe gesagt: »Angst wächst, wenn Sie meiden, was Sie fürchten. Aber Angst schrumpft, wenn Sie nach vorne gehen und sich ihr stellen.«

Ich betrat den Flur. Auf der Fensterbank brannte ein kleines Porzellanlämpchen. »Friedhelm, bist du da?« Keine Antwort. Ich schlich zur ersten Tür und schob sie vorsichtig auf. Das Wohnzimmer, hell erleuchtet, kahle Wände. Links, durch eine große Anreiche, fiel mein Blick in eine moderne Küche. Dort brannte ebenfalls Licht.

Die Stimme drang aus der anderen Ecke des Wohnzimmers: »Ich ruf die Polizei! Ich hab jetzt genug von dir!« Der Knallfrosch in meiner Brust trommelte ein Solo, mir blieb der Atem weg. Wie eine Salzsäule stand ich mitten im Raum. Sollte ich flüchten? Oder mich ergeben? Eine weitere Stimme sagte: »Die Leitung ist längst tot – es gibt kein Entrinnen!« Erst als ich meinen Kopf umwandte, begriff ich: Dort drüben flackerte ein Flachbildschirm, Frisuren aus den 1970er-Jahren, ein alter Krimi.

»Kein Entrinnen«: Diese Wörter kamen mir wie eine Warnung vor. Ich spürte, dass ich meine Beine in die Hand nehmen und dieses Haus verlassen sollte. Hier stimmte etwas nicht. Aber vorher wollte ich seinem Arbeitszimmer noch schnell einen Besuch abstatten, damit ich meinen USB-Stick nicht umsonst in der Tasche trug. Auf dem Wohnzimmertisch lag nur eine Fernsehzeitung. Keine Spur von Unterlagen oder einem Notebook.

Ich schlich zurück in den Flur. Hinter der nächsten Tür verbarg sich ein Schlafzimmer mit großem Spiegelschrank und französischem Bett. Wieder kein Chaos, nur auf einem Hocker türmten sich ein paar Kleidungsstücke. Vorsichtig zog ich eine Nachttischschublade auf. Eine Packung »Billy Boy«, Geschmacksrichtung Himbeere. Sonst nichts.

Ich tastete mich die Treppe hinauf, bog um die Ecke und stand in einem komplett leeren Raum. Es roch nach frischer

Farbe. Kein Schreibtisch, keine Unterlagen. Vorsichtig schob ich die nächste Tür auf. Wieder leer, wieder Farbgeruch. War er frisch eingezogen? Warum fand ich keinen Laptop, keinen PC, kein Handy?

Ein Geräusch schreckte mich auf: Hinter der einzigen Tür, die ich noch nicht geöffnet hatte, setzte ein hektisches Surren ein. Es klang, als hätte jemand einen elektrischen Rasierer angeworfen, nur unregelmäßiger. Dann polterte es und war wieder still.

Spiel nicht die Heldin!, mahnte mein inneres Teufelchen. *Renn raus, solang du noch kannst. Er lauert in diesem Raum. Er will dich dorthin locken – und sicher nicht, um einen Begrüßungscocktail zu servieren!*

Ich schlich auf die Treppe zu und griff den Handlauf. Das Risiko war zu groß, ich würde das Haus verlassen. Da begann das Surren erneut, begleitet von einem leisen Klopfen. Als trommelten Fingerspitzen auf einen Tisch. Ich blieb stehen und drehte mich um. Ich musste einfach wissen, was hinter dieser Tür los war.

»Friedhelm«, rief ich, »wir sind doch verabredet!« Wieder keine Antwort. Nun schienen die Fingerspitzen noch hektischer auf den Tisch zu tippen.

Mir kam eine Idee. Ich zog mein Handy und tippte seinen Namen an. Für einen Moment stand mein Atem still. Dann dudelte es. Hinter der Tür. Dudelte, bis die Mailbox ansprang. »Friedhelm, was soll der Quatsch?«, rief ich. »Du bist da drin, komm raus!« Schweigen im Badezimmer. »Ich rufe die Polizei an, hier stimmt etwas nicht.« Offenbar durchschaute er meine leere Drohung. Keine Reaktion.

Mir blieb nur eines, wenn ich nicht unverrichteter Dinge wieder abziehen wollte: die Flucht nach vorne. *Tu's nicht,* schrie mein inneres Teufelchen. Ich pirschte mich an die Tür, umklammerte den Griff, holte tief Luft und riss sie mit einem Ruck auf. Das Licht war an, ein Badezimmer mit hellen Fliesen. In der vorderen Ecke fiepte und klopfte es. Ein Hamsterkäfig mit Rad, ein verschüchtertes Tier. Daher das Geräusch!

Erst dann fiel mein Blick in die Badewanne. Dort lag er, nackt und mit blauen Lippen, in abgestandenem Wasser. Ein Arm ragte aus der Wanne, auf den Fliesen lagen eine schmutzige Spritze und ein halb volles Plastiksäcklein mit einem hellen Pulver. Daneben sein Handy.

Ich beugte mich über ihn, griff ihm an den Hals. Kein Puls mehr. Und kalt war er, kalt wie das Badewasser.

56

Ich hatte die Polizei nicht alarmiert, denn wie hätte ich mein Eindringen ins Haus erklären sollen? Mein Notruf war an Marion gegangen, ich hatte hysterisches Zeug gebrabbelt, der Tod von Friedhelm hatte mich aufgewühlt.

Du warst nicht nur aufgewühlt, zischte mein inneres Teufelchen. *Du hast fast die ganze Nacht geheult.* Das stimmte. Aber warum? Hatte ich geweint, weil mein Herz ihn, entgegen der Weisung des Kopfes, nie losgelassen hatte? Geweint, weil wir im Unfrieden voneinander geschieden waren, die Dinge zwischen uns ungeklärt bleiben würden? Oder geweint, weil sein Tod eine Vorahnung in mir weckte, dass ich die Nächste sein konnte?

Marion hatte beruhigend auf mich eingeredet und mich für den nächsten Morgen zu einem Spaziergang eingeladen. Tante Martha hatte ich nichts erzählt, ich wollte ihr nicht noch mehr Sorgen bereiten. Ihr Bein war weiter angeschwollen, und sie hatte damit in die Praxis von Dr. Otten humpeln müssen, weil der Arzt angeblich keine Zeit für einen Hausbesuch fand. Hoffentlich hatte er den Schlüssel nicht verlegt.

Vor dem Planetarium im Stadtpark flog mir Marion entgegen und umarmte mich fest, kurz spürte ich ihren Hals auf meiner rechten Schulter. Sie roch nach Flieder und Nacht. Dann trotteten wir nebeneinander her, schweigend.

Der Tag war finster, schwarze Wolken belagerten den Himmel, ein Pärchen vor uns benutzte Regenschirme als

Spazierstöcke. Ein Bär von einem Jogger federte an uns vorbei, die Fäuste in die Luft gerissen, und boxte mit einem unsichtbaren Gegner. Tat ich nicht genau dasselbe: mit einem unsichtbaren Gegner boxen?

»Warst du verliebt in ihn?«, fragte mich Marion. Ihre Stimme klang sanft und tastend.

»Und du?«, fragte ich zurück.

»Ich? Ich habe ihn nicht gekannt.«

»Ich meine: in Stagemann.«

Sie wandte ihren Blick ab und schaute auf eine Wiese, wo gerade ein Junge durchs aufwirbelnde Laub rannte, um seinen Drachen gegen den scharfen Wind steigen zu lassen.

»Erst du«, sagte sie.

»Nicht verliebt«, sagte ich.

»Aber du hast ihn abends zu Hause besucht.«

Ich erklärte ihr, welche Rolle er bei dem Brand gespielt hatte. Und mit welchen Motiven ich zu ihm gefahren war.

»Du hast alles riskiert«, sagte sie.

»Er hat alles verloren«, sagte ich.

»Hast du ihn mit Drogen hantieren gesehen?«

»Mit Drinks. Aber die nimmt man im Glas ein, nicht in der Spritze.«

»Glaubst du, es war Heroin?«

»Ich weiß nicht, was ich glauben soll. In meinem Leben bin ich schon ein paar Junkies begegnet: Das waren abgemagerte Typen, mit tiefen Rändern um die glasigen Augen, den Flattermann in den Fingern. Leicht versifft. So oft wie möglich haben sie sich aufs nächste Klo verdrückt. Aber er? Sah gesund aus, jungenhaft für sein Alter, und war im Gespräch immer voll konzentriert. Wenn's hoch kommt, hätte ich ihm einen Joint zugetraut.«

»Die Haustür war offen, Susanne!«

»Du meinst, ich war nicht der erste Besucher des Tages?«

»Erst wird Elfriede Jaspers erwürgt – in einem unserer Häuser. Dann stürzt Heiner Stagemann ab – unser oberster Chef. Und jetzt liegt Friedhelm Ganter tot in seiner Badewanne – nachdem er eine brisante Mappe über die *StageBau* besessen hat. Das leuchtet doch ein, dass ein Drogentod jetzt ein bisschen viel Zufall wäre.«

Ich sah Marion nachdenklich an. »Warum sollte die *StageBau* einen Mann aus dem Weg räumen, der ihr treuster Diener ist? Der kritische Akten verschwinden lässt, tobende Mieter beruhigt und sogar einen Feuerteufel durchwinkt? So jemanden bringt man nicht um – so jemanden hält man sich warm.«

Ein fetter Regentropfen zerplatzte auf meinem Handrücken. Ein weiterer traf mein Ohr. Das Paar vor uns spannte die Regenschirme auf. Ich sah, wie der graue Asphaltweg schwarze Sommersprossen bekam.

»So jemand ist ein Mitwisser«, sagte Marion. »Niemand kann sicher sein, dass er schweigt. Es sei denn, er ist tot.« Der Drachen des Jungen brach beim Aufsteigen zur Seite aus und schlug ins Laub, ein Flügel knickte ab. »Du musst jetzt endlich an die Medien gehen«, fuhr sie fort. »Es braucht einen Denkzettel, eine Delle im Aktienkurs – erst dann hört dieses Treiben auf.«

Schon wieder sprach sie von der Börse. Warum war ihr dieses Thema so wichtig? Der Regen prasselte los, schwärzte den Asphalt und übertünchte die letzten trockenen Flecken. Marion griff nach einer unsichtbaren Kapuze, aber fand nichts an ihrem eleganten Anorak.

»Du hast noch nicht geantwortet«, sagte ich.

»Worauf?«

»Du und Stagemann – wart ihr ein Paar?«

»Wir waren ein eingespieltes Team.«

»Hast du mit ihm zusammengelebt?«

»Er hatte viele Wohnsitze, rund um den Globus.« Sie schaute zur Seite. Die Regentropfen kullerten wie Tränen über ihre dunklen Wangen.

»Marion! Du musst ehrlich zu mir sein. Ich habe dringende Fragen zu Heiner Stagemann.«

»Welche denn?«

»Warum ist sein Chauffeur, der mich damals abgeholt hat, als Schauspieler bei einer Agentur gelistet?«

Sie rang sich ein Lachen ab. »Weil Heiner ein großes Herz für Künstler hatte. Er ließ sich ganz selten chauffieren – und wenn, hat er immer Schauspieler angeheuert. Er wusste, dass die meisten von ihren Gagen kaum leben können, und meinte: ›Chauffeur ist doch auch eine Rolle. Und Autofahren kann jeder.‹«

Mir war nicht entgangen, dass sie zum ersten Mal nur seinen Vornamen verwendet hatte. »Ich hatte mir vorgestellt, dass der Chauffeur fest angestellt ist. Warum sollte ein Milliardär sein Personal nur leasen?«

»Er war nicht wie die anderen. Er war äußerst bescheiden.«

»So bescheiden, dass er viele Wohnsitze rund um den Globus besaß? So bescheiden, dass er im Privatflugzeug übers Meer gondelte? So bescheiden, dass er seine attraktive Personalchefin auch nach Feierabend beanspruchte?« Der letzte Satz war eine Gemeinheit, das wusste ich. Aber anders würde ich sie nicht zum Sprechen bringen.

Ruckartig blieb sie stehen und warf den Kopf zur Seite, Wassertropfen spritzten aus ihrem Gesicht. »Du beschmutzt gerade einen Toten. Und du stellst mich als sein Flittchen dar. Hast du schon vergessen, dass ich für dich Kopf und Kragen riskiert habe? Der Datenklau war kein Kavaliersdelikt.«

»Du hast die Daten nicht für mich geklaut – sondern für ihn.«

»Ich bin auf Knien zu Patricia Stagemann gekrochen, habe sie angefleht, deine Entlassung wieder rückgängig zu machen. Aber mit dem Identitätsdiebstahl bist du einfach zu weit gegangen, da war nichts mehr zu reparieren.«

»Das war doch nur ein Missverständnis mit einem Taxifahrer.«

»Und dass dein Gehalt in der Probezeit gepfändet wurde – auch nur ein Missverständnis? Die Stagemann hat mir das unter die Nase gerieben: ›Wie konnten Sie nur eine Person mit derartigem Leumund für eine so vertrauliche Aufgabe einstellen!‹ Ich muss froh sein, dass sie mich nicht auch vor die Tür gesetzt hat.«

Es fühlte sich an, als hätte sie mir ein Messer durchs Herz gebohrt. Ich wusste, dass mein Leumund nicht der beste war, aber dass sie mir jetzt den Stempel »Versagerin« aufdrückte, tat unendlich weh. »Du hast wahrscheinlich keine Geldsorgen«, sagte ich, »jetzt nicht mehr.«

Ihre Augen verengten sich zu Schlitzen. »Das ist gemein! Was unterstellst du mir da?«

»Nichts.«

»Du hast gesagt: ›Jetzt nicht mehr‹.«

»Habe ich das?«

»Heißt ›jetzt‹: nach seinem Tod?«

»Sag du es mir!«

»Und willst du mit ›nicht mehr‹ sagen, dass er mir viel Geld hinterlassen hat?«

»Sag du es mir!«

Sie stampfte so heftig auf, dass mir Wasser ans Hosenbein spritzte. »Ich sag dir: Du kannst mich mal!« Sie schüttelte sich, als würde sie sich vor mir ekeln. Wasser perlte von ihrem Anorak.

Als sie sich umdrehte und in den Regen hineinrannte, wurde mir erst klar, was ich angerichtet hatte.

57

Irgendwo bellte ein Hund in der Nacht. Geduckt schlich ich mich über das Feld, den Lichtern der Neubausiedlung entgegen. Der Boden war nass und glitschig, Fäulnis stieg auf. Scharfer Wind pustete mir ins Gesicht, orgelte in den Dachrinnen und ließ die Straßenlaternen ganz leicht schwanken. Ein unheimliches Klappern drang aus einem Hinterhof, vielleicht ein offenes Schuppenfenster.

Das Reihenhaus verströmte Licht, warm und heimelig. Ob drinnen wieder Cat Stevens lief? Auf der Fensterbank schien ein flauschiges Kissen zu liegen. Ich erinnerte mich an die Katze mit dem schwarz-goldenen Fell, deren Augen so rätselhaft im Sonnenlicht gefunkelt hatten. Offenbar wachte sie noch immer über das Haus. Und das schien mir nach dem Tod Friedhelm Ganters nötiger als je zuvor.

Ich war hergekommen, um die Wahrheit aus Lars Ketterer zu kitzeln. Er war ein mutiger Mann, das spürte ich. Den zugemauerten Schornstein hatte er in flammenden Worten angeklagt und war kurz davor gewesen, mir reinen Wein einzuschenken – aber sein Bruder Björn hatte ihn mit diplomatischen Floskeln zurückgepfiffen.

Zwei Parallelen zu Friedhelm fielen mir auf: Die Brüder Ketterer übten sich in Zurückhaltung, statt ihre berechtigte Kritik an der *StageBau* fortzuführen – als hätte ihnen jemand die Zähne gezogen. Und sie wohnten neuerdings in einem ziemlich teuren Eigenheim. Für mich roch das nach einem Pakt mit dem Teufel.

Ich musste an Friedhelm denken, an seine blauen Lippen in der Badewanne. Dass er an einer Charakterschwäche gestorben war, stand für mich fest, aber an welcher: Hatte er seine Seele an die Drogen verkauft? Oder an die *StageBau*? Beides konnte sogar zusammenhängen: Ein Junkie jagt sich Geld ohne Ende durch die Venen. Hatte er sich eine vermeintlich intelligentere Form der Beschaffungskriminalität als Einbruch oder Taschendiebstahl einfallen lassen? War es ihm gelungen, eine reiche Immobilienfirma anzuzapfen? Und worin genau hatte seine Gegenleistung bestanden?

Der eisige Wind setzte kleine Nadelstiche in mein Gesicht. Mein Handy zeigte 19.01 Uhr. Würde Lars Ketterer gleich die Haustür öffnen? Bei meinem ersten Besuch hatte er erzählt, er bräche jeden Abend kurz nach sieben Uhr zu einem Spaziergang an der frischen Luft auf. Nun gab es drei Möglichkeiten: Er ging allein spazieren – das war gut. Er ging mit seinem Bruder spazieren – das war schlecht. Oder er blieb bei diesem eiskalten Herbststurm am Kachelofen sitzen – das war am schlechtesten.

Dass ich klingelte, kam nicht infrage. Björn hatte die Tür einmal vor meiner Nase zugeschlagen, und er würde es wieder tun.

Als Lars allein vor die Tür trat, in einer orangen Daunenjacke, die ihn dick wirken ließ, war ich erleichtert. Er lief die Straße ein Stück hinab, ich folgte ihm auf dem Feld und bog dann, außerhalb der Sichtweite des Hauses, in den Asphaltweg ein.

Als ich ihn von hinten ansprach, unter einer schmutzigen Straßenlaterne, zuckte er zusammen. Es dauerte einen

Moment, bis er mich erkannte. Ich fiel mit der Tür ins Haus: »Wissen Sie, dass Friedhelm Ganter tot ist?«

Er starrte mich an, und sein linkes Auge zuckte wild wie unter Stromstößen. »Was?«

»Er wurde tot in seinem Haus gefunden.«

»O Gott. Um Himmels willen. Was – was ist passiert?«

»Das möchte ich von Ihnen wissen.«

»Von mir? Aber woher – woher soll ich …«

»Erklären Sie mir einen Vorgang, den ich nicht verstehe: Erst werden Sie und Ihr Bruder von der *StageBau* fast vergast – der zugemauerte Schornstein. Sie wehren sich, dokumentieren diesen Anschlag perfekt, wenden sich an den Mieterschutzverein. Aber Friedhelm Ganter nutzt diese Akte nicht, um der *StageBau* die Hölle heiß zu machen, sondern hält sie unter Verschluss. Und Sie ziehen plötzlich in ein luxuriöses Haus am Stadtrand um und fahren gegenüber Ihrem Ex-Vermieter einen Kuschelkurs. Warum? Da ist doch etwas oberfaul.«

»Was ist Herrn Ganter passiert?«

»Dasselbe, was Ihnen auch passieren kann!«

Sein Augenflackern schien den ganzen Körper zu erfassen, ich sah ihn zittern. »Er wurde – er wurde ermordet?«

»Gut möglich.«

Der Wind schien jetzt noch lauter in den Dachrinnen zu orgeln. Ketterer warf einen scheuen Blick über seine Schulter und kniff beide Augen zusammen. »Das ist – das ist furchtbar!«

»Erzählen Sie mir die ganze Wahrheit. Wie sah Ihre Abmachung mit Friedhelm Ganter aus? Und warum haben Sie Ihre Kritik an der *StageBau* zurückgenommen?«

»Mein Bruder, Sie wissen doch. Ich kann – ich darf Ihnen nichts sagen.«

»Wissen Sie eigentlich, dass Friedhelm Ganter in einem schönen Häuschen gelebt hat? Ihres erinnert mich daran. Jetzt kann er es nicht mehr genießen.«

»Ich war dagegen, von Anfang an dagegen!«

»Wogegen?«

Er schüttelte den Kopf. »Nichts.«

»Also gut, dann behalten Sie Ihr kleines Geheimnis für sich. Friedhelm Ganter hat das auch getan. Es ist ihm nicht gut bekommen.«

»Herr Ganter hat versprochen …« Er fasste sich an den Mund.

»Was hat er Ihnen versprochen?«

»Nichts.«

Ich hatte ihn kurz davor, die Wahrheit zu sagen. Vielleicht musste ich den Druck noch einen Tick erhöhen. »Wollen Sie denn lieber mit der Polizei sprechen? Dort wird man sich sehr dafür interessieren, wie Sie an dieses Haus gekommen sind – und welche Zusammenhänge es zu Friedhelm Ganter gibt.«

Er ballte eine Faust. »Wir haben dieses Haus nicht gestohlen, wir haben es gekauft! Ich lass mir von Ihnen nichts unterstellen.«

»Aber das hab ich doch gar nicht.«

»Doch, Sie haben mir mit der Polizei gedroht. Ich dachte, Sie sind Journalistin und wollen was gegen die *StageBau* unternehmen.«

»Das will ich ja auch.«

»Dann gehen Sie nicht auf mich los! Machen Sie denen Angst – und nicht mir.«

»Ich will Ihnen keine Angst machen.«

»Ach ja? Und warum deuten Sie dann an, auch ich und mein Bruder könnten ermordet werden?«

»Weil es eine Tatsache ist. Weil ich Sie warnen will. Weil ich Ihre Mails gelesen habe und weiß: Sie sind ein anständiger Mensch, dem man übel mitgespielt hat – ein Opfer, kein Täter.«

Ich sah, wie seine Gesichtszüge sich entspannten. Sein linkes Auge zuckte nur noch leicht, statt zu flackern. »Glauben Sie mir, ich hätte dieses Haus hier draußen nicht gebraucht. Ich wäre gern in unserer Hamburger Wohnung geblieben. Aber die haben uns rausgeekelt mit allen Mitteln.«

»Und dann haben Sie Friedhelm Ganter eingeschaltet.«

»Er hat meine Aufzeichnungen sehr gelobt, aber auch gesagt: ›Die *StageBau* wird sich keinen Mordanschlag nachsagen lassen. Die werden alle Register ziehen, um Sie juristisch an die Wand zu drücken!‹ Und er hat gemeint, so ein Prozess kostet schon mal Zehntausende Euro. Er hat von Mietern erzählt, die solche Prozesse später sehr bereut haben.«

»Fanden Sie das nicht merkwürdig: dass Ihnen ein Mieterschützer ausredet, dieses Unrecht juristisch zu verfolgen?«

»Nein, für mich klang das logisch. Er hat gesagt, dass die besten Lösungen immer hinter den Kulissen gefunden werden. Man einigt sich auf einen Vergleich.«

»Lassen Sie mich raten, wie Ihr Deal aussah: Im Gegenzug dafür, dass Sie Ihre Vorwürfe zurücknahmen, hat Ihnen die *StageBau* bei der Suche eines neuen Hauses ein wenig unter die Arme gegriffen. Kann man das so sagen?«

»Sagen können Sie alles; bestätigen werde ich nichts.«

»Für die *StageBau* war das ein tolles Geschäft, denn Ihre Kritik hätte Schlagzeilen gemacht und den Aktienkurs womöglich beschädigt. Mit einem Rutsch wären zweistellige

Millionenbeträge futsch gewesen. Da war ein kleines Eigenheim eine extrem günstige Lösung – auch wenn sicher noch mehr Geld geflossen ist.«

»Wie meinen Sie das?«

»Was hätte es gebracht, nur Sie und Ihren Bruder ruhigzustellen? Der Geschäftsführer des Mieterschutzvereins war noch viel gefährlicher. Er musste seinen Mund ebenfalls halten, auch in anderen Fällen. Dafür hat er sich bestimmt fürstlich entlohnen lassen.«

»Sie meinen, er ist zu weit gegangen? Er hat so viel verlangt, dass ihn jemand …«

»Ich kenne keine Details. Aber ich weiß, dass er jetzt tot ist.«

»Glauben Sie wirklich – glauben Sie, mein Bruder und ich sind auch in Gefahr?«

»Sie sind durch ein trübes Gewässer gewatet. Und Sie wissen Dinge, die keinesfalls an die Öffentlichkeit dringen dürfen. Eine Lebensversicherung sieht anders aus.«

»Na, Sie machen mir Hoffnungen!«

»Besitzen Sie Ihre Aufzeichnungen über das Mietermobbing eigentlich noch?«

»Nein, ich musste meine Festplatte abgeben. Ich durfte keine Sicherungskopie machen. Und das hab ich auch nicht getan, denn Herr Ganter hat gesagt, deren IT-Experten können das nachträglich feststellen.«

»Also gibt es digitale Datenspuren: Sie hatten Ihre Unterlagen ja an Friedhelm Ganter gemailt.«

»Wir hatten vorher telefoniert. Er hatte mich gebeten, die Sachen nicht per Mail zu schicken – er fand das zu riskant. Ich hatte ihm die Ausdrucke in einer roten Mappe übergeben.«

Eine Kälte ließ mich frösteln, die mit dem scharfen Nachtwind nichts zu tun hatte. »Das heißt: Ihre brisanten Vorwürfe sind nur noch in dieser Mappe dokumentiert?«

Er nickte. »Ich hoffe, das war nicht der Grund, warum Herr Ganter …«

»Bestimmt nicht«, sagte ich. Und zugleich fragte ich mich: War der Drogentod Friedhelms die geschickte Inszenierung eines Profis? Hatte jemand sein Haus nach der roten Mappe durchsucht, nachdem sie aus dem Büro verschwunden war? Und hatte ich deshalb keine Unterlagen und keinen Laptop in seinem Wohnraum gefunden, weil mir jemand beim Einfahren der Ernte zuvorgekommen war?

Mich beschlich das Gefühl, dass diese rote Mappe nicht gerade ein Glücksbringer war. Sie befand sich in meiner Nachttischschublade. Wie gut, dass das außer mir niemand wusste.

Aber konnte ich mir da sicher sein?

58

Jane hatte geahnt, dass ihre Reportage über den Brand nur einen einzigen Leser fände: ihren Chefredakteur. Kaum hatte Frank von Leibringen das Manuskript gelesen, ließ er sie bei sich antanzen. Kerzengerade saß er auf seinem Schreibtischstuhl, sein Zwei-Meter-Körper erreichte im Sitzen fast ihre Augenhöhe. Seine blauen Eisaugen fixierten sie. »Warum liefern Sie mir schon wieder einen Brand?«, blaffte er sie an.

»Weil es schon wieder gebrannt hat«, sagte Jane.

»Wir sind kein Feuerwehrmagazin. Wir können nicht eine Brandreportage nach der anderen bringen, sonst schlafen unseren Lesern die Füße ein.«

Jane gab sich alle Mühe, fest auf der Stelle zu stehen, nicht zu pendeln – denn wer die körperliche Position aufgab, verlor auch die Position in der Diskussion, hatte ihr der Kommunikationstrainer gesagt. »Aber heute über ein Fußballspiel schreiben, obwohl wir schon gestern über eines geschrieben haben, das können wir doch auch. Neues Spiel, neuer Bericht – warum nicht auch bei Bränden?«

»Haben Sie je gehört, dass Mietshausbrände mit hohen Einschaltquoten im Fernsehen übertragen und von Millionen Menschen bejubelt werden? Fußball ist eine Attraktion, Brände sind es nicht.«

»Aber wir haben es hier nicht nur mit einem Brand zu tun – es ist eine Brandserie. Und wenn der Leser sich fragt, ob sein Mietshaus als nächstes brennt, dann ist die Sache doch ...«

»Jetzt machen Sie mal einen Punkt! Zwei Brände in zwei Wochen in einer Großstadt wie Hamburg – wenn das eine Serie ist, dann ist meine Klospülung der Niagarafall.«

Jane hatte sich vorgenommen, diesmal nicht klein beizugeben. Susanne hatte ihr Leben riskiert und war in das brennende Haus gestürmt. Dass sie von dem Brand so früh gewusst hatte, lag bestimmt an ihren Recherchen über die *StageBau*. Vom Krankenhaus hatte Jane erfahren, dass sie mit einer leichten Rauchvergiftung davongekommen war. Doch alle Versuche, Susanne ans Telefon zu bekommen, um Details zu erfahren, waren gescheitert.

Bestimmt hielt Susanne sie für feige, weil sie sich ihrem Chefredakteur fügte, nur um den Ruf ihres Mannes zu schützen. Dabei hätte der es verdient gehabt, mit seinen Eskapaden aufzufliegen. Außerdem: Seit sie von Susanne wusste, welche Moderationshonorare von Leibringen von der *StageBau* einstrich, war er genauso erpressbar wie sie. 162.000 Euro pro Jahr waren kein Pappenstiel. Ein kleiner Wink an ein Journalistenportal, und sein Ruf wäre die Elbe hinabgeflossen.

Jane hielt dem eisigen Blick ihres Chefs Stand. »Ich finde es bemerkenswert, dass zwei Häuser derselben Immobilienfirma niedergebrannt sind – der *StageBau*.«

»Wissen Sie eigentlich, wie viele Mietshäuser die *StageBau* in Hamburg besitzt? Es wäre fast erstaunlicher, wenn es die Häuser eines anderen Vermieters getroffen hätte.«

»Und ich finde es bemerkenswert, dass in beiden Fällen dieselbe Brandursache ermittelt wurde: technische Defekte an der Elektronik. Das habe ich in meinem Artikel ja auch ...«

»Na und? Wollen Sie der *StageBau* unterstellen, dass die Elektronik in ihren Häusern schlechter als in anderen ist?« Pause. »Oder wollen Sie gar behaupten, dass da jemand nachgeholfen hat?«

»Ich will Sie nur daran erinnern, dass ich über das letzte Brandhaus schon zuvor eine Reportage schreiben wollte – aber Sie haben das abgelehnt. Das Haus sollte renoviert werden und die Mieter mit Lärmterror vertrieben. Im zweiten Stock wurde eine Wohnung an Prostituierte vermietet.«

Er grinste. »Wer hat Ihnen das erzählt? Ihr Mann? Der gilt ja als Experte auf diesem Feld.«

Jane zwang sich, nicht darauf einzugehen. »Für mich hat das System: Erst zieht die *StageBau* alle Register, um Mieter zu vertreiben. Und wenn das nicht klappt, dann brennen ...«

»Sie stellen hier ungeheuerliche Behauptungen auf – aber wo bleiben die Beweise? Ein solcher Verleumdungsjournalismus kommt nicht ins Blatt.«

Jane merkte, dass ihr Oberkörper jetzt doch pendelte, aber inhaltlich wollte sie keinen Zentimeter nachgeben: »Ich frage mich, warum Sie die Berichterstattung über die *StageBau* so konsequent unterbinden?«

Ein heiseres Lachen quoll aus seinem Mund. »Sie machen sich lächerlich: Wir haben der *StageBau* gerade eine kritische Titelgeschichte gewidmet. ›Der tiefe Absturz eines Milliardärs: Heiner Stagemann zerschellt?‹: Das war kein jubelnder Nachruf, das war ein vorbildlicher Blick auf die Schattenseiten eines Firmenlenkers.«

»Dieser Bericht klang nach: Die Firma hatte ein großes Problem – aber das ist gerade im Meer versunken. Dieser Artikel war so ›kritisch‹, dass der Aktienkurs der *StageBau* danach ...«

»Ich bin für den Wahrheitsgehalt unserer Artikel verantwortlich, nicht für die Reaktionen der Börse.«

Sie stemmte ihre Füße fest auf den Boden. »Wirklich nicht? Dann können Sie meine Reportage über den Brand ja bringen.«

»Eine kleine Meldung reicht.«

»Aber eine große Story wäre ...«

Er erhob seinen Riesenkörper und beugte sich über seinen Schreibtisch. »Was glauben Sie denn, wie ein solches Armdrücken zwischen einem Chefredakteur und seiner Ressortleiterin endet? Ungünstig für Sie.« Er neigte sich noch weiter zu ihr vor, jetzt konnte sie seinen Atem spüren. »Und noch ungünstiger für Ihren Mann.«

Jane beschloss, mit ihrer schärfsten Waffe zu kontern: »Weiß unser Verleger eigentlich, welche Moderationshonorare Sie von der *StageBau* beziehen? Kann es sein, dass Ihr kritisches Auge darunter leidet?« Wie cool sie das gesagt hatte! Dabei zitterte sie innerlich, aber das durfte er nicht merken.

Die blauen Augen ihres Chefs verengten sich zu winzigen Eisspalten. »Es geht Sie einen feuchten Dreck an, was ich nach Feierabend tue. Statt mir nachzuschnüffeln, sollten Sie lieber Ihren Mann im Blick behalten. Ein schöner Gleichstellungsbeauftragter ist das.«

Jane spürte, dass sein Selbstbewusstsein wankte – daraus schöpfte sie Kraft zum Nachfassen: »Ich habe Ihnen eine Frage gestellt.«

»Und ich habe Ihnen geantwortet: Mein Honorar geht Sie einen Kehricht an.«

»Ich bin leitende Redakteurin. Auch ich trage Verantwortung für diese Zeitung. Und ich muss wissen, für wen

Sie arbeiten: für Ihre Leser – oder für die *StageBau.*« Einen Moment stockte ihr der Atem. Hatte sie es tatsächlich gewagt, so mit von Leibringen zu reden?

»Also gut, Frau Sternberg, wenn Sie mich zwingen.« Er wandte sich seinem Bildschirm zu, öffnete ein Dokument und hämmerte auf seiner Tastatur herum. Ratternd spuckte der Drucker in der Büroecke ein Blatt Papier aus. Jane ahnte, dass es sich nicht um ihre Beförderung handelte, sondern …

»Na los, holen Sie sich das Dokument«, unterbrach er ihre Gedanken und verschränkte die Arme vor seiner Brust. Sie schlurfte zum Drucker, nahm das Blatt und überflog es. Es trug den Briefkopf der Welthungerhilfe und bescheinigte Herrn Frank von Leibringen, dass er im letzten Jahr Vortragshonorare in Höhe von 162.000 Euro gespendet und eine entsprechende Verpflichtung fürs laufende Jahr unterzeichnet hatte.

Für einen Moment wünschte sich Jane, der weiche Teppichboden des Chefbüros möge sie verschlucken.

59

Mein Leben hatte bei dem Hausbrand knapp gerettet werden können, aber etwas anderes hatte ich verloren: den USB-Stick mit den brisanten Daten über die *StageBau*. Meine Idee, den Stick immer am Körper zu tragen, hatte sich gegen mich gewendet. Irgendwo zwischen Rauch und Feuer, als ich um mein Leben kämpfte, war mir der Stick abhandengekommen. Oder war es im Krankenhaus passiert, als man mich von meiner rauchgeschwängerten Kleidung in ein Nachthemd, einen weißen, viel zu weiten Stofffetzen, gesteckt hatte?

Eigentlich hatte ich vorgehabt, Marion bei unserem Spaziergang von diesem Verlust zu erzählen. Ich war sicher, sie besaß eine Sicherungskopie der Daten. Aber ich hatte es ja fertiggebracht, meine einzige Verbündete in der *StageBau* gegen mich aufzubringen. Mein Versuch, ihr Verhältnis zu Heiner Stagemann zu klären, kam mir mittlerweile voyeuristisch vor. Warum hatte ich unbedingt unter die Bettdecke schauen wollen?

Hielt ich Marion denn wirklich für eine Mörderin? Traute ich ihr zu, einen Flugzeugabsturz zu verursachen, nur um an ein fettes Erbe zu gelangen? Ich wusste ja nicht mal, ob sie mit Heiner Stagemann zusammen gewesen war, noch weniger, ob sie einen Cent erben würde. Bestimmt hatte sie meine Unterstellungen gespürt und sich deshalb so energisch dagegen zur Wehr gesetzt. Das hätte ich an ihrer Stelle auch getan.

Außerdem hatte sie nie ein Geheimnis aus ihrem guten Draht zu Stagemann gemacht. Konnte es mir nicht egal sein, ob sie nur eine vertraute Mitarbeiterin oder mehr für ihn war? Je länger ich über diese Frage nachdachte, desto klarer wurde mir: Ich hatte Marion überfordert. Dass ich sie als Herzensfreundin sah und mich ihr so nah fühlte, hatte mich erwarten lassen, sie müsse alles mit mir teilen, ihr Leben und ihr Liebesleben. Hatte ich völlig aus dem Blick verloren, wie kurz wir uns kannten? Und dass es von ihr dumm gewesen wäre, eine Liebesbeziehung zu Stagemann, sofern es diese gab, ausgerechnet einer Journalistin auf die Nase zu binden?

Ich hatte Heiner Stagemann doch selbst kennengelernt und weit genug hinter seine blaue Sonnenbrille geblickt, um zu begreifen: Wenn er eines hasste, dann große Öffentlichkeit. Er wäre entsetzt gewesen, wenn ihn vom Cover der *Hamburger Allgemeinen* ein großformatiges Foto Marions angelacht hätte, überschrieben mit: »Geschmack für gut Gebautes: Die Geliebte des Immobilien-Milliardärs«.

Und was, wenn Marion tatsächlich nur seine vertraute Mitarbeiterin war? Dann musste sie meine Unterstellungen als Überfall erlebt haben. Wie geschmacklos von mir, in einem frischen Grab als Liebesdetektivin herumzustochern. Wo war mein Fingerspitzengefühl geblieben? Im letzten Jahr war ich so sehr mit mir selbst beschäftigt, mit meiner Krankheit, mit meinen Rechnungen und mit meiner beruflichen Zukunft, dass ich eine Kleinigkeit übersah: Es gab auch noch andere Menschen auf der Welt, die mit Sorgen kämpften, Menschen, die es verdient hatten, einfühlsam behandelt zu werden.

Es kam mir vor, als hätte ich von meinem Herzen genau das Falsche gelernt. Ich war selbst zum Knallfrosch geworden und hüpfte, wenn ich mal gerade nicht auf dem Sofa lag, wild durch die Gegend. Die Schäden, die ich dabei anrichtete, entgingen mir. Tante Martha hatte ich durch meine hektische Abreise vor den Kopf gestoßen und durch meine genauso hektische Wiederkehr verwirrt. Sebastian blendete ich mit Erfolgsnachrichten, während man mir den Stuhl unterm Hintern versteigerte. Und auch für Iris war ich eine Zumutung, ein Blutegel, der sich an ihrer Lebensenergie nährte, weil er selbst kaum mehr welche in sich spürte.

Ich hatte Marion mehre Entschuldigungen auf die Mailbox gesprochen und gefleht: »Ruf mich zurück, lass uns reden!« Aber die Tür unserer guten Beziehung war offenbar ins Schloss gefallen. Ich wusste, dass ich sie nur auf eine Weise wieder öffnen könnte: wenn es mir endlich gelänge, die *StageBau* öffentlich ans Messer zu liefern, den Aktienkurs einbrechen zu lassen – und damit Heiner Stagemanns letzten Wunsch zu erfüllen.

Aber wie sollte mir das ohne Beweismittel gelingen? Der Stick mit den Daten war weg, meine Rückfragen bei der Feuerwehr und im Krankenhaus waren ins Leere gelaufen.

Woher die Daten nehmen, wenn nicht stehlen?, fragte ich mich. Beim Stichwort »stehlen« kam mir eine Idee.

60

Seit über einer Stunde kauerte ich in einer Hofeinfahrt und beobachtete das Firmengebäude der *StageBau*. Die Fenster der meisten Büros waren erblindet, nur hier und dort schälte sich noch ein Lichtquadrat aus dem Dunkeln. Gelegentlich sah ich Putzkräfte, wie sie an den großen Fenstern des Treppenhauses vorbeihuschten, Papierkörbe in der Hand. Aus einem Gully stieg Dampf auf. Ich klappte den Kragen meines Mantels hoch, denn die Temperatur war unter den Nullpunkt gefallen – so hatte es der Wetterbricht für Mitternacht vorausgesagt.

Ein junger Wachmann mit kahl geschorenem Kopf drückte sich vor dem Firmengebäude herum, verschwand aber alle zwanzig Minuten im Hinterhof, wo ich dann ein Feuerzeug zucken und eine Zigarette aufglimmen sah. Danach schnappte ich Gesprächsfetzen auf, er telefonierte mit dem Handy. Meist war er für zehn Minuten von der Bildfläche weg.

Ich wartete seine nächste Raucherpause ab, hastete über die Straße und hielt meine Schlüsselkarte an die Tür. Ich hoffte inständig, dass ein grünes Licht aufflackern und die Tür sich öffnen würde. Niemand hatte mich aufgefordert, meinen Schlüssel zurückzugeben.

Der erste Versuch schlug fehl: konstantes Rotlicht. Lag es an meinen zittrigen Fingern? Ich versuchte es erneut, doch wieder rotes Licht. Kein Zweifel: Die Karte war gesperrt worden. Vielleicht hatte sich Patricia Stagemann persönlich darum gekümmert.

Eigentlich hatte ich vorgehabt, ins Büro von Marion zu spazieren, ihren Computer hochzufahren und jene Daten zurückzuerobern, die im wahrsten Sinne in Rauch aufgegangen waren. Und wenn ich schon im Hause war, hätte ich auch Patricia Stagemann meine Aufwartung gemacht. Wer weiß, welche vertraulichen Dokumente sich in ihrem Chefbüro im achten Stock aufstöbern ließen: Baupläne fürs Zumauern von Kaminen? Mietverträge mit Prostituierten? Oder gar ein paar interessante Details über den Tod Elfriede Jaspers', den Absturz ihres Bruders oder das Vollbad Friedhelm Ganters?

Aber die massive Glastür des Gebäudes stand vor mir wie eine Panzerwand. Ich steckte meine Schlüsselkarte wieder in den Mantel. Ich musste nach Hause fahren und mir einen neuen Plan ausdenken.

Aus den Augenwinkeln sah ich eine Bewegung im Erdgeschoss: Eine Frau mit Kopftuch, offenbar Putzkraft, trottete am verwaisten Empfangstresen vorbei, dem Ausgang entgegen. Die Glastür vor mir fuhr auf.

Ich trat ins Gebäude, lächelte die Frau an und ließ meine Schlüsselkarte in der Handfläche aufblitzen: »Sie sind mir zuvorgekommen – schönen Feierabend.« Und schon war ich drinnen.

Ich durchmaß die Empfangshalle, bog ab ins Treppenhaus, und zwei Minuten später saß ich hinter Marions Schreibtisch und fuhr ihren Laptop hoch. Während der Bildschirm sich aufbaute, überlegte ich: Unter welchem Namen konnte sie die Daten abgelegt haben? Wenn überhaupt, dann musste es ein Tarnbegriff sein, so etwas wie »Sammelordner« oder »Routineprotokolle«.

Die Desktop-Oberfläche war perfekt geordnet, unter anderem befanden sich hier Ordner mit »Bewerbungen Führungskräfte«, »Bewerbungen Fachkräfte« und »Bewerbungen Azubis«. Weitere Ordner schienen Details zum Seminarbetrieb, zu Coachings und zur Personalplanung zu enthalten.

Ich klickte mich in den Ordner »Eigene Dateien«. Eine endlose Reihe von Unterordnern sprang mich an. Aber alle Begriffe, die ich hier las, klangen nach Personalwesen. Nichts deutete auf einen Sammelordner mit versteckten Daten hin. Es war, als hätte ich einen einzelnen Wassertropfen in einem Meer gesucht.

Ich sah nur eine Lösung: Ich musste die komplette Festplatte speichern und zu Hause in Ruhe durchsuchen. Doch mein Stick meldete rasch seine Überforderung: Er war nur für 32 Gigabyte ausgelegt – die Festplatte umfasste aber 993. Ich hatte einen großen Fisch an der Angel, aber konnte ihn nicht an Land ziehen, weil das Keschernetz zu klein war. Was war ich doch für eine Amateurin!

Ich musste morgen Nacht wiederkommen, dann mit einer kleinen Festplatte. Bei diesem Stichwort kam mir ein Gedanke: Mit der rechten Maustaste klickte ich die angehefteten URLs in Marions Firefox an. Darunter befand sich die Internetseite eines großen Online-Buchhändlers, der auch Computerzubehör vertrieb. Ich klickte sie an, um herauszufinden, ob es mobile Minifestplatten in ausreichender Größe gab, die ich mir von meinen restlichen paar Kröten noch leisten konnte.

Du bist eine tolle Einbrecherin, Susanne!, meldete sich mein inneres Teufelchen zu Wort. *Hinterlass doch gleich noch eine Visitenkarte am Tatort. Schon mal was von Daten-*

spuren gehört? Recherchier das zu Hause. Schau, dass du Land gewinnst, ehe sie dich am Arsch packen.

Doch mittlerweile hatte sich die Internetseite aufgebaut. Zunächst erschienen individuelle Buchempfehlungen, offenbar ausgerichtet an Marions bisherigen Käufen. Als ich die Titelzeilen las, hielt ich inne. Mehrere Bücher hatten mit Schwermut und Depression zu tun. Marion machte immer einen so heiteren und aufgeräumten Eindruck – hatte sie eine tieftraurige Seite, die mir bislang entgangen war? War sie nach dem plötzlichen Tod Heiner Stagemanns in den schwarzen Abgrund einer Depression gestürzt? Kämpfte sie mit Verzweiflung, hing ihr Leben nur noch am seidenen Faden? Und hatte sie auf meine Nachrichten nicht reagiert, weil sie Unfug gemacht hatte und nicht mehr reagieren konnte?

Ich dachte an unser Gespräch im Stadtpark. Wenn ich so zu einer schwer Depressiven gesprochen hatte, kam das einem Todesstoß gleich. Was war ich doch für ein Rindvieh!

Ich musste genauer wissen, was Sache war, und klickte auf die Rubrik »Ihre Bestellungen«. Dort würde ich sehen, welche Bücher Marion tatsächlich gekauft hatte. Drei Buchcover, untereinander angeordnet, bauten sich auf dem Bildschirm auf. Zwei davon waren mit Themen der Personalauswahl überschrieben.

Das dritte Cover, mit einem Licht am Ende eines Tunnels, kam mir seltsam bekannt vor. Als ich die Titelzeile las, geriet der Knallfrosch in meiner Brust außer Rand und Band: *Warum Selbsttötung keine Lösung ist – Erste Hilfe bei Depression.*

Zunächst dachte ich: Das muss ein sehr populäres Buch sein, es wurde auch Martha untergejubelt. Dann sah ich das

Datum der Expresslieferung. Hielt die Luft an. Rechnete nach. Und stellte fest: Es war der Tag, in dessen Nacht Tante Martha unerwünschten Besuch erhalten hatte.

61

Tante Martha konnte nicht fassen, was ich ihr da erzählt hatte. Sie nippte an ihrem Tee, zweimal nacheinander, und setzte ihre Drachentasse wie in Zeitlupe ab. »Soll ich ehrlich sein, Kind? Für mich klingt das wahrlich nach einer Räuberpistole. Welchen Grund hätte Marion gehabt, in meine Wohnung einzudringen? Warum hätte sie an den Gashahn gehen und das Buch über die Selbsttötung hinterlassen sollen?«

»Ich weiß es nicht sicher. Aber ich weiß, dass sie an einen Schlüssel gekommen wäre.« Ich dachte an das Alstergrundstück mit dem Boot, zu dem sie mir problemlos Zugang verschafft hatte.

Energisch setzte sie ihre Tasse ab. »Aber Susanne, was ist denn das für eine hanebüchene Logik! Du würdest doch auch nicht sagen: Der Täter ist im Auto geflüchtet – und weil sie Auto fährt, muss sie es gewesen sein. Unser Professor hat uns immer eingebläut, dass man nicht verifizieren soll, also Beweise für die eigene These sammeln – sondern falsifizieren, also sich selber fragen, was dagegenspricht.«

»Aber ich muss die Tatsachen doch zur Kenntnis nehmen! Dass sie ausgerechnet dieses Buch bestellt, ausgerechnet am passenden Tag, ehe es in deinem Sekretär landet – soll ich das für Zufall halten?«

»Spiel diese Möglichkeit einfach einmal durch.«

»Aber das setzt voraus, dass Marion depressiv ist. Doch diesen Eindruck macht sie beim besten Willen nicht.«

»Nicht jedes Menschenkind trägt seine Seele auf der Zunge.«

»Aber sie war das blühende Leben, hat Mitarbeiter eingestellt, Konferenzen geleitet, ist Joggen gegangen – das kriegt jemand mit Antriebsschwäche nicht mehr hin.«

»Was macht dich so gewiss, dass sie das Buch für sich selbst bestellt hat? Ich habe bei meinem Buchhändler um die Ecke juristische Standardwerke gekauft, ohne deshalb Juristin zu sein.«

»Du meinst: Sie hat das Buch für einen nahen Menschen mit Depression besorgt?«

»Zum Beispiel.«

»Aber für wen?«

»Denk mal nach, wer da infrage kommt.«

Ich überlegte, aber mir fiel nichts ein. Der Duft ihres *Chanel N° 5* umspielte meine Nase, als wollte er meine Gedanken wach kitzeln. Und dann machte es klack: »Du willst doch nicht etwa sagen, dass sie das Buch für Heiner Stagemann …«

»Das ist eine Möglichkeit. Er hat sich von der Welt zurückgezogen, hast du mir erzählt. Er hat seine Firma seit Jahren gemieden. Dieser Rückzug könnte fürwahr Anzeichen einer schweren Depression sein.«

Das klang nicht ganz unlogisch. Aber ihre These ließ einen entscheidenden Punkt außer Acht: »Dann erklär mir, warum sie das Buch ausgerechnet an diesem Tag bestellt! Das kann doch kein Zufall sein.«

»Lass uns durch die Brille von Herrn Stagemann schauen: Was genau hat sich zu dieser Zeit in seinem Leben ereignet?«

»Keine Ahnung.«

»Aber Kind, du bist ihm doch tags zuvor begegnet.«

»Na ja, er wollte eine neue Mitarbeiterin anheuern, die in seiner Firma den Mist umgräbt – nämlich mich. Und diese Mitarbeiterin hat ihm einen Korb gegeben. Aber deshalb stürzt ein so mächtiger Mann doch nicht gleich in eine Depression.«

»Womöglich hat er all seine Hoffnungen in deine Ermittlung gesetzt. Und deshalb …«

»Martha, ich bitte dich! Du selbst hast doch gesagt, dass es bessere Detektive als mich gegeben hätte. Ich sage dir: *Dieser* Mann war nicht depressiv. Mit diesem Thema kenne ich mich aus.« Ich dachte an den tiefsten Punkt meines Lebens zurück, nachdem ich aus der frisch gegründeten Redaktion des *Stadtstreichers* geflogen und als Brandstifterin verdächtigt worden war. Damals war ich so am Boden zerstört, dass ich keine Energie hatte, um aufzustehen, keinen Hunger, um zu essen. Niemals hätte ich in diesem Zustand ein neues Projekt anschieben können. Aber genau das hatte Stagemann getan – durch den Versuch, mich anzuheuern.

»Susanne, niemand sagt, dass es gewisslich so war – wir prüfen nur die verschiedenen Möglichkeiten. Und mittlerweile ist ja ein gewichtiger Punkt hinzugekommen, der nachträglich für eine schwere Depression sprechen könnte.«

Skeptisch sah ich sie an. »Welcher denn?«

Ihr Zeigefinger im Looping des Tassengriffs verharrte. »Heiner Stagemann lebt nicht mehr.«

»Das war ein Anschlag, Martha! Jemand hat dafür gesorgt, dass er ins Meer stürzt.«

»Und wenn er lebensmüde war? Wenn er nach einem Tod gesucht hat, der posthum keine Schmach über ihn bringt? Dann wäre es eine naheliegende Idee gewesen, einen

Suizid mit Flugzeug zu begehen. Erinnerst du dich an den Germanwings-Piloten, der eine voll besetzte Passagiermaschine für seinen Selbstmord in den französischen Alpen benutzt hat?«

»Martha«, sagte ich und spürte, dass Ärger in mir aufstieg. »*Du* erzählst hier die Räuberpistolen! Alles spricht dafür, dass Marion dieses Buch für dich bestellt hat – und etwas mit dem nächtlichen Besuch in deiner Wohnung zu tun hat!«

»Aber welches Motiv sollte sie geleitet haben? Sie hat dich zu diesem Zeitpunkt doch noch gar nicht gekannt.«

»Das stimmt, wir sind uns erst danach begegnet. Aber was ist passiert, als du mich angerufen und von dem nächtlichen Einbruch erzählt hast? Vor lauter Sorge um dich bin ich zurück nach Hamburg gekommen und habe Stagemanns Job doch noch angenommen.«

»Du meinst, das war kein Anschlag auf mich – sondern ein Köder für dich?«

»Marion hat Dreck am Stecken. Und ich würde wetten, sie hat auch was mit dem Absturz zu tun.«

Sie ließ ihre Tasse los. »Du gehst davon aus, sie hat ihn umgebracht?«

»Falls ja, dann nicht nur ihn«, sagte ich.

»Und was willst du jetzt tun, Kind?«

»Ihr das Handwerk legen«, sagte ich und stand auf.

62

Der Straßenlotse

Ich will mich nicht damit schmücken, aber Sie werden es sofort einsehen: Meine exotische Freizeitbeschäftigung weist etliche Parallelen zur Tätigkeit eines Filmregisseurs auf. Nicht nur, weil ich großes Kino liefere – denken Sie an den spektakulären Absturz des Milliardärs! –, sondern vor allem, weil eine Begleitung über die Straße inszeniert sein will. Dieser letzte Gang muss ein Höhepunkt sein, der eine Lebensgeschichte glaubwürdig abrundet. So glaubwürdig, dass die faszinierten Zuschauer den Regisseur im Hintergrund vergessen.

Ein Film ist missraten, wenn die Zuschauer, während sie ihn schauen, dauernd daran denken, dass sie ihn schauen. Der Gag besteht darin, dass sie diesen Umstand vergessen und die Handlung als natürlich betrachten. Und bei mir besteht der Gag darin, dass ein Mensch die Straßenseite wechselt, ohne dass die Zuschauer meine freundlich helfende Hand dabei wahrnehmen.

Niemand wundert sich, wenn ein exzentrischer Milliardär eines Tages an seiner Exzentrik stirbt – warum musste er auch in einem kleinen Privatflugzeug übers Meer brummen? Niemand wundert sich, wenn ein gigolohafter Mieterschützer seinen Kick nicht nur bei Frauen, sondern auch bei Drogen sucht und es dabei einen Schritt zu weit treibt. Und niemand hätte sich gewundert, dass ein Mütterchen von 94 Jahren eines Nachts von einem gnädigen Tod abgeholt worden wäre, hätte mir nicht ein Hund dazwischengebellt.

Nun will ich einmal testen, welchen Lerngewinn Sie aus meinen bisherigen Ausführungen gezogen haben. Was schlagen Sie vor: Wie kann ich die besagte Frau – Sie wissen schon, die Immobilienschnüfflerin – über die Straße begleiten, ohne dass meine Regie dem Zuschauer auffällt? Diese Frau, die in das brennende Haus einer Immobilienfirma spaziert ist und sich dort so lange aufhielt, bis sie ohnmächtig von der Feuerwehr hinausgetragen werden musste? Diese Frau, die sich nachts zum Schnüffeln ins Gebäude derselben Firma schlich, dabei aber völlig übersah, dass die Kameras ihren Einbruch gerichtsfest dokumentierten?

Also, meine Preisfrage an Sie: Welcher Gang über die Straße ist für diese Frau so natürlich, dass jedermann sagen wird: »Es musste ja so kommen!« Für mich liegt die Lösung auf der Hand: Eine Frau, die beim Schnüffeln Kopf und Kragen riskiert, die immer wieder Gebäude betritt, wo höchste Gefahr auf sie lauert – eine solche Frau muss beim Schnüffeln die Straßenseite wechseln, in einem Gebäude, wo höchste Gefahr auf sie lauert. Ein solches Ende wird für jeden Zuschauer schlüssig sein, verbunden mit der Moral: »Selber schuld!«

Was halten Sie von folgendem Filmfinale: Unsere tragische Heldin wird von ihrer krankhaften Neugier erneut über den Rand der Vernunft hinausgetragen. Diesmal schleicht sie sich in ein Haus, das alle anderen Menschen gezielt verlassen haben – ein Haus, dessen Betreten strengstens verboten ist. Weil es in wenigen Minuten gesprengt wird. Ganz offiziell.

Offenbar will sie – irrational, wie immer – die Sprengung in letzter Sekunde verhindern. Anders ist es kaum zu erklären, dass sie sich noch im Gebäude aufhält, als die Sprengladung explodierte.

Der Anblick ihrer Leiche – Sie wissen schon, ich bin feinfühlig – bleibt aller Welt erspart. Lediglich die Einzelteile ihres Menschenpuzzles finden sich beim Abfahren der Sprengreste. Nach einigem Hin und Her wird die polizeibekannte Frau identifiziert. Weitere Spuren sind in diesem Trümmermeer leider, leider nicht mehr zu ermitteln.

Angenommen, Sie wären Polizist und müssten diesen Fall untersuchen: Würden Sie einer Frau, die freiwillig in ein brennendes Haus rannte, nicht auch zutrauen, dass sie erneut zu weit gegangen ist? Ob der Suizid gewollt oder ungewollt war, wird für Sie keine Rolle spielen. Denn für Fremdverschulden werden Ihnen keine Anhaltspunkte ins Auge stechen. Und da Ihr Polizeirevier chronisch unterbesetzt ist, werden Sie glücklich sein, die Akte rasch zu schließen und Ihren Lieblingsstempel »Gelöst!« auf den Fall zu drücken.

Wahrscheinlich ahnen Sie es, dass ich den Drehort meines Films bereits besichtigt habe: Ich kenne ein Haus, das diese Tage gesprengt wird – ein Haus mit verwinkeltem Keller. Und ich kenne einen Grund, der unsere tragische Heldin veranlassen wird, diesem Haus unmittelbar vor der Sprengung einen Besuch abzustatten. Es wird ein kurzer, schmerzloser, wenn auch etwas lauter Wechsel der Straßenseite.

Gönnen Sie mir diesen Knalleffekt einfach; ich arbeite ja ansonsten lautlos genug.

63

Ich sah ein Flugzeug in der Nacht, sah es immer wieder blinken, ehe die Dunkelheit es wie eine Faust umfing, eine Weile festhielt und kurz wieder freigab. Immer wenn das Flugzeug verschwand, hielt ich den Atem an: Würde ein weiteres Signal folgen? Würde es sich in der Luft halten können? Oder wäre das Nächste, was ich hörte, ein gewaltiges Klatschen, eine Bruchlandung im Meer?

Ich stellte mir Heiner Stagemann bei seinem letzten Flug vor. Vielleicht freute er sich an Bord seiner Maschine, morgen schon wieder in den Armen seiner Geliebten zu liegen – während die schon im Internet nach der ersten Absturzmeldung suchte. Und alles für die Zeit nach seinem Tod präpariert hatte.

Meine Gedanken liefen heiß in meinem Kopf. Ich lag auf dem Bett und starrte an die Decke, wo der Brandmelder immer wieder rot aufblinkte. Ich wusste nicht, was dieses Signal zu heißen hatte: dass die Batterie noch funktionierte? Oder dass ich sie wechseln musste? War ich in Gefahr? Oder befand ich mich in Sicherheit?

Das Talent, Signale zu lesen, fehlte mir. Alles, was ich bislang geglaubt hatte, war ins Wanken geraten, seit ich dieses Buch in Marions Einkaufsliste entdeckt hatte. Waren die brisanten Datensätze, die sie mir auf dem Stick zugespielt hatte, überhaupt echt? Oder hatte sie, um den

Verdacht von sich abzulenken, die paradoxe Anleitung zum Mietermobbing und die Hinweise auf die Brände selbst formuliert und als Köder für mich ausgelegt?

Immer wieder hatte sie mich aufgefordert, Schlagzeilen gegen die *StageBau* anzuschieben und den Aktienkurs zu schädigen, angeblich im Auftrag Heiner Stagemanns. Aber was wusste ich schon über seine Wünsche? Ein kurzes Treffen und ein Telefonat – danach war er für mich aus der Welt verschwunden. Wer garantierte mir, dass Marion ihre eigenen Wünsche nicht in seinen Mund gelegt hatte? Womöglich wusste er gar nicht, dass sie mich anstiftete, seiner Firma solchen öffentlichen Schaden zuzufügen.

Und wie naiv von mir, dass ich angenommen hatte, Marion sei eine Kämpferin gegen das Unrecht, eine Business-Pippi-Langstrumpf. Vielleicht war »Frisches Wasser für Afrika« ein Engagement, das sie ins Schaufenster stellte, um von ihren Charakterschwächen abzulenken. Schon in jungen Jahren hatte sie eine gehobene Führungsposition in einem profitgierigen Konzern erobert – sicher nicht durch Nettsein allein. Sie musste Machtpolitik betrieben, Ellbogen ausgefahren und die skrupellose Geldgier des Hauses geteilt haben. Und bestimmt hatte es sie verbittert, als ihr Freund, der Starfotograf, ihre Bürgschaften hatte platzen lassen, um mit einer Jüngeren durchzubrennen. War aus dem harmlosen Mädchen, das die Diplomateneltern wie ein Gepäckstück von Land zu Land verschoben hatten, selbst eine rollende Kofferbombe geworden?

Mein kindlicher Blick hatte sie glorifiziert. Ich hatte das in ihr gesehen, was ich hatte sehen wollen: eine gutherzige, fürsorgliche Verbündete, keine machthungrige Geldfrau. Ich war blind gewesen.

Und wenn Heiner Stagemann sie in diese Position gehoben hatte, fragte ich mich: Hatte sich das enge Verhältnis zwischen ihm und ihr zufällig ergeben? Oder hatte Marion ihren Charme und ihren attraktiven Körper instrumentalisiert, um sein Herz in die Falle zu locken?

Was, wenn sie von Beginn an den Plan verfolgt hatte, eines Tages selbst die *StageBau* zu leiten? Wenn sie ihren Geliebten beeinflusst hatte, seine Unternehmensanteile per Testament an sie zu vermachen? Und wenn sie, um ihr Glück zu beschleunigen, von langer Hand seinen Tod eingefädelt und Maßnahmen für die Zeit danach getroffen hatte?

Dann wäre klar gewesen, worauf es nach Heiners Tod hinauslief: auf einen Machtkampf zwischen ihr und Patricia Stagemann. Also ergab es Sinn, der Konkurrentin öffentlichen Schaden zuzufügen: Menschen starben, Häuser brannten, paradoxe Anleitungen zum Mietermobbing tauchten auf. Und ich, die verdeckte Ermittlerin, sollte Patricia ans Kreuz nageln. Ein paar Schlagzeilen hätten genügt, um nicht nur den Aktienkurs der *StageBau*, sondern auch das Image von Patricia Stagemann zu zerstören.

Vielleicht hatte ich die Chefin des Unternehmens von Beginn an zu negativ gesehen, war sie mir doch als Intrigantin, als Business-Kriminelle, ja als »Schlange« vorgestellt worden. Vielleicht war die Temperatur im Fahrstuhl vor allem durch meine Fantasie so kalt geworden. Und vielleicht war es nur ein Zufall, dass sich die Abendsitzung mit dem Brandanschlag überschnitten hatte.

In einem Zeitungsbericht hatte ich gelesen, dass Patricia Stagemann bis heute ihr altes Gymnasium in Blankenese unterstützte, unter anderem durch eine kostenlose Sanierung der Turnhalle, in der Asbest entdeckt worden war. Ein Foto zeigte sie bei der Einweihungsfeier in einem lila Kostüm, neben der Direktorin, der Schülerchor hatte einen Halbkreis um die beiden gebildet und sang ein Ständchen. Konnte es sein, dass nicht nur Heiner, sondern auch Patricia eine soziale Ader hatte? War ihre raue Schale nur eine Berufskleidung, die sie tragen musste, um in der harten Immobilienbranche zu überleben?

Zumindest hatte Marion sie unterschätzt: Patricia hatte die drohenden Schlagzeilen gerochen und die Presse auf ihre Seite gezogen. Oder warum sonst hatte mir der Taxifahrer erklärt, sie habe ursprünglich eine Fahrt zum Landgut der von Leibringens in Niedersachsen bestellt gehabt? Das klang nach einem vertraulichen Termin mit dem wichtigsten Chefredakteur der Stadt.

Und eine Frage, die mich schmerzhaft betraf, war nach wie vor offen: Wer hatte mir im Keller des Mordhauses die Latte über den Kopf gezogen? Mittlerweile hegte ich den Verdacht, dass es dieselbe Frau war, die kurz darauf mit einem riesigen Blumenstrauß vor meinem Bett stand.

Gut konnte ich mich an unser Gespräch erinnern, in dem sie mich davon überzeugen wollte, dass dieser Lattenschlag eher zu einer Frau als zu einem Mann passte. Was für ein raffinierter Schachzug: Dass sie den Verdacht auf eine Frau lenkte, klammerte sie selbst indirekt aus dem Kreis der Verdächtigen aus – denn eine Täterin wäre doch niemals so dreist, mir den männlichen Täter auszureden und selbst eine Frau ins Gespräch zu bringen. Dabei hätte mein erstes Gefühl im Flur des Hauses – »Diese Person hat hier nichts verloren!« – eins zu eins auf sie, als Personalchefin des Konzerns, zugetroffen.

Und warum hatte ich eigentlich keinen Verdacht geschöpft, als sie mir die Situation im Keller so anschaulich geschildert hatte? Ich hörte ihre Worte noch: »Du kommst in meine Parzelle, ich kauere in einer Ecke und fühle mich in die Enge gedrängt.« Das klang nach einer Erzählerin, die sich mit viel Fantasie in eine Rolle versetzte. Und wenn es ein schlichter Erlebnisbericht war? Dann wusste ich: Marion hielt sich für so überlegen, dass sie Psychospielchen mit mir trieb, mich nach Belieben manipulierte. Ihr Abgang im Stadtpark war sicher ein Teil dieses Theaters gewesen.

Aber jetzt hatte sich das Blatt gewendet: Während Marion noch dachte, mich zu blenden, hatte ich ihre kriminelle Energie durchschaut. Wie lächerlich müssen ihr meine Entschuldigungen auf der Mailbox vorgekommen sein. Aber meine nächste Nachricht, da war ich ganz sicher, würde sie aus der Reserve locken.

Mein Plan war abenteuerlich – und doch gab er mir Frieden. Ich spürte, dass mein Atem ruhig und regelmäßig wurde. Doch etwas in diesem Raum stimmte nicht mehr und roch nach Gefahr. Was war es bloß? Genau: Das Blinken am Himmel war erloschen. War das Flugzeug ins Meer gestürzt? *Nein, du Dummerchen,* antwortete mein Teufelchen, *aber du hast gerade die Augen zum Schlafen geschlossen. Dann blinken keine Brandmelder mehr, sondern nur noch deine Träume.*

64

Durch den dünnen Vorhang meines Zimmers sickerte Morgenlicht, trüb wie Putzwasser, das der Himmel sparsam auf mich herabgoss. Blinzelnd öffnete ich die Augen. Wie lange hatte ich geschlafen? Der Wecker an meinem Bett zeigte 8.13 Uhr. Auf dem Flur knarrten die Dielen, ein Wasserrohr pfiff asthmatisch. Tante Martha war auf den Beinen.

Ich setzte mich aufrecht ins Bett und tippte eine Textnachricht in mein Handy: »Patricia Stagemann will dich vernichten. Ich weiß alles. Wir müssen reden!« Das klang dramatisch, und das sollte es auch.

In der Nacht war ich noch sicher gewesen, dass Marion sofort reagieren würde. Aber bei Tageslicht schloss ich nicht mehr aus, dass sie mit dieser Nachricht zu ihrer Chefin oder gar zur Polizei lief. Tante Martha hatte mich gemahnt, ich sei mit meinen Schlussfolgerungen zu voreilig. Ich beschloss, sie nicht in meine Aktion einzuweihen, das hätte sie zu sehr aufgeregt.

Nach fünf Minuten antwortete Marion. Sie wollte mich sehen. Der Ort überraschte mich: »Lass uns angeln gehen auf der Alster. Heute um 22 Uhr. Das Boot liegt noch dort.«

Interessant, dass sie plötzlich ihre Leidenschaft fürs Angeln entdeckte. Mir war klar, warum sie mich nachts auf einem schwankenden Boot treffen wollte: ein überraschender Schubser, danach ein paar Schläge mit dem Ruder – schon wäre ihr nächstes Problem in den Fluten versunken.

Und der nächtliche Herbstnebel war ein Zeuge, der alles für sich behielt. Glaubte sie, ich wäre dumm genug, dass ich mich auf diesen Treffpunkt einließ?

Aber vielleicht war es der einzige Ort, wo sie mir die Wahrheit sagte – in der Annahme, ich müsse diese mit auf den Flussgrund nehmen. Dabei übersah sie meine zwei Vorteile: Ich war geübt darin, mein Gleichgewicht in schwankenden Booten zu halten – während sie in den letzten Jahren allenfalls die Jacht ihres Lover-Chefs betreten hatte. Und sie ging davon aus, mich mit einem Angriff zu überraschen – ich aber war darauf gefasst. Sofort fiel mir ein Hilfsmittel ein, das mich unsichtbar schützen würde.

Du bist nicht ganz bei Trost, Susanne!, schaltete sich mein Teufelchen ein. *Die Frau ist gefährlich, sie hat Menschenleben auf dem Gewissen. Nachts auf dem Fluss bist du ihr ausgeliefert. Dein Gleichgewichtssinn soll dich retten? Und wenn sie ein Messer zückt? Oder eine Pistole? Spiel nicht die Heldin, schalt die Polizei ein. Eine Wasserleiche im Ozean reicht – du musst nicht dieselbe Rolle in der Alster spielen.*

Aber was hatte ich gegen Marion denn in der Hand? Der Stick mit den Daten war verloren, und alles andere konnte ich nicht beweisen. Für die Polizei war ich eh eine höchst fragwürdige Zeugin, nach meiner Flucht aus dem Taxi und meiner Aktion in dem brennenden Haus.

Nein, ich musste diese Sache auf eigene Faust regeln. Vor einigen Wochen war ich noch feige gewesen, hatte mich von einem Schaffner zur Schnecke machen lassen, mich vor dem Auftrag Heiner Stagemanns gedrückt und mich kaum einen Zentimeter von meinem Fernsehsofa bewegt. Mein zweiter Vorname war »Johnny«. Und fast hätte mich meine Rückkehr nach Reinstadt wieder in diese Leichenstarre gepresst.

Aber als Iris mir den Armreif meiner Mutter zurückgegeben hatte, war etwas in mir passiert: Die alte Lebendigkeit floss wieder durch meine Adern. Nur deshalb war ich bei Nacht ins Gebäude der *StageBau* eingedrungen und auf den entscheidenden Beweis gestoßen. Ich dachte wieder an die Worte meines Psychologen: »Angst wächst, wenn Sie meiden, was Sie fürchten. Aber Angst schrumpft, wenn Sie nach vorne gehen und sich ihr stellen.« Ich konnte mich erinnern, dass er die Angst mit Herrn Tur Tur verglichen hatte, dem Scheinriesen aus *Jim Knopf*, der umso kleiner wird, je näher man ihm kommt.

Ich drückte mich nicht mehr vor dem Leben, sondern nahm es mit ihm auf. Auch mit den Schwierigkeiten, mit den Abgründen, mit Marion. Ich durfte nicht zurückweichen, sondern musste nach vorne gehen.

Marion hielt mich für ein dummes, naives Mädchen, das sie mal eben aufs Wasser locken und für immer loswerden konnte. Ich würde ihr beibringen, dass sie mich unterschätzte.

65

Auf der Brücke blieb ich stehen. Der Fluss atmete wieder Nebel aus, wie feiner Rauch stieg er aus dem Wasser und verlor sich in der Nacht. Motoren brummten ungeduldig vor einer Ampel, ehe sie sich röhrend entfernten. Irgendwo quietschte ein Zug, und Fetzen einer Lautsprecherdurchsage wehten durch die Nacht. Der Fluss verströmte eine leichte Fäulnis, und der Fahrtwind der Autos blies mir Tankstellengeruch in die Nase.

Ich hatte meinen dicksten Anorak angezogen, ein blaues Teil, das ich zuletzt beim Skifahren getragen hatte. Die dicken Daunen sollten ein kleines Geheimnis vor Marion verbergen. Mein Angelgerät hatte ich zu Hause gelassen. Kein Fisch sollte heute Abend ins Netz gehen. Auch ich nicht.

Den Schlüssel für das Grundstück der Alstervilla besaß ich noch. Ich öffnete die Pforte, knarrend ging sie auf. Das Grundstück schirmte sich mit einer hohen Hecke gegen die Straße ab. Das Licht der nahen Brücke verlor sich in dem weiten Gelände, das Haus mit säulengestütztem Vorbau und einem Erker lag fast im Dunkeln.

Vorsichtig tastete ich mich die Stufen zum Grundstück hinab. War ich noch allein hier? Oder lag Marion schon im Schatten auf der Lauer? Beobachtete sie jeden meiner Schritte, wie im Wald an der Oberalster, und dachte sich: *Noch geht sie. Noch atmet sie. Noch lebt sie.* Gab es einen Plan, das für immer zu verändern?

Oder verhielt es sich mit meiner Angst mal wieder wie mit dem Scheinriesen Tur Tur: Würde sie sich nun, da ich mich ihr stellte, mit einem Schlag auflösen? Hatte ich Marion zu Unrecht verdächtigt? Hatte meine Fantasie bei ihrem Galopp die Realität abgeworfen?

Ein grelles Licht fuhr mir in die Augen, ich riss die Hand nach oben und blinzelte. Der Bewegungsmelder war angesprungen und tauchte das Grundstück in hellgelbes Licht. Die Uferbäume waren einen Schritt aus dem Dunkeln getreten, warfen gespenstische Schatten zum Fluss.

Unter der Trauerweide sah ich das Ruderboot dümpeln. Niemand schien es seit meinem letzten Angeltag bewegt zu haben. Ich tapste über den Rasen zum Fluss, der so langsam und geräuschlos floss, als wollte er sich dem hektischen Treiben dieser Stadt entziehen.

Im Gegensatz zur Elbe, die ihre Fließrichtung bei Tidenhub wechselte, war auf die Alster Verlass: Wer ihrem Lauf folgte, landete zuverlässig in der Innenstadt. Viele Touristen hielten die Alster für ein Riesengewässer, nur weil der Fluss auf seinen letzten drei Kilometern als Außen- und Binnenalster in die Breite ging. Dabei war die Alster auf ihren dreiundfünfzig Kilometern davor nur ein winziges Geschwisterchen der Elbe, im Oberlauf ein schmales Bächlein.

Eine Bewegung, die von der Seite kam, ließ mich zusammenzucken. Ich hörte ein leises Pfeifen. Etwas flog durch die Luft, direkt auf mich zu. Ich federte in die Knie, um dem Geschoss auszuweichen. Es war nur eine Fledermaus, die im Zickzackflug wieder in der Nacht verschwand, nachdem ihr Radar mich geortet hatte.

Oben, im trockenen Laub der Trauerweide, raschelte der Wind. »Marion?«, rief ich. Aber ich wusste ja schon, dass sie bei Nacht nur ungern antwortete. Mein Blick tastete das Gelände ab. Das Grundstück war reich mit Bäumen und Büschen bepflanzt, das Licht des Bewegungsmelders malte jede einzelne Pflanze mit schwarzer Schattentinte nach. Viele Verstecke für jemanden, der sich verbergen und mir auflauern wollte.

Der Wintergarten des Hauses ragte weit ins Grundstück hinein, das Licht des Bewegungsmelders schien durch sein Glas, eine Art Palme stand in der Mitte des Raums. Er sah aus wie ein Terrarium, dessen stabiles Glas ein gefährliches Tier umschloss. Eine Giftschlange zum Beispiel. Hatte Marion nicht behauptet, Patricia Stagemann sei eine Schlange? Gut möglich, dass sie selbst die Schlange war.

Ein Busch, nur wenige Meter vor mir entfernt, bewegte sich. Es sah aus, als träte er einen Schritt zur Seite. Dann kam er mitsamt Schatten auf mich zu. Ich erkannte einen Körper, die Schultern, den Kopf, die Beine. Das Gesicht lag im Dunkeln, das Licht kam von hinten. Eigentlich war Marion etwas kleiner als ich. War es der Schatten, der sie größer wirken ließ und breitschultriger?

»Nicht erschrecken, okay?«, sagte eine Stimme. Und ich erschrak fürchterlich. Denn das war nicht Marion, das war … Ein Eisblitz zuckte durch meinen Körper und überzog mich mit einer Gänsehaut. Der Knallfrosch tobte los in meiner Brust, mein Herz sprang bis in den Hals hinauf. *Ruhig atmen, Susanne, ruhig atmen.*

Aber der Schrecken umklammerte meine Kehle mit stählernem Griff. Ich hoffte, meine Beine würden nicht wegsacken.

66

»Ich bin real und kein Gespenst, liebe Frau Mikula«, sagte er – und hielt mir seine Hand hin, Beweisstück aus Fleisch und Blut. Ich wollte sie greifen, aber konnte nicht. Meine Hände hatten sich ineinander verkrampft und an meinen Bauch gepresst, sonst wären sie weggeflattert, ich zitterte. Mein Kopf brummte wie ein Mixer auf höchster Stufe, pürierte Gedanken. Offenbar hatte ich falsch gedacht, falsch kombiniert, falsch verdächtigt.

»Sie haben« – ich schnappte nach Luft – »Sie haben den Flugzeugabsturz überlebt?«

»Ich war beim Absturz nicht im Flugzeug«, sagte er und rückte seine Sonnenbrille zurecht. Nicht mal bei Dunkelheit legte er sie ab.

»Dann haben Sie gewusst, dass jemand einen Anschlag auf Sie ausüben wird?«

»Ich bin ein vorsichtiger Mensch.«

»Aber warum verheimlichen Sie der Öffentlichkeit, dass Sie am Leben sind?«

»Wie gesagt: Ich bin ein vorsichtiger Mensch.«

»Ich bitte Sie! Suchtrupps durchkämmen das Meer nach Ihnen, Medien veröffentlichen Nachrufe, und die Polizei hält Sie für verschollen – da müssen Sie doch mal den Finger heben und sagen: ›Hallo, mich gibt's noch!‹«

»Ich habe mich gerade aus dem Fadenkreuz entfernt. Ich habe keine Veranlassung, freiwillig wieder hineinzugehen.«

»Wer nimmt Sie ins Fadenkreuz?«

»Nun, Sie haben sich jetzt einige Zeit mit meiner Firma befasst – Sie sollten das wissen.«

»Meine letzte Theorie hat sich gerade erledigt.«

»Wen haben Sie denn verdächtigt?«

Ich überlegte kurz, ob ich es wirklich sagen sollte, aber wollte ehrlich sein. »Marion.«

Er lachte hell auf. »Nicht gerade der Prototyp einer Killerin. Wie sind Sie denn auf sie gekommen?«

»Ich habe mich gefragt, wer von Ihrem Tod profitieren könnte. Und wenn Marion Ihre Geliebte war, wenn sie Ihre Firmenanteile erbt, dann …«

»Zu viele ›Wenns‹, Frau Mikula. Erstens ist Frau Römer, die ich übrigens sieze, nicht meine Geliebte. Zweitens steht sie nicht in meinem Testament. Und drittens würde sie nie einen Menschen umbringen, auch nicht fürs größte Erbe dieser Welt.«

»Und wie erklären Sie es dann, dass Marion in die Wohnung meiner Tante eingedrungen ist? Dort hat sie am Gashahn gefummelt und ein Buch über Depression hinterlegt.«

»Ich kann Ihnen nicht folgen.«

»Ich glaube, ein Selbstmord sollte vorgetäuscht werden.« Ich überlegte kurz und schob nach: »Oder es sollte vorgetäuscht werden, dass ein Selbstmord vorgetäuscht werden sollte.«

»Sie sprechen in Rätseln, das klingt ja völlig wirr. Werden Sie bitte konkreter!«

»Bei meiner Tante wurde nachts das Buch *Warum Selbstmord keine Lösung ist* im Sekretär platziert – und Marion hat genau dieses Buch am selben Tag gekauft.«

»Hat Ihnen Frau Römer noch nie von ihrem Vater erzählt? Er leidet seit vielen Jahren unter Depression. Schon zweimal hat er versucht, sich das Leben zu nehmen.«

»Dafür, dass Sie nur eine geschäftliche Beziehung haben, wissen Sie ziemlich viel über Frau Römer.«

Das Licht auf dem Grundstück erlosch, plötzlich standen wir im Dunkeln. Ich blinzelte einen menschlichen Umriss an und wich instinktiv einen halben Schritt zurück.

»Ich vertraue Frau Römer, sie vertraut mir – so einfach ist das, okay?«

»Der Anschlag auf meine Tante hat etwas bewirkt: Ich habe Ihr Angebot doch noch angenommen. Vielleicht hat Marion meiner Motivation auf die Sprünge geholfen.«

»Das ist doch absurd! Wie kann ein gescheiter Mensch nur so um die Ecke denken?«

Meine Augen gewöhnten sich an die Dunkelheit, nun sah ich ihn wieder etwas schärfer. »Marion hat sich schon länger merkwürdig verhalten. Sie hat verhindert, dass ich direkt mit Ihnen spreche.«

»Das war mein Wunsch«, sagte er.

»Sie hat mich immer wieder aufgefordert, Ihre Firma durch negative Schlagzeilen zu schädigen.«

»Auch das war mein Wunsch.«

»Und nach Ihrem Absturz war sie plötzlich nicht mehr erreichbar für mich.«

»Sie ist zu mir geflogen. Ich habe sie ins Vertrauen gezogen, dass ich noch lebe.«

»Und ich hatte den Verdacht, dass Marion mich im Keller eines Ihrer Häuser mit einer Latte niedergeschlagen hat.«

»Jetzt reicht es aber! Erst erklären Sie Frau Römer zu meiner Geliebten, dann zu meiner Erbin, dann zur Einbrecherin – und jetzt soll sie Ihnen auch noch eine feuchte Latte über den Kopf gezogen haben. Sie haben mehr Fantasie als Verstand.«

Ich spürte, dass seine Kritik berechtigt war. Ich hatte mich in meine These so sehr verbissen, dass ich sie nicht mehr loslassen wollte, obgleich sie hinfällig war. Aber als ich nachdachte, fiel mir eines auf: »Woher wissen Sie eigentlich, dass die Latte feucht war?«

»Das haben Sie gerade selbst erwähnt.«

»Ich habe gesagt, ich wurde mit einer Latte niedergeschlagen. Von feucht war nicht die Rede.«

»Vielleicht hat Marion mir das erzählt.«

Hatte ich dieses Detail gegenüber Marion wirklich erwähnt? Aber noch etwas fiel mir auf: »Nun sagen Sie plötzlich ›Marion‹ – ich dachte, Sie siezen sich?«

»Weil ja auch Sie die ganze Zeit den Vornamen verwenden.«

Beschwindelte er mich? Oder war das nur die berechtigte Vorsicht eines Mannes, der einem Mordanschlag knapp entgangen war? »Ich habe das Gefühl, Sie verheimlichen mir etwas«, sprach ich meine Sorge aus.

»Sie täten gut daran, sich an Fakten zu halten. Falsche Verdächtigungen haben Sie schon zur Genüge erhoben.«

War es nur seine Diskretion, die ihn ausweichen ließ? »Ich verspreche Ihnen, dass ich nichts Privates über Sie ausplaudere. Aber ich muss das wissen: Sind Sie und Marion ein Paar?«

»Darauf habe ich schon geantwortet. Und ich darf Sie erinnern, dass ich Sie nicht eingestellt habe, um mich zu verhören – Sie sollten krumme Geschäfte in meiner Firma an die Öffentlichkeit bringen. Aber bis heute haben Sie keine einzige Schlagzeile hinbekommen. Im Gegenteil, der Aktienkurs ist gestiegen. Und dann haben Sie sich auch noch als meine Schwester ausgegeben, Ärger mit der Polizei verursacht und Ihren Arbeitsplatz verloren!«

»Das tut mir leid. Ich war kurz davor, Brandanschläge aufzudecken und …«

»›Kurz davor‹ ist eine Formulierung aus der Versagersprache.«

»Aber …«, setzte ich an – doch er ging erneut dazwischen.

»Ich habe Ihnen vertraut. Ich habe Ihnen ein gutes Gehalt gezahlt. Sie sind mir noch etwas schuldig, okay?«

»Ich bin extra zurück nach Hamburg gekommen, um meine Arbeit zu Ende zu bringen.«

»Dann tun Sie das auch! Ich will, dass jetzt rasch ein paar negative Schlagzeilen erscheinen. Sagen Sie den Medien, dass Sie aus vertraulicher Quelle wissen: Das Flugzeug des verunglückten Heiner Stagemann wurde durch Mitarbeiter seines eigenen Unternehmens manipuliert. Darauf wird die Börse reagieren.«

»Warum ist es Ihnen so wichtig, dass der Aktienkurs sinkt? Das macht Sie doch ärmer!«

»Soll ich mich über Geld freuen, an dem Blut und Tränen kleben? Unmoralisches Handeln darf sich nicht länger lohnen. Alles, was die Börse belohnt, baut eine Firma aus. Wer mit Lug und Trug durchkommt, der lügt und betrügt immer mehr. Aber wenn die Börse dieses Verhalten bestraft, wenn es Geld kostet, dann werden Lug und Trug zurückgefahren.«

Nach allem, was ich über die *StageBau* wusste, traf er damit den Nagel auf den Kopf. Solange die Firma mit ihren fiesen Maschen durchkam, mit Mietermobbing, Bordellen und einer unverschämten Preispolitik, perfektionierte sie dieses Verhalten. Womöglich führte auch ein gelungener Mord dazu, dass der nächste schon geplant wurde.

»Woher wissen Sie denn so genau, wer Ihr Flugzeug manipuliert hat?«, fragte ich.

»Ich habe Leute, die das für mich beobachten. Deshalb bin ich nicht ins Flugzeug gestiegen.«

Ich holte tief Luft. »Sie haben Ihren Piloten in den Tod fliegen lassen?«

»Es war nicht mein Verbrechen, okay? Und noch einmal: Ich möchte jetzt endlich Schlagzeilen sehen. Das sind Sie mir schuldig.«

»Ich arbeite daran.«

»Bis wann liefern Sie?«

»Bald.«

»Es muss schnell gehen. Ich könnte schon tot sein.« Er hielt kurz inne. »Apropos: Was genau plant Patricia denn gegen Frau Römer?«

Mein Köder für Marion – ich hatte ihn schon vergessen. »Ich weiß keine Details. Aber ich wollte Marion bitten, vorsichtig zu sein.«

»Sie wollten eine Frau warnen, die Sie bis gerade eben noch für meine Mörderin gehalten haben – auf welcher Seite spielen Sie eigentlich?«

Ich öffnete den Mund, durchsuchte meine frisch pürierten Gedanken, aber mir fiel ums Verrecken keine vernünftige Antwort ein.

»Hören Sie gut zu«, sagte er, und seine Stimmtemperatur sank unter den Gefrierpunkt. »Niemand darf erfahren, dass ich noch lebe. Und Sie bringen jetzt endlich das Presseecho auf den Weg, das meine Firma verdient hat.«

Er legte seinen Kopf in den Nacken, als wollte er sein Temperament am Nachthimmel abkühlen. Dann wandte er sich mir wieder zu, und seine Stimme kehrte in die Plusgrade zurück: »Die gute Sache wird sich für Sie lohnen, Frau Mikula, sehr sogar. Wie ich höre, schwimmen Sie nicht gerade in Geld. Das kann sich ändern, Sie verstehen?«

Mit einem Ruck drehte er sich um und tigerte auf den Ausgang zu. Der Bewegungsmelder sprang an, Licht fuhr mir in die Augen, und ich blinzelte ihm hinterher. Als Schatten war er gekommen, als Schatten verließ er das Grundstück. Auf einmal fühlte sich die Schwimmweste, die ich unter dem Anorak trug, wie eine Zwangsjacke an.

Ich schaute zum Wintergarten, dem riesigen Terrarium, in das wieder Licht fiel, und fragte mich: Hatte ich Marion zu Unrecht für eine Schlange gehalten? Wenn ja, dann wusste ich, wen ich mir nun vorknöpfen musste: Patricia Stagemann.

67

Ich stand unter der Dusche, die Augen geschlossen, und spürte das warme Wasser auf mich herabprasseln wie einen tropischen Regen. Die Tropfen zerplatzten so laut und regelmäßig auf meiner Haut, dass sie alle Gedanken in meinem Kopf übertönten, es klang wie Trommeln von Indianern, ein verlockendes Geräusch, ein wiegender Rhythmus.

Die Duschkabine umschloss mich, der warme Dampf hüllte mich ein, stieg mit fruchtigem Duschgelgeruch an meinem Körper hinauf, strich zärtlich durch mein Gesicht, hielt die kalte Welt draußen, beschützte mich.

Der Dampf stand so dicht um mich herum, dass er meinen Körper zu stützen und zu tragen schien. Es war eine Schwerelosigkeit, wie ich sie mein Leben lang erträumt hatte. Ich konnte mich fallen lassen, ohne zu fallen. Der Dampf schmiegte sich an mich, ging in meinen Körper über, trug ihn mit sich. Ich spürte, wie ich aufstieg, zu Dampf wurde, wie sich alles in mir auflöste, was schwer gewesen war.

Ich schwebte die Duschkabine hinauf, schwebte durch die Decke, schwebte an den Himmel des tropischen Regenwalds. Ich war ein feiner Dunst, den dieser mächtigste Wald der Erde ausatmete, nachdem der warme Regen niedergegangen war, ein feiner Dunst des Lebens in der unendlichen Weite.

Ich sah Bäume, die bis in den Himmel ragten, Bäume im Dunst, die das Licht der wieder erwachenden Sonne wie flüssigen Honig tranken. Und im höchsten Baum, auf dem höchsten Ast, mitten im Himmel, da thronte ein gelb-roter Papagei, schön wie der letzte Strahl der Abendsonne, das prächtigste Tier, das ich je gesehen hatte.

»Sei vorsichtig«, krächzte er. »Fall nicht auf sie rein. Sie wollen dich linken.« Ich kannte seine Stimme. Aber woher?

»Wer will mich linken?«, fragte ich zurück.

Der Papagei öffnete seinen Schnabel, um zu antworten. Aber der Ast, auf dem er saß, wurde lebendig. Im Nullkommanichts rollte er sich zusammen, umschlang den Hals des Vogels, würgte ihn. Der Papagei brachte keinen Ton mehr heraus, und dem Ast wuchs ein Schlangenkopf mit braunem Teint und schwarzen Kulleraugen. Eine zischende Zunge fuhr heraus. Und dann schnellte der Kopf nach vorne, und seine Giftzähne schlugen sich in den Hals des Papageis.

Noch ehe ich die Augen aufschlug, wusste ich: Die Schlange hatte ausgesehen wie Marion. Und der Papagei mit der Stimme meines inneren Teufelchens gesprochen.

68

Es war, als hätte der Traum mein Gedächtnis repariert. Als ich aufwachte, wusste ich, wer mir im Eingang des Mordhauses begegnet war. Das entscheidende Puzzleteil, das gefehlt hatte, war wieder da. Meine beiden Träume fügten sich nahtlos zusammen.

Schon der letzte Traum, aus dem ich im Krankenhaus erwacht war, hatte mir einen Fingerzeig gegeben: Ich war das riesige Grundstück Heiner Stagemanns hinaufgekraxelt, am Zaun entlang, aber immer wieder über Fallstricke gestürzt. Und als ich die Villa erreicht hatte, mitten in der Nacht, als er in der Tür vor mir stand, da war mir ein Licht in die Augen gefahren – und ich hatte ihn nicht mehr gesehen.

Ich hatte mich blenden lassen, auch mit offenen Augen. Ich war über Fallstricke gestolpert, auch bei Tageslicht. Aber jetzt sah ich den Mann wieder vor mir, der mir auf Höhe der Briefkästen entgegengekommen war, sah seine roten Ohren, die abstanden wie die Henkel eines Topfes. Nur die verspiegelte Sonnenbrille hatte gefehlt. Ich erkannte ihn ohne den Hauch eines Zweifels.

Nun erklärte sich mein Gefühl, er habe im Mordhaus nichts verloren gehabt: Mir war Heiner Stagemann persönlich begegnet. Er hatte sich weggedreht, war in den Keller geflüchtet, hatte sich versteckt und mir dann eine Latte über den Schädel gezogen – von der er nicht zufällig wusste, dass sie feucht gewesen war.

Weiß der Teufel, was der Chef der *StageBau* in diesem Mietshaus zu suchen hatte. Weiß der Teufel, warum er von mir auf keinen Fall gesehen werden wollte.

Dann ergab plötzlich alles einen Sinn: Er selbst hatte den Mord an Elfriede Jaspers inszeniert, hatte die Schornsteine zumauern und die Mieter mit kriminellen Methoden rausmobben lassen. Und mich hatte er instrumentalisiert, um den Verdacht auf seine Schwester zu lenken. Ihr Ruf als Firmenchefin sollte zerstört und ihr Erfolgsimage durch einen sinkenden Aktienkurs widerlegt werden – darum die ständigen Hinweise auf die Börse.

Und nach der medialen Hinrichtung seiner Schwester wäre er, Heiner Stagemann, wieder als großer Zampano ans Steuerrad seines Unternehmens gesprungen. Offenbar hatte ihn seine Schwester durch einen internen Machtkampf von dort verdrängt.

Dass seine Maschine über dem Meer abgestürzt war: ein weiteres Verbrechen, das er Patricia in die Schuhe schieben wollte. Für ihn war der Preis billig gewesen: das Leben des Piloten. Wahrscheinlich hatte ihn die positive Reaktion der Börse völlig überrascht. Zwar war mir noch nicht klar, wie er sein eigenes Überleben erklären und wieder an die Öffentlichkeit treten wollte, aber bestimmt gab es auch dafür schon einen Plan.

Und Marion, die er in unserem Gespräch nicht umsonst beim Vornamen genannt hatte, Marion war eben doch seine Geliebte. Mehr noch: Sie war seine Komplizin. Sie hatte mir eingeredet, ich sei im Keller von einer Frau angegriffen worden, um von Heiner Stagemann abzulenken.

Sie hatte die Daten auf dem Stick gefälscht, die böse Anleitung zum Mietermobbing war ja angeblich von Patricia verschickt worden. Sie hatte die Brände organisiert und vielleicht auch mit dem Tod von Friedhelm zu tun. War er den beiden in die Quere gekommen, weil er im Dienste Patricias stand und kritische Berichte über die *StageBau* zurückhielt?

Ich setzte mich aufrecht ins Bett, griff mein Smartphone vom Nachttisch und tippte bei Google »Marion Römer Hamburg« ein. Mal gespannt, was die Suchmaschine über sie ausspucken würde. Sofort bauten sich auf dem Display Dutzende von Meldungen auf, alle im Zusammenhang mit der *StageBau*. Fachzeitschriften der Immobilienbranche priesen die »vorbildliche Personalpolitik«, Ausschreibungen von Führungsposten nannten Marion als Ansprechpartnerin, und in Porträts über das Unternehmen wurde sie erwähnt und einmal sogar auf einem schmucken Foto abgelichtet. Sie war bildhübsch, aber nicht mehr für mich; jetzt sah ich ihren Schlangenkopf.

Auf der zweiten Seite der Suchergebnisse sprang mich ein drei Jahre alter Nachruf an, der wortgleich in zwei Hamburger Zeitungen erschienen war. Die Überschrift lautete: »Er ging, aber bleibt in unseren Herzen«. Nach einem »erfüllten Leben« wurde Rudolf Römer verabschiedet, der im Alter von 69 Jahren verstorben war. Die Anzeige war unterzeichnet mit: »Marion Römer und alle Angehörigen«. Und im Lauftext hatte sie sich verabschiedet von ihrem »geliebten Vater, der viel zu früh von uns geht«.

Diesem Vater konnte sie vor ein paar Wochen kein Buch gegen Depression mehr gekauft haben. Jetzt war ich sicher, dass Stagemann und sie auch hinter dem Einbruch bei Martha steckten.

69

Der Straßenlotse

Erinnern Sie sich an die neugierige Frau, die das Vergnügen haben wird, von mir über die Straße begleitet zu werden? Erst hatte ich vor, ihr einen anonymen Hinweis zu geben, sie müsse unbedingt in eine bestimmte Straße kommen – dort wolle eine bekannte Immobilienfirma ein Haus sprengen. Menschen seien in Gefahr, Beweismittel sollten vernichtet werden. Und wenn das jemand verhindern könne, dann sie. (Ich weiß ja, dass sie zur Selbstüberschätzung neigt!)

Aber dann habe ich mich an ein psychologisches Phänomen erinnert, die paradoxe Wirkung des Appells. Für den Fall, dass Ihnen dieser Fachbegriff nichts sagt, übersetze ich ihn gern in die Laiensprache: Wenn Sie einem Menschen sagen, dass er etwas tun soll, tut er es nicht, eben weil er es tun soll. Und wenn Sie ihn auffordern, etwas nicht zu tun, dann tut er es, eben weil er es nicht tun soll. Schlichtere Gemüter ohne akademischen Hintergrund würden das Phänomen vielleicht als »Trotzreaktion durch Aufforderung« bezeichnen.

Falls Sie kleine Kinder haben, ist Ihnen die paradoxe Wirkung des Appells schon begegnet: Sagen Sie kurz vor Weihnachten, dass ein bestimmter Schrank ab sofort tabu ist – und ich wette, kein anderer Fleck im Haus wird Ihre

Kinder so anziehen wie dieser. Natürlich werden sie schnüffeln. Dagegen würde Ihre Aufforderung, einen bestimmten Schrank nach Geschenken zu durchsuchen, Ihre Kinder völlig kaltlassen – da kann ja nicht Spannendes drin sein!

Warum ich Ihnen das erzähle? Weil ich fast einen schweren Fehler begangen hätte, in Bezug auf die besagte Frau. Ich weiß, Sie kennen inzwischen meine Professionalität und trauen mir größere Fehler kaum zu – womit Sie ja auch richtig liegen, denn ich habe die Denkfalle früh genug erkannt, um einen klügeren Weg einzuschlagen.

Entgegen meiner ersten Idee werde ich die neugierige Frau nicht dazu einladen, das Haus mit der Sprengladung zu betreten. Zu groß wäre das Risiko, an der paradoxen Wirkung des Appells zu scheitern – stattdessen will ich diese für mich nutzen.

70

Der Anruf schreckte mich aus meiner Internet-Recherche auf. Die Nummer war unterdrückt. Vielleicht Jane? Wir mussten unbedingt wieder miteinander reden. Bis jetzt hatte ich niemandem mitgeteilt, dass Heiner Stagemann noch am Leben war – und was ich über ihn und seine Komplizin herausgefunden hatte.

Martha hätte ich alles erzählt – aber ich wollte sie nicht gefährden, indem ich sie zur Mitwisserin machte. Iris hätte ich alles erzählt – aber ich war unsicher, ob mein Telefon abgehört wurde. Jane war hier in Hamburg. Ich konnte sie an einem sicheren Ort treffen und auf den neusten Stand bringen.

Diesmal würde sie von mir die spektakulärste Schlagzeile ihres Lebens serviert bekommen: »Toter Milliardär Stagemann lebt noch!« Dass er den Absturz selbst arrangiert und den Piloten geopfert hatte, machte die Geschichte für den Boulevard nicht uninteressanter. Und da ihr Chefredakteur Frank von Leibringen ein bekennender Patricia-Fan und Heiner-Gegner war, würde er diese Story sofort ins Blatt heben.

Die Öffentlichkeit musste erfahren, was passiert war. Je mehr Menschen im Bilde waren, desto sicherer wurde mein Leben. Denn bislang hatte nur ich den faulen Zauber durchschaut. Gäbe es mich nicht mehr, gäbe es auch keine Anklage; ich lebte gefährlich, das war mir klar.

Ich nahm den Anruf an. »Susanne Mikula.«

»Guten Tag, Frau Mikula«, sagte eine tiefe Männerstimme, die metallisch verzerrt und deshalb bedrohlich klang. »Ich möchte Sie vor einer Dummheit bewahren.«

Diese hatte ich offenbar schon begangen, indem ich das anonyme Gespräch angenommen hatte. »Wer sind Sie?«, fragte ich.

»Ich habe gehört, dass Sie heute bei der Sprengung des Mietshauses im Harvestehuder Weg dazwischenfunken wollen. Dies ist eine Warnung: Lassen Sie das!«

»Sagen Sie mir erst mal, wer Sie sind!«

»Ihnen liegen falsche Informationen vor. Niemand ist in Gefahr. Es handelt sich um eine ganz reguläre Sprengung. Es gibt eine behördliche Genehmigung für vierzehn Uhr.«

»Wenn Sie mir nicht gleich sagen, wer Sie sind, lege ich auf.«

»Hier spricht jemand, der es gut mit Ihnen meint.«

»Warum wollen Sie mich nicht dabeihaben?«

»Nehmen Sie meine Warnung einfach ernst: Bleiben Sie dem Harvestehuder Weg 249 fern!« Ein Knacken fuhr in die Leitung.

»Hallo?«, rief ich noch. Keine Antwort mehr.

Ich schaute aufs Display: 11.30 Uhr.

Da hatte jemand den Stand meiner Recherche überschätzt und mir unfreiwillig einen wertvollen Hinweis geliefert. Mir blieben noch zweieinhalb Stunden, um das Schlimmste zu verhindern.

71

Surrend flatterte das rot-weiße Absperrband im Wind. Jemand hatte es vor den löchrigen Zaun des großen Grundstücks gespannt, in dessen Mitte sich ein Herrenhaus erhob, ein großer, feingliedriger Solitär, der die Bombenangriffe des Zweiten Weltkriegs offenbar überstanden hatte. Der verschnörkelte Baustil imponierte mir.

Aber die Pracht verfiel: Einige Fenster waren eingeschlagen, leere Augenhöhlen hinter gezacktem Glas. Auf die Außenfassade hatte die Feuchtigkeit des Gemäuers große, dunkle Kreise gemalt. Und auf dem rot geziegelten Dach klafften alle paar Meter schwarze Löcher, als hätte ein Wirbelsturm gewütet. Der Erker gab der Schwerkraft nach und hatte sich leicht geneigt.

Am Zaun hingen Schilder mit Totenkopf und warnten davor, das Grundstück zu betreten: »Lebensgefahr: Sprengung!« Aber wo war der Sprengmeister, wo die Arbeiter, die den Schutt abtragen würden? Ich hatte eine Baustelle mit hektischem Treiben erwartet, aber hinter dem Rondell am Ende der großen Auffahrt verloren sich nur ein paar Baufahrzeuge, darunter eine Planierraupe, ein Bagger und ein Laster mit offenem Verdeck. Aber keine Stimmen waren zu hören, keine Menschen zu sehen. Nur ein einsamer Vogel krächzte in den Ästen einer der Eichen auf dem Grundstück.

Eigentlich wollte ich den Bauleiter bitten, die Sprengung aufzuschieben, denn ich war sicher: Hier sollte nicht nur

Mauerwerk in die Luft gesprengt werden. Warum sonst hätte mir der Anrufer ein Hausverbot erteilt? Ich ging davon aus, dass er im Auftrag des Paten Heiner Stagemann gehandelt hatte.

Bestenfalls ging es darum, Beweisstücke zu vernichten – schlimmstenfalls sollten Menschen ausgeschaltet werden. Vielleicht lag jemand narkotisiert im Keller, ein Mitwisser oder Kritiker. Das wäre wieder ein »Unfall« nach Art des Hauses gewesen.

Aufgewacht, Susanne – dieses Opfer wirst du sein! Ausnahmsweise freute ich mich, mein inneres Teufelchen zu hören – die Schlange hatte es nicht verstummen lassen. *Du bist Stagemann am gefährlichsten, weil du sein Geheimnis kennst. Aber nur, solang du lebst. Fahr nach Hause, ehe es knallt, aber schnell!* Im Grunde war es gar kein »Teufelchen«, eher ein innerer Freund, der mich warnen wollte.

Martha hatte gute Laune verströmt, als ich mir Geld fürs Taxi von ihr gepumpt und den Wagen sofort bestellt hatte – gute Laune, weil sich der viel beschäftigte Dr. Otten endlich für einen Hausbesuch am heutigen Nachmittag angekündigt hatte. Er versprach, ein hochwirksames Medikament gegen die Schmerzen mitzubringen, laut Martha hatte er gesagt: »Danach spüren Sie nichts mehr.«

Ehe das Taxi eintraf, hatte ich noch auf zwei Mailboxen gesprochen: Janes und Marions. Jane hatte ich gesagt: »Ruf mich an, ganz dringend, ich bin an einer großen Sache dran!« Und bei Marion hatte ich hinterlassen: »Ich weiß alles über Heiner Stagemann und dich. Und ich habe gerade herausgefunden, was ihr durch die Sprengung im Harvestehuder Weg vertuschen wollt. Die Behörden sind informiert, ihr könnt den Plan abblasen!«

Ich wollte die Tatsache ausnutzen, dass meine Gegner offenbar meinen Wissensstand überschätzten. Der Hinweis auf die Behörden roch nach Polizei, Aufruhr und Schlagzeilen. Ich war sicher, dass sie die Sprengung abblasen und sich aus der Schusslinie zurückziehen würden.

Am Zaun des Grundstücks war gerade ein pfeifender Junge mit Schulranzen vorbeigelaufen, in einem merkwürdigen Slalomkurs, von einer Gehsteigkante zur anderen. Ich schaute mich um. Niemand sonst auf der Straße. Rasch duckte ich mich, schlüpfte durch ein Loch im Zaun und huschte aufs Grundstück.

Ich rannte bis zur ersten Eiche, drückte meinen Körper an den Stamm, verharrte einen Moment – und spurtete zum nächsten Baumstamm. Ich hielt es für besser, vorsichtig zu sein. Wenn jemand in dem Gebäude war, wollte ich den Überraschungseffekt auf meiner Seite haben.

Schließlich hatte ich die Treppe erreicht. Die Haustür war versperrt, jemand hatte ein Brett davor genagelt, wieder mit dem Sprengungsschild. Verflixt! Vorsichtig zog ich daran, aber die Tür gab keinen Zentimeter nach.

Also gut, dann würde ich eben einen anderen Zugang suchen. Ich schlich um das Gebäude. Die Fenster des ersten Stocks waren zu hoch, ich konzentrierte mich auf die Lüftungsschächte. Bald hatte ich ein offenes Kellerfenster entdeckt, etwa 1,5 Meter tief. Ich hob das Gitter an, rückte es zur Seite und ließ meinen Körper langsam rückwärts hinabgleiten. Dann zog ich den Kopf ein und schlüpfte durch das Fenster ins Haus.

Muffige Luft schlug mir entgegen. Es roch wie in einer Grabkammer.

72

Der Straßenlotse

Schade, dass Sie mir nicht über die Schulter schauen können, sonst hätten Sie gerade ein ängstliches Häslein gesehen, das über den Rasen gehoppelt ist, von Baumstamm zu Baumstamm. Ich kauere im zweiten Stock der barocken Villa, im Schatten eines alten Vorhangs neben dem Fenster. So muss sich ein Adler fühlen, wenn er hoch über dem Feld kreist, das Häslein erspäht, sich freudig hinabgleiten lässt und seine Krallen bald in den warmen Nacken schlägt, um das überraschte Beutetier mit sich zu reißen.

Sicher hält die neugierige Frau es für eine glückliche Fügung, dass das Grundstück gerade so verwaist, der Zugang zum Haus unversperrt und ein Kellerfenster geöffnet ist. Aber Ihnen wird klar sein, dass es sich um meine gute Planung handelt: Das Sprengteam macht gerade Mittagspause, das Haus wurde bereits durchsucht und durch einen Balken vor der Tür versiegelt. Um vierzehn Uhr blüht dieser Villa dann der Exodus. Und nicht nur ihr.

Ach ja, ein Detail sollte ich Ihnen noch schildern: Das Haus wurde durchsucht, aber nicht vorschriftsgemäß. Bei einem Raum im Keller, offenbar einem alten Weinlager, war eine massive Stahltür leider nicht zu öffnen. Jemand muss die Tür verriegelt und den Schlüssel entwendet haben. Der Sprengmeister wird sich an dieses Detail nach Vollzug seiner Arbeit nicht mehr erinnern, weil es seine Aufgabe gewesen wäre, *alle* Räume des Hauses zu kontrollieren.

Wie es jetzt weitergeht, ist schnell zusammengefasst: Die neugierige Frau schleicht ein wenig durch dieses Haus und sucht ein Geheimnis, auf das sie schließlich mit rasendem Herzen stößt; sie wird Stimmen hören, die aus dem verriegelten Kellerraum dringen. Ein sehr interessantes Gespräch!

Sie wird ihr Ohr an diese Tür pressen, um alles mitzubekommen. Ihre Konzentration wird so sehr auf das Geschehen drinnen konzentriert sein – in der Psychologie spricht man von einer »selektiven Wahrnehmung« –, dass ihr ein Besucher von hinten entgehen wird. Dieser Besucher, sprich ich, wird seine Hand zärtlich auf ihren Mund und ihre Nase legen und dabei ein speziell präpariertes Erfrischungstuch zum Einsatz bringen. Das Narkosemittel Halothan gelangt beim Einatmen sofort ins Blut und raubt das Bewusstsein. Wenn die Dosis stimmt, wovon Sie bei mir ausgehen dürfen, kommt es nicht zu einer Atemlähmung; das wäre die falsche Todesursache.

Die neugierige Frau wird zusammensacken und von mir Erste Hilfe erfahren, indem ich sie in den verschließbaren Raum mit der Strahltür transportiere.

Dort bereite ich ihr auf dem Boden ein letztes Bett, liebevoll wie immer, verriegele die stählerne Tür, verlasse das Haus durch einen präparierten Hinterausgang – und entferne mich gerade weit genug, um das Vollzugsignal des Sprengmeisters zu hören. Wenn es knallt, ist meine Arbeit vollbracht.

73

Als ich spürte, dass sich etwas auf meinen Mund legte, feucht und eklig, wollte ich schreien. Doch ich zwang mich, meine Zähne zusammenzubeißen, und rieb mir das Spinnennetz aus dem Gesicht. Die Fäden waren so nass, dass sie sich in meiner Handfläche zu einem kleinen, widerlichen Klumpen formten. Er klebte an meiner Haut wie Gel, ich musste ihn abschütteln.

Etwas zerplatzte auf meiner Nase. Ein kalter Wassertropfen von der Decke des Kellerflurs, einer Art Grotte aus Naturstein, die sich als feuchter, finsterer Schlauch unter die Erde schlängelte. Nur wo offene Kellertüren angrenzten, hellten dunkelgraue Lichtinseln das Schattenreich auf. Die Scheiben der Lichtschächte waren so blind, dass nur Dämmerlicht einfiel. Kälte strahlte ab von den Wänden, durchdrang meinen Mantel. Es war der blaue Mantel, den ich zuletzt getragen hatte, als ich ins Schanzenviertel geradelt war, zu Friedhelm in die Kneipe.

Mächtige Rohre krochen wie Riesenschlangen den Rand der Grotte entlang auf dem Weg ans Licht, auch wenn ich mir kaum vorstellen konnte, dass dieses finstere Reich mit dem Haus oben verbunden war. Mir war, als läge diese Kellergrotte unter einem Meer, dessen Wasser sie langsam verschlang. Schimmlige Feuchte lag in der Luft, perlte von der Decke, rann die Wände hinab und bildete Pfützen am Boden. Meine Schuhsohlen knatschten bei jedem Schritt.

»*Was machst du hier, du Idiotin?*«, protestierte mein inneres Teufelchen. *Schon vergessen, welches Ende deine letzte Kellerbegehung genommen hat? Wenn dir heute jemand eine Latte über den Kopf schlägt, wird dich niemand mehr retten. Dieses Haus ist schon gesperrt. Und woher weißt du eigentlich, dass es erst um vierzehn Uhr in die Luft fliegt? Vielleicht hat man dir die falsche Zeit genannt. Vielleicht kommt der große Knall schon in fünf Minuten.*

Vor mir zitterte der winzige Lichtstrahl meines Handys über den Boden. Ich wich herabgefallenen Gesteinsbrocken aus, umkurvte kleine Wasserbäche und stieg über Bretter eines alten Weinregals, die den Weg versperrten. Dann fiel mein Lichtstrahl auf etwas fast Verstecktes, in einer Ecke, einen roten Zettel. Es sah aus, als wäre er handbeschriftet. War das eine Botschaft für mich? Hatte es mit dem Geheimnis dieses Hauses zu tun? Ich beugte mich hinab und las: »Achtung, Rattengift!«

Ich wusste, wie Rattengift funktionierte: Zunächst konnten die Tiere es fressen, ohne Schaden zu nehmen, damit kein Vorkoster umkippte. Vollgefressen zogen sich die Ratten in ihre Löcher zurück. Erst mit Verspätung verrichteten die chemischen Blutgerinnungshemmer ihre Arbeit – und die Tiere verreckten elend.

Was, wenn es mir wie diesen Ratten erging? Wenn ich den tödlichen Köder geschluckt hatte, indem ich in diesen Keller gestiegen war? Wenn ich noch der Meinung war, auf der Spur von Verbrechern zu sein – während sie längst auf meiner Spur waren, um mein Lebenslicht auszuknipsen?

Wie spät war es eigentlich? Das Display meines Handys zeigte 12.15 Uhr. Noch hatte ich 1 ¾ Stunden Zeit, kein Grund zur Panik. Außerdem würde ich durch einen einzigen Anruf unter 110 die Sprengung mit Leichtigkeit verhindern können – spätestens beim Verweis auf meinen Aufenthaltsort.

Ein Poltern in meinem Rücken ließ mich herumfahren. Ich riss einen Arm nach oben, um mich zu verteidigen. Der winzige Strahl meiner Handyleuchte stocherte wie ein kleiner Lichtfinger in der Finsternis herum, um den Verursacher des Geräusches ins Visier zu nehmen. Kauerte jemand dicht an der Wand? Ich konnte niemanden erkennen. Duckte sich da jemand mitten im Gang? Nein, das war nur das Weinregal.

Einige Zeit tastete sich der Lichtfinger über den Boden, dann blieb er an einem Gesteinsbrocken in der Mitte des Ganges hängen. Offenbar hatte der sich frisch von der Decke gelöst. Wenn das so weiterging, würde das Gebäude von alleine einstürzen und den Sprengmeister arbeitslos machen.

Ich schlich ein paar Schritte weiter. Etwas irritierte mich, ein leises Geräusch. Ich blieb stehen. Drang da nicht ein Wispern an mein Ohr? Ein Wispern wie von Mäusen, weit vor mir aus der Grotte? Oder waren das leise Menschenstimmen? Ich hielt es für ratsam, mein kleines Handylicht auszuschalten. Alles versank in Schwärze. Der Knallfrosch in meiner Brust machte einen mächtigen Satz. Die Dunkelheit verengte die Grotte, meine Beine wurden so schwer, als trüge ich das ganze Gemäuer auf meinen Schultern.

Mir fiel ein, wie oft ich in den letzten Wochen durch Dunkelheit und Nebel gewatet war: als ich Jane von Friedhelm hatte »abholen« lassen, Marion zum Joggen an der Alster getroffen hatte, Lars Ketterer bei seinem Spaziergang auflauerte, ins Firmengebäude der *StageBau* eindrang und auf dem Villengrundstück zu meiner Verblüffung Heiner Stagemann gegenüberstand. Ich sah immer nur so weit, wie der Lichtkegel meiner Taschenlampe gerade reichte. Aber was wirklich um mich herum geschah, schien mir zu entgehen. Ich stolperte, wie jetzt auch, im Dunkeln.

In kleinen Schritten tastete ich mich vorwärts, langsam nahmen meine Augen die Umrisse der Grotte im Dunkeln wieder wahr. Das Wispern kam umso näher, je weiter ich ging. Ich hätte schwören können, dass es Stimmen von Menschen waren. Oder spielte mir meine Wahrnehmung einen Streich? Wollte ich nur nicht zugeben, dass ich mich hier ganz allein mit Ratten und Mäusen herumtrieb?

Und dann gab es keinen Zweifel mehr: Ich schnappte das Wort »weitermachen« auf, eine ferne Männerstimme hatte es geflüstert. Also doch kein Fehlalarm! Hier waren noch Menschen im Haus – bestimmt nicht freiwillig!

Ein schwaches Lichtquadrat hob sich vor mir aus dem Dunkeln, von der linken Seite kommend. Vielleicht führte dort eine Treppe ins Erdgeschoss hinauf. Direkt gegenüber wurde das Licht bläulich reflektiert, wie Mondlicht auf einer glatten Wasseroberfläche. Als ich näher kam, erkannte ich eine wuchtige Metalltür. Sie sah aus, als behütete sie ein Geheimnis. Tatsächlich: Aus diesem Raum kamen die flüsternden Stimmen.

Ich tastete nach der Tür, ihre glatte Oberfläche war mit Wasser benetzt. Metallische Kühle kroch in meine steifen Fingerspitzen. Ich neigte meinen Kopf zur Tür, um zu hören, was gesprochen wurde.

»Sie haben kein Recht, mich hier festzuhalten«, sagte eine Frauenstimme.

»Kabelbinder reicht«, antwortete ein Mann.

»Sie werden damit auffliegen.«

»Ich fliege immerhin noch – aber Sie fliegen nirgendwo mehr hin.«

Mein Knallfrosch in der Brust schoss hin und her, mein Atem überholte sich selbst, mein Hals zog sich zu. *Ruhig atmen, Susanne, ruhig atmen!*

Was ging hinter dieser Tür ab? Wer war diese Frau? Von wem wurde sie gefangen gehalten? War sie eine unerwünschte Zeugin, die mitsamt dem Haus in die Luft gesprengt werden sollte? Wenn ja, in wessen Auftrag? Zog Heiner Stagemann wieder einmal die Fäden?

»Hören Sie mir gut zu«, sagte der Mann und senkte seine Stimme. Er wurde so leise, dass ich ihn nicht mehr verstehen konnte. Ich hielt meinen Atem an und presste mein Ohr an die eiskalte Metalltür. Ich wollte wissen, was hier gespielt wurde. Ich musste herausfinden, was sie sprachen.

Als ich das Geräusch hinter mir hörte, war es schon zu spät.

74

Zwei kräftige Arme hatten meinen Körper auf Bauchhöhe umschlungen, fuhren zusammen wie eine Metallpresse und hoben mich ein Stück an. Hilflos strampelten meine Füße in der Luft. Ich spürte einen Brustkorb, der sich gegen meinen Rücken rammte, ein heißer, abgestandener Atem streifte meinen kalten Nacken. Ich probierte, mich schwer zu machen, aber es half nichts: Mit ruckartigen Bewegungen wurde ich Stück für Stück durch die finstere Grotte gezerrt. Meine Füße streiften über den Boden, berührten ihn zu kurz, um Halt zu finden. Wie versteift holperten sie über Steine, die im Weg lagen und meine Knöchel schürften.

Es fühlte sich an, als hätte mich ein Raubtier angefallen, und jetzt wurde ich in seine Höhle verschleppt.

»Loslassen!«, wollte ich aus voller Kehle schreien, aber brachte nur ein dünnes Rufen hervor – das Echo der Grotte gab meiner Stimme etwas lächerlich Fiependes. Der Knallfrosch in meiner Brust, wie vom Druck nach oben gepresst, turnte jetzt in meinem Hals herum, machte alles dicht, raubte mir den Atem. Ich hörte, wie es aus meinem Mund rasselte und pfiff. *Ruhig atmen, Susanne, ruhig atmen.* Mein Strampeln ließ nach, meine Beine wurden schwerer.

Aber durch meinen Kopf zuckte die Panik in hektischen Wellen. Wer verschleppte mich gerade? War ich in eine Falle gelockt worden? Was sollte jetzt mit mir passieren? Und hörte ich hinter mir tatsächlich die Schritte eines zweiten Menschen, wie es mir schien, oder fiel ich nur auf ein Echo herein?

Mit einem Ruck zur Seite, einer Drehung um 45 Grad, wurde ich vom Schatten der Grotte in das trübe Licht eines Kellerraums gedreht. Dann spürte ich einen kräftigen Stoß gegen meinen Rücken, stürzte nach vorne und schlug mit den Knien auf den unebenen Boden. Feuchtigkeit sickerte durch meine Jeans. Oder war es Blut?

Von der Decke baumelte eine nackte Glühbirne, eine Leiter schmiegte sich horizontal an eine Wand, und der Boden sah aus wie ein Hindernisparcours aus umgefallenen Holzregalen. An der Wand verlief ein Metallrohr. Ich war auf der linken Seite des Raums gelandet und glotzte in einen alten Materialschacht, der mich wie ein quadratisches, rabenschwarzes Auge aus der schimmligen Wand anstarrte.

»So sieht man sich wieder, Frau Mikula«, sagte eine Männerstimme. Es war Heiner Stagemann, ich drehte mich zu ihm um. Diesmal trug er keine Sonnenbrille, sein Gesicht kam mir nackt vor. Er schüttelte den Kopf, und seine rötlichen Ohren, die wie die Griffe eines Topfes abstanden, schienen mir dabei höhnisch zuzuwinken. Aus dem Schatten der Grotte schälte sich ein zweiter Körper ans Licht. »Danke für deine Nachricht, Susanne«, sagte Marion Römer – ihre rechte Hand umklammerte den Schaft eines langen Küchenmessers, in dessen Klinge sich das dämmrige Licht fing.

»Ihr habt mir eine Falle gestellt!«, sagte ich.

»Wir sind nur Ihrer Einladung gefolgt«, sagte Heiner Stagemann. »Wir haben gehört, dass dieses Haus heute mit einem Feuerwerk seinen Ausstand feiert, okay? Das trifft sich gut.«

»Du hast deinen Job äußerst schlecht gemacht, Susanne«, schaltete sich Marion ein. »Wir haben uns auf dich verlassen. Das hat uns viel Geld gekostet.«

»Dass ich dir vertraut habe, war auch nicht gerade die beste Entscheidung meines Lebens«, antwortete ich.

»Du hast an meinem Computer geschnüffelt.«

»Du warst die Einbrecherin bei meiner Tante!«

»Ich hatte einen Schlüssel. Das ist doch kein Einbruch.«

»Du hast den Gashahn aufgedreht, du wolltest sie umbringen.«

»Dann hätte ich das Gas mehr als nur einen Spalt aufgedreht. Und deine Tante beim Verlassen der Wohnung auch nicht geweckt.«

»Du hast das Buch in der Wohnung hinterlassen.«

»Das habe ich nie bestritten. Du hättest mich nur fragen müssen.«

»Warum, Marion? Warum hast du das getan?«

»Das war zu deinem Vorteil – eine Motivationsmaßnahme. Du hattest unser tolles Angebot blitzschnell abgelehnt. Was kümmerte dich eine tote Rentnerin, das war ja nur eine Fremde! Aber dass deiner Tante jemand an den Kragen geht, das wolltest du unbedingt verhindern.«

»Aber woher hast du von meiner Tante gewusst?«

»Sie waren so nett, mir im *Atlantic* davon zu erzählen«, sagte Stagemann. »Können Sie sich nicht mehr erinnern, dass ich Sie sogar von meinem Chauffeur dorthin bringen lassen wollte?«

»Sie haben mich verfolgen lassen. Woher wussten Sie eigentlich, dass ich zu dieser Zeit ein Vorstellungsgespräch in Hamburg hatte?«

»Ein ehemaliger Angestellter von mir arbeitet bei der *Hamburger Allgemeinen* im Sicherheitsdienst. Er führt bei

Besuchern im Vorfeld einen kleinen Sicherheitscheck per Internetrecherche durch und hat bei einem Kollegentreffen erwähnt, dass diese krasse Reinstadt-Journalistin, die den Verleger auf dem Gewissen hat, sich bei ihnen vorstellt. So habe ich von Ihrem Stelldichein erfahren.«

»Dann wussten Sie von Beginn an, dass meine Tante Mieterin der *StageBau* ist.«

»Das war Zufall«, sagte er.

»Warum wollten Sie ausgerechnet mich anheuern? Sie hätten doch einen renommierten Privatdetektiv nehmen können!«

»Den hätte uns die *StageBau* kaum bezahlt. Vor allem wollten wir der Firma durch negative Presse die Hölle heißmachen. Und nach Ihren Leistungen in Reinstadt haben wir Ihnen das zugetraut. Doch wir haben Sie völlig überschätzt.«

»Warum begehen Sie Straftaten? Warum riskieren Sie, ins Gefängnis zu kommen? Sie sind doch ein steinreicher Mann.«

»Ist er nicht«, schaltete sich Marion ein. »Er steht äußerst in der Kreide, noch tiefer als du. Das ist ja der Grund, warum wir dich gebraucht haben.«

Allmählich verstand ich gar nichts mehr. »Aber ich habe Sie doch gerade in der Liste der reichsten Deutschen als vermögendsten Hamburger gesehen.«

Marion schüttelte den Kopf. »Dort steht Heiner Stagemann drin.«

»Sag ich doch.«

»Leider nicht. Denn er, mein Freund« – sie zeigte auf Heiner Stagemann – »heißt Volker Jaspers, ist ein abgebrochener Germanistikstudent und hat einen eigenen Sicherheitsdienst in die Pleite geritten.«

Ich glotzte ihn an wie ein Gespenst: »Sie sind nicht Heiner Stagemann?«

»Nie gewesen.«

»Sie haben es ausgenutzt, dass ich sein Gesicht nicht kennen konnte.«

»Ausgenutzt ist ein starkes Wort.«

»Und der Chauffeur war tatsächlich nur ein Schauspieler, den Sie für einen Tag angeheuert haben.«

»Für einen halben Tag – das war schon teuer genug, okay? Es kamen ja die Kosten fürs Hotel und die Leihgebühren fürs Auto hinzu. Aber wie hätten wir Sie sonst davon überzeugen können, dass Sie es mit einem Milliardär zu tun haben?«

»Aber warum – warum dieses ganze Theater?«

»Wir stecken in der Klemme«, sagte Marion. »Ich habe hohe Schulden durch meinen dämlichen Ex. Und Volker sitzen die Gläubiger seiner Firma im Nacken. Wir brauchten einen finanziellen Befreiungsschlag. Ich verdiene gut, deshalb haben uns die Banken einen letzten Kredit gegeben. Wir haben mit vollem Einsatz auf einen sinkenden Aktienkurs der *StageBau* spekuliert. Wir waren sicher, dass es zu solchen Einbrüchen kommen würde – denn wir haben brisante Informationen an die Medien durchgestochen. Aber es wollte nicht klappen. Patricia hatte in der lokalen Presse starken Rückhalt. Und wir standen endgültig vor dem finanziellen Abgrund, brauchten neues Geld.«

»Aber was habe ich damit zu tun?«

»Jemand musste jetzt schnell für die negativen Schlagzeilen sorgen. Wir hatten uns neues Geld durch eine Erbschaft organisiert – zu wenig, um die Schulden zu bezahlen. Aber genug, um mit neuen Aktienoptionen den Kopf aus der Schlinge zu ziehen.«

Das alles ergab keinen Sinn für mich. Was hatten diese Geschäfte mit den kriminellen Machenschaften zu tun, zum Beispiel dem Tod Elfriede Jaspers'? Plötzlich klingelte es in meinem Kopf: Elfriede JASPERS … Ich sah den Mann an, den ich bislang für Heiner Stagemann gehalten hatte: »Hat Marion gerade gesagt, dass Sie Volker Jaspers heißen?«

Er nickte, und ich sagte: »Dann war Elfriede Jaspers Ihre Mutter?« Er nickte erneut. »Und Sie haben Ihre eigene Mutter umgebracht, nur um das Erbe einzusacken?«

»Du unterschätzt uns«, sagte Marion. »Seine Mutter war ohnehin steinalt und nicht ganz arm, da haben wir durch einen Profi ein wenig nachhelfen lassen – natürlich mit dem Hintergedanken, diesen Mord der *StageBau* in die Schuhe zu schieben. Wir wussten ja, was in diesem Mietshaus schon alles passiert war. Kein Mensch würde den Sohn als Mörder verdächtigen – aber einer Firma wie der *StageBau*, die mit so fiesen Methoden arbeitet, trauen die Leute auch noch Fieseres zu.«

Allmählich rieselten mir die Schuppen von den Augen. Ich fixierte Jaspers. »Dann waren Sie damals im Haus Ihrer Mutter, um die Wohnung aufzulösen, als ich Ihnen fast in die Arme gelaufen wäre. Ich vermute, Sie haben unauffällige Straßenkleidung getragen, keine verspiegelte Sonnenbrille. Und Sie sahen nicht gerade wie ein Milliardär aus. Und bei meinem Anblick dachten Sie: Verdammt, jetzt fliegt unser Rollenspiel auf! Aber Sie haben gerade noch die Kurve in den Keller gekriegt – und dort zu einer Holzlatte gegriffen.«

»Nun beschwer dich nicht, Susanne«, antwortete Marion. »Ich hab dir doch einen tollen Blumenstrauß ins Krankenhaus gebracht.« Ich sah, wie ihre Hand mit dem Messer zuckte. Ich war nicht sicher, ob sie in Gedanken die Blumen oder mich einen Kopf kürzer gemacht hatte. Auf einmal kam sie mir nicht mehr intelligent und freundlich, sondern wie eine ausgemachte Psychopathin vor.

»Wie habt ihr es geschafft, das Flugzeug Heiner Stagemanns abstürzen zu lassen? Warum musste Friedhelm Ganter sterben?«

»Damit haben wir nichts zu tun«, sagte Marion.

»Friedhelm war euch im Weg, weil er mit der *StageBau* kooperiert hat. Du hast ihm kritische Unterlagen zugespielt – und er hat die Berichterstattung verhindert. Das hat ihn sein Leben gekostet, stimmt's?«

»Er war nicht gerade kooperativ, der Herr Ganter. Aber wir waren das nicht.«

»Und Heiner Stagemanns Absturz sollte den Börsenkurs einbrechen lassen. Aber ihr habt euch vollkommen verschätzt: Statt zu fallen, ist die Aktie durch die Decke gegangen.«

»Auch damit haben wir nichts zu tun, okay?«, sagte Volker Jaspers. »Uns war klar, dass sein Tod die Aktie nach oben treiben würde. Heiner Stagemann spielte den Moralapostel nur. Man wird nicht reich durchs Spenden, sondern indem man Menschen wie meiner Mutter das Geld aus der Tasche zieht.«

»Das müssen gerade Sie sagen!«, entfuhr es mir.

Er trat einen Schritt nach vorne, sein Gesicht blieb im Halbschatten. »Wie bedauerlich, dass Sie so wenig Verständnis für unsere Lage aufbringen. Stecken Sie nicht auch in finanziellen Schwierigkeiten?«

»Lieber bin ich pleite als eine Mörderin!«

»Wenn dieses Haus eingestürzt ist, sind Sie weder das eine noch das andere – dann sind Sie einfach tot.«

In diesem Moment fuhr ein scharrendes Geräusch durch die Grotte, als hätte ein Riese mit stählernen Fingernägeln über den Boden gekratzt. Aus der Ferne drangen Stimmen zu uns und verstummten.

Dann gab es einen Knall.

75

An der Art, wie Marion reagierte, erkannte ich ihre Überraschung: Im Reflex, als wollte sie sich festhalten, klammerte sie sich an den Oberarm ihres Freundes. »Wer ist das? Wer treibt sich hier unten rum?«, flüsterte sie.

»Meinst du, uns hat jemand belauscht?«, fragte Jaspers.

»Wir müssen äußerst vorsichtig sein, Volker!«

»Ich weiß, woher dieses Geräusch kam«, sagte ich.

»Woher denn?«, fragte Marion.

»Schon vergessen, dass euer Komplize eine Frau hinter der Stahltür gefangen hält. Ich habe gehört, wie er sie bedroht hat.«

»Du musst schauen, was da los ist«, sagte Marion und löste ihre Hand von Volkers Oberarm.

Er zögerte einen Moment. »Gib gut acht auf sie, okay?«, sagte er.

»Kein Problem.« Ich sah, wie sie die Klinge des Messers drehte, sie schien zu allem entschlossen.

Volker Jaspers schlich sich zur Tür hinaus und bog in die finstere Grotte ein. Das Geräusch seiner Sohlen, ein ganz leises Schmatzen, verlor sich in der Dunkelheit des Gangs.

Wenn es eine Chance gab, noch freizukommen, dann jetzt – ich musste etwas unternehmen, ehe er zurückkam. »Marion, im Nebenraum ist ein Fenster offen – wir können durch den Lichtschacht aus dem Haus klettern.«

»Warum sollte ich einen so unbequemen Weg nehmen? Die Hintertür war offen.«

»Das alles ist doch bestimmt nicht auf deinem Mist gewachsen! Ich kann mir vorstellen, dass er dich ganz langsam in die Sache reingezogen hat: erst die faulen Aktiengeschäfte, dann der Mord an seiner Mutter, die Brände, der Absturz, das Verbrechen an Friedhelm.«

»Du meinst, ich war nur die Mitläuferin?«, fragte sie – und etwas in ihrer Stimme klang bedrohlich.

»Du hast ein gutes Herz, sonst würdest du nicht für Trinkwasser in Afrika kämpfen. Und ja, ich glaube, du bist auf ihn reingefallen. Wenn man liebt, fällt man auf alles rein.« Ich musste an Friedhelm denken. Er hatte mich hinters Licht geführt. Oder hatte ich das selbst besorgt, durch unrealistische Erwartungen und einen zu positiven Blick auf ihn?

Marion schien nachzudenken, und ich schlug noch einmal in dieselbe Kerbe. »Wenn du jetzt mit mir türmst, werde ich vor Gericht für dich aussagen.«

»Du meinst also, ich werde vor Gericht gestellt.«

Bei dem Versuch, mich aus der Schlinge zu reden, zog ich sie mir fester um den Hals. »Ich weiß, dass du ein sozialer Mensch bist. Du würdest niemanden schädigen. Wir haben uns doch immer gut verstanden.«

Ich rappelte mich auf und war überrascht, wie stark meine Kniescheiben von dem Sturz schmerzten. Meine Beine kamen mir steif vor, als hätte sie jemand an meinen Körper geschraubt. Ungelenk stakste ich ein Stück auf sie zu.

»Bleib, wo du bist«, sagte sie und hob ihren Arm mit dem Messer an.

»Marion, er hat dich als Mitläuferin da reingezogen«, beschwor ich sie. »Lass uns gehen!«

»Nenne mich nie wieder eine Mitläuferin!«, zischte sie. »Meine ganze Kindheit lang war ich nur ein Rollkoffer, meine Eltern haben mich von einem Land ins nächste geschoben. Und immer stand ich im Schatten meines idiotischen Bruders. Er bekam das größere Zimmer, die schöneren Geschenke, das meiste Lob. Er hat so lang auf meine Eltern eingequatscht, wenn ihm in einem Land langweilig wurde, bis wir wieder umgezogen sind. Er war der Liebling, der Kronprinz. An Weihnachten wurde sein Lieblingsessen gekocht, Rotbarsch. Ich habe Fisch immer schon gehasst. Ich hätte kotzen können.«

Sie spuckte die Sätze aus wie Fischgräten, die man nach oben würgt, um nicht an ihnen zu ersticken. Ihre rechte Hand, mit der sie das Messer umklammerte, begann gefährlich zu beben. Ich musste sie beruhigen. »Marion, du bist kein Mädchen mehr, du …«

»Ich brauche meine Eltern nicht, mein Vater ist schon tot, und zu meiner Mutter habe ich keinen Kontakt mehr. Ich bin Führungskraft! Ich gebe den Ton an. Ich muss mir nicht mehr sagen lassen, was zu tun ist – ich habe selbst das Sagen. Der Mitläufer ist er! Volker ist der Mitläufer, nicht ich! Ohne mich hätte er die Aktiengeschäfte nicht angefangen. Ohne mich hätte er seiner dämlichen Mutter kein Haar gekrümmt.«

Ihre Stimme klang kalt wie das Geräusch einer Eisensäge. Jetzt ahnte ich, warum sie Führungskraft geworden war und es in der *StageBau* so weit gebracht hatte.

»Aber du bist doch eine soziale Frau«, sagte ich. »Mit deiner Stiftung sorgst du für frisches Wasser in Afrika.«

Sie grinste hämisch. »Nein, für frisches Geld auf meinem Konto. Oder glaubst du wirklich, ich verschenke Geld, aber gehe selbst pleite?«

»Ihr habt mich gezielt hierhergelockt, in die Falle!«

»Wir dich? Du hast mich doch angerufen. Und deiner Stimme habe ich angehört, dass du sehr angespannt warst.«

»Aber ein anonymer Anrufer hat zu mir gesagt: Dieses Haus wird gesprengt – und ich solle es meiden.«

»Was denn nun? Wurdest du gelockt? Oder wollte dich jemand abhalten?«

»Das frage ich mich jetzt auch«, antwortete ich ehrlich. Was, wenn der Anrufer mich tatsächlich hatte warnen wollen? Aber wer, wenn nicht die beiden, hatte mich in dieses Haus gelotst? Und wer, wenn nicht sie, hielt hinter der Stahltür eine Frau gefangen? Volker Jaspers könnte jeden Moment wieder zurückkehren. Spätestens dann wäre mein Schicksal besiegelt.

Wir hörten das Quieken zur selben Zeit und fuhren mit unseren Köpfen herum. Aus dem Schacht in der Wand war eine fette Ratte gekrabbelt, die sich offenbar erschreckt und zu einem schnellen Rückzug entschlossen hatte. Mit peitschendem Schwanz wieselte sie wieder auf das Loch zu.

Marion hatte ihren Arm mit dem Messer sinken lassen und starrte auf den Schacht. Ich erkannte meine Chance, warf mich mit ganzer Kraft nach vorne und rammte meinen Kopf gegen ihre Brust. Sie taumelte nach hinten. Ich hörte, wie das Messer klirrend aus ihrer Hand fiel. Und in der nächsten Sekunde lagen wir kämpfend am Boden.

76

Der Straßenlotse

Wissen Sie, woran ich sofort gedacht habe? An den Hund, diesen blöden Köter, der mir in die Quere gekommen war – damals, beim Begleiten des Mütterchens. Ich hörte, wie die Hintertür der alten Villa – hätte ich sie bloß wieder verschlossen! – vorsichtig geöffnet wurde. Aus meiner Deckung heraus sah ich, wie ein Mann und eine Frau das Haus betraten, wie sie hinab in den Keller schlichen und wie sie die neugierige Frau exakt dort, wo ich mich ihrer hatte annehmen wollen, mit unsanften Methoden in einen benachbarten Raum baten.

Mein ganzer Plan war wieder aufgegangen wie ein Soufflé im Backofen: Die Frau klebte förmlich an der Stahltür, weil sie der Meinung war, ein spannendes Gespräch zu belauschen. Dass es sich dabei nur um ein passendes Kriminalhörspiel von meinem iPod handelte, das ich hinter der Tür hatte laufen lassen, ist ihr dabei natürlich entgangen.

Stellen Sie sich das so vor: Die Frau war freiwillig an den Rand der Straße getreten, es hätte nur noch ein paar Schritte gebraucht, um sie fürsorglich auf die andere Seite zu bringen. Aber dann machten sich diese beiden Amateure daran, meine Ernte einzufahren. Noch ahnte ich nicht, wer sie waren.

Ich pirschte mich in den feuchten Gang des Kellers und wurde Zeuge eines interessanten Gespräches. Es stellte sich heraus, dass die beiden alte Bekannte von mir waren, wenn auch nur indirekt: Offenbar hatten sie mich damit beauftragt, das 94-jährige Mütterchen zu begleiten. Glauben Sie mir, in Darknet-Zeiten war das ein singulärer Vorgang: Durch einen Zufall lernte ich meine anonymen Auftraggeber nun persönlich kennen. In Gedanken zog ich den Hut, weil sie ein so großes Herz für das Mütterchen bewiesen, also in mir einen so würdigen Wegbegleiter ausgesucht hatten.

Doch je länger ich dem Gespräch lauschte, desto mehr zerschlug sich meine Hoffnung, die beiden würden das Feld bald wieder räumen und die Angelegenheit mir, dem von ihnen engagierten Profi, überlassen. Es klang, als hätte mich diesmal jemand anders beauftragt. Das hätte mich eigentlich nicht verwundern dürfen, dazu bin ich viel zu gut im Geschäft, aber ich neige stets zur Bescheidenheit.

Wenn ich die Lage richtig einschätzte, war das Pärchen gerade dabei, die Frau an meiner Stelle über die Straße zu begleiten. Nun wägte ich ab, welches Risiko größer wäre: meinen Auftrag durch Pfuscher erledigen zu lassen? Oder die Pfuscher selbst zu erledigen? Die erste Möglichkeit schmeckte mir zwar nicht, war aber mit Abstand vernünftiger.

Ich hoffte, meine Stellvertreter würden sich als Reisebegleiter nicht allzu dumm anstellen. Immerhin agierten sie an einem Ort, den ich als Eldorado der Spurenvernichtung ausgewählt hatte. Auf leisen Sohlen trat ich den Rückzug an. Nur meinen iPod mit dem Kriminalhörspiel musste ich noch aus dem Raum mit der Stahltür holen, um keine Spuren unter den Trümmern zu hinterlassen.

Der Schlüssel drehte sich leise im Schloss. Aber die Tür kratzte viel zu laut über den Boden, als ich sie aufzog – das mussten meine Kellernachbarn gehört haben. Ich schnappte mir den iPod und den Minilautsprecher, sprang aus dem Raum, und die Tür knallte ins Schloss

Als ich ins Treppenhaus rannte, hörte ich Schritte hinter mir. Was für eine schlechte Idee von diesen Amateuren, mich zu verfolgen.

77

Der Kampf hatte gut für mich begonnen: Marion war auf den Rücken gestürzt, ich auf ihr gelandet. Instinktiv hatte ich meine Beine seitlich ausgefahren, um ihren liegenden Körper von außen zu fixieren. Ich stemmte meine Arme neben ihr auf den Boden, zog mich mit zwei kurzen Rucken ihren Körper hinauf und kam oberhalb ihres Bauches rittlings zum Sitzen. Sie schlug nach mir, ihre Faust traf mich unter dem Auge. Ich sah Sterne, wie damals in dem brennenden Haus.

Ich umklammerte ihre Unterarme und verlagerte mein Gewicht nach vorne, um sie auf den Boden zu pressen. Doch ihre Arme blieben in der Luft auf halbem Weg stehen, wie eingerastet, ich vermochte sie nicht weiter nach unten zu zwingen. Marion war gut trainiert, das hatte ich befürchtet. Ich drückte, so fest ich konnte, meine Oberarme begannen zu zittern.

Ich spürte, wie sich ihr Körper unter mir verhärtete. Sie hatte ihre Beine angewinkelt, ihre Füße auf den Boden gestemmt, und jetzt schnellte sie mit der Kraft eines bockenden Pferdes nach oben, bildete eine Brücke. Dieser überraschende Stoß ließ mich zur Seite purzeln.

Sie stürzte sich auf mich. Keuchend und stöhnend rollten wir über den feuchten Boden, die Beine ineinander verschlungen. Sie kämpfte anders als ich, schlug mit der Faust und setzte ihre Ellbogen als Waffe ein. Ihr Arm angelte nach meinem Kopf. Mehrfach hatte ich mich am Boden weggedrückt, aber dann gelang es ihr, meinen Hals zu umschlingen. Sie lag neben mir, drückte mit ihrem angewinkelten Arm meinen Hals zusammen und presste meinen Kopf auf den nassen Boden. Dieser Schwitzkasten setzte mich außer Gefecht. Mein Körper schien mir wie ein Motor, der kein Benzin mehr bekam, die Kraft ließ nach.

Mit einer gekonnten Bewegung drehte sie mich auf den Rücken, glitt auf mich und rückte meinen Körper zurecht. Mein Brustkorb war zwischen ihren Oberschenkeln fixiert, ihre Arme drückten meine Handrücken auf den kalten Boden. Ich übte Gegendruck aus, aber nichts bewegte sich. Ich bäumte meinen Oberkörper auf, wie sie es zuvor getan hatte, aber sie federte meine Bewegung souverän ab.

Mir war klar, dass ich verloren hatte. Ich war die Größere von uns beiden. Aber sie war die Stärkere. Ihr Körper war trainierter und geschmeidiger. Mein aktives Muskelabbauprogramm, das ich fast ein Jahr lang auf dem Sofa betrieben hatte, würde mich jetzt unerwartet teuer zu stehen kommen.

»Das war alles, Susanne?«, höhnte sie. »Mehr hast du nicht drauf, wenn es um dein Leben geht? Du hast gekämpft wie ein kleines Mädchen.«

»Ich hatte dich am Boden!«

»Ich war abgelenkt – das war ein unfairer Angriff.«

»Und dein Messer – war das etwa fairer?«

»Du hast ja selbst gesehen, dass ich es nicht brauche, um mit dir fertigzuwerden. Ich hab mich oft mit meinem dämlichen Bruder geprügelt. Ich weiß, wie das geht.«

Und ich wusste es nicht! Sonst hätte ich meine Hände vielleicht um ihren Hals geschlungen, als ich auf ihr saß. Oder sie mit einem Fausthieb ausgeschaltet. Aber solche

Attacken kannte ich nur aus dem Kino. Es stimmte, ich hatte harmlos gekämpft, das wurmte mich. Eine zweite Chance würde sie mir sicher nicht geben.

»Und was passiert nun?«, fragte ich – und ahnte die Antwort schon.

Ihre Stimme klang spöttisch: »Jetzt warten wir beiden Hübschen auf Volker. Dann betreiben wir ein kleines Fesselspiel. Und danach fliegst du mit diesem Haus in die Luft.«

Ich ließ meine Arme erschlaffen und sagte resigniert: »Also gut, Marion, ihr habt gewonnen. Aber eines muss ich unbedingt noch tun, es liegt mir so sehr am Herzen.«

»Was denn?«, fragte sie und neigte sich ein Stück zu mir runter, als erwartete sie ein Liebesbekenntnis.

Ich sog Speichel, spitzte meinen Mund und spuckte ihr mitten ins Gesicht. Sie war überrascht, ließ meine linke Hand los und wischte sich über die Augen. Ich lag starr am Boden, ohne Gegenwehr, nur mein Arm bewegte sich.

»Du kleines Dreckschwein«, fauchte sie. »Das wirst du bereuen!« Sie holte aus zu einem Schlag. Ich riss die Dose aus der Manteltasche, zielte auf ihr Gesicht und drückte ab. In der engen Grotte zischte die kleine Haarspraydose wie ein Feuerlöscher – gut, dass sie von meinem Date mit Friedhelm noch in meinem Mantel war. Marion schrie auf und wischte sich panisch über die Augen. Ich nutzte ihre Verwirrung und rammte ihr die Metalldose ins Gesicht. Ihr Oberkörper sackte zur Seite, ich stieß sie von mir und hörte sie stöhnen. Diesmal hatte ich nicht wie ein Mädchen gekämpft.

Aus den Tiefen der Grotte drang eine Männerstimme: »Was ist passiert, Marion?« Mit klatschenden Schritten näherte sich Volker Jaspers. Ich rannte los in die Gegenrichtung, verfolgt vom vibrierenden Lichtkegel seiner Taschenlampe, strauchelte über Steinbrocken, fing mich wieder und bog ab in den Kellerraum mit dem offenen Fenster, durch das ich gekommen war.

Ich zog mich die Fensterbank hinauf, glitt durch den Fensterrahmen und sah über mir schon den Mittagshimmel. Jetzt musste ich mich nur nach oben stemmen, hinaus aus dem Schacht, hinaus aus der Falle.

Einen Fuß hatte ich schon seitlich gegen den Schacht gestemmt, doch mein zweiter Fuß gehorchte mir nicht. Zwei Hände hatten mein Fußgelenk wie ein Schraubstock umschlungen. Ein heftiger Ruck holte mich von den Beinen, ich krachte in den Schacht zurück. Ich sah noch Volker Jaspers' wütendes Gesicht, ehe ich mein Bewusstsein verlor.

78

Als ich meine Augen wieder öffnete, lag ich auf dem Boden, beide Hände an ein Metallrohr gefesselt. Mein Schädel fühlte sich an, als hätte mir jemand einen Korkenzieher mitten durchs Gehirn gedreht. Der Schmerz klackerte wie eine stählerne Billardkugel von Schläfe zu Schläfe, mir wurde schlecht. Bloß nicht wieder ohnmächtig werden, befahl ich mir, doch meine Lider wogen zu schwer; mein Blinzeln zerhackte die Umrisse des Kellers, ich sah gespenstische Schatten, mit silbernen Lichtfäden durchzogen.

Ich wusste, was mir blühte, der große Knall stand unmittelbar bevor. Ich hätte kämpfen müssen, mich befreien. Aber ich war zu schwach. Alles verschwamm vor meinen Augen, und ich dachte noch: Du hast getötet – und jetzt wirst du getötet werden.

Ich hatte den Tod des Verlegers Hans-Otto Gleim verursacht, seinen Sturz von der Autobahnbrücke. Die Staatsanwaltschaft hatte darin einen klaren Fall von Notwehr gesehen. Und doch spürte ich, dass die Bilder von damals mich nicht nur verfolgten, weil ich um mein Leben gefürchtet, sondern auch, weil ich ein anderes Leben ausgelöscht hatte.

Ja, er war ein Mörder gewesen, sein Tod erschien als gerechte Strafe. Und doch rebellierte etwas in mir dagegen, dass ich mich zum Jüngsten Gericht aufgeschwungen hatte. Weil Gleim gestorben war, war auch etwas in mir gestorben. Ich spürte, dass diese unverarbeitete Trauer in mir gärte, dass sie zur Bremse meines Lebens geworden war, zum Knallfrosch in meiner Brust.

Endlich konnte ich meinen Vater verstehen: warum er so darunter gelitten hatte, den Tod meiner Mutter beschleunigt zu haben. Vielleicht war ihm aufgegangen, dass er nicht nur seine leidende Frau von den Schmerzen, sondern auch sich selbst vom Anblick seiner leidenden Frau hatte befreien wollen.

Jeder Täter erfand eine Geschichte, die ihn rechtfertigte, ein edles Motiv für fragwürdiges Handeln, damit er sich morgens im Spiegel ertragen konnte. Bestimmt hielten es Marion und Volker Jaspers auch für »Notwehr«, mich unter den Trümmern dieses Hauses zum Schweigen zu bringen.

Dunkel erinnerte ich mich an das Geschehen, nachdem meine Flucht im Schacht des Fensters gestoppt worden war. Volker Jaspers hatte mich unter den Armen gepackt und zurück in den Raum mit den Weinregalen geschleift. Dort musste er die tobende Marion mit aller Kraft davon abhalten, mich in Stücke zu reißen, offenbar blutete sie heftig aus dem Gesicht. Und dann ließ er mich nahe der Wand auf den Boden plumpsen, drehte mir die Hände auf den Rücken und zurrte sie mit Kabelbinder an einem Metallrohr so fest, dass das Plastik sich in meine Haut schnitt und mir keine Chance ließ, mich zu befreien.

Ich lag am Boden, und mein Bewusstsein flackerte wie eine Kerze im Wind, mal leuchtete es etwas heller, mal war es fast erloschen. Bevor die beiden gingen, hörte ich Marion noch hämisch sagen: »Ich fürchte, gleich fällt dir mal wieder die Decke auf den Kopf, Susanne!«

Alles, was danach geschehen war – falls es geschehen war –, hatte ich in meinem Kopf noch nicht ablegen können.

Ich wusste nicht, in welches Fach es gehörte: Wirklichkeit oder Traum? Mir war, als hätte ich ein fernes Stimmengewirr aus der Grotte gehört, eine Art Streit; als wären Marion und Volker Jaspers bei ihrer Flucht aufgehalten und von jemandem herumkommandiert worden; als hätte ich die Stahltür erneut über den Boden kratzen und danach ins Schloss fallen hören. Aber welchen Sinn sollte das ergeben?

Ich wusste, dass ich gleich sterben würde, in tausend Stücke gerissen. Vielleicht hatte mein Unterbewusstsein eine Rettung in letzter Sekunde bestellt, einen Superhelden, der die beiden Fieslinge schnappte und mich rettete. Und meine Wahrnehmung gaukelte mir die bestellte Realität vor. So wie der Verdurstende in der Wüste, kurz bevor er stirbt, eine glitzernde Oase herbeifantasiert.

Aber ich konnte mich an eine Stimme erinnern, eine Frauenstimme, die ich kannte. Wessen Stimme? Und nun hörte ich ein klackendes Trommelfeuer hoher Absätze, es kam hallend immer näher.

»Hilfe«, krächzte ich. »Hilfe, ich bin hier!« Das Klacken verharrte kurz, als wollte mich jemand orten. Dann setzte es erneut ein, diesmal noch schneller.

Ich hoffte, ein vertrautes Gesicht würde gleich auftauchen, Iris oder Jane. Eine Retterin würde auf mich zustürmen, mich drücken und dieser finsteren Hölle entreißen, ehe mir alles um die Ohren flog. Aber woher hätten die beiden wissen sollen, dass ich hier unten festsaß?

Ich schloss die Augen, als die Schritte meinen Raum fast erreicht hatten. Und als ich sie wieder öffnete, stand tatsächlich eine Frau unter der Tür. Sie war groß und hager, eine spitze Nase dominierte ihr Gesicht. Ihre Hand umklammerte eine überdimensionale Pistole, die sie auf mich richtete.

79

Ein Räuspern wie ein Hundeknurren ließ mich frösteln. »Manche Recherchen sind wohl fesselnder, als man es sich wünschen würde.« Ihre Stimme passte zur Raumtemperatur, sie klang eiskalt.

»Frau Stagemann, was machen Sie hier?«, fragte ich – und ahnte schon, dass sie nicht das ersehnte Rettungskommando war.

»Ich bin gar nicht hier, ich habe diesen Keller nie betreten. Verstanden? Hier hat sich ein Drei-Personen-Drama ohne meine Mitwirkung abgespielt. Erst nach der Sprengung wird es ans Tageslicht kommen.«

»Welches Drama?«

»Wie weit sind Sie mit Ihrer Recherche gekommen? Haben Sie herausgefunden, dass Marion Römer und ihr Freund meiner Firma übel mitgespielt haben?«

Ich brachte ein schwaches Nicken zustande, und sie fuhr fort: »Erinnern Sie sich an diesen Irren, der vor ein paar Jahren den Mannschaftsbus von Borussia Dortmund in die Luft jagen wollte – nur um dem Aktienkurs zu schaden und mit seinen Optionsscheinen viel Geld zu verdienen? Er hatte auf fallende Kurse gewettet. Genau denselben Irrsinn haben Frau Römer und ihr Komplize getrieben: Anschläge gegen meine Firma verübt oder sie uns in die Schuhe geschoben. Aber dabei sind sie ertappt worden – und wissen Sie, von wem?«

»Ich nehme an, von Ihnen«, sagte ich und spürte, dass mein Verstand wieder klarer wurde.

»Das natürlich auch. Ich habe das Telefon von Frau Römer abgehört. Daher wusste ich, dass sie Ihnen hier ihre Aufwartung machen wird. Ich dachte, es könnte nicht schaden, dass ich mich hinzugeselle. Solche vertraulichen Angelegenheiten sehe ich als Chefsache.«

»Weil Sie nicht noch mehr Mitwisser gebrauchen können!«

»Das Drama hier lief so ab: Sie, Frau Mikula, recherchieren als Journalistin, sind den beiden auf die Schliche gekommen und wollen sie auffliegen lassen. Aber die Überführten wollen ihre Haut retten, verschleppen Sie in diesen Keller und fesseln Sie kurz vor der Sprengung an eine Wand.«

»So war es ja auch. Aber bislang kann ich nur ein Ein-Personen-Drama erkennen.« Und um diese Hauptrolle hatte ich mich bestimmt nicht beworben.

»Hören Sie doch erst mal weiter zu. Die beiden Täter haben sich im Eifer des Gefechtes verkalkuliert: Kurz vor der Sprengung wollen sie ihr Opfer zurücklassen und sich in Sicherheit bringen. Aber der Sprengmeister kommt ihnen zuvor. Die Täter werden mitsamt ihrem Opfer verschüttet – ein Drama ohne Mitwirkung von außen.«

»Ich habe gehört, wie Sie die beiden in den Raum mit der Metalltür kommandiert haben. Dort sind sie jetzt eingeschlossen, stimmt's?«

»Ich musste nicht viel kommandieren. Die Pistole war ein guter Wegweiser.« Jetzt erst erkannte ich den Schalldämpfer, der die Waffe klobig wirken ließ.

Allmählich begriff ich ihren Plan. »Sobald dieses Haus einstürzt, sind alle tot, die Sie ans Messer hätten liefern können. Und jedes schmutzige Geschäft der Vergangenheit können Sie dann Marion Römer in die Schuhe schieben – sie wollte Ihrer Firma ja nachweislich schaden. Warum sollte sie nicht auch den Mordanschlag auf Ihren Bruder verübt oder Häuser in Brand gesteckt haben, falls das jemals ans Licht käme?«

»Woher wissen Sie, dass der Anschlag auf meinen Bruder nicht von den beiden verübt wurde?«

Sie hatte den vermeintlichen Unfall gerade selbst als »Anschlag« bezeichnet. Versehentlich? Oder redete sie Klartext, weil man meine Lebenserwartung jetzt von der Eieruhr ablesen konnte? »Marion und Volker Jaspers wussten genau, dass Ihr Bruder den Aktionären ein Dorn im Auge war. Er galt als moralischer Bremsklotz, ihnen wäre deshalb klar gewesen: Wenn er abstürzt, steigt der Aktienkurs. Damit hätten sie also ihr eigenes Geld vernichtet, was nicht in ihrem Sinne sein konnte. Aber Sie – Sie haben von seinem Tod gleich doppelt profitiert. Weil der gestiegene Unternehmenswert Ihnen als persönlicher Erfolg zugeschrieben wurde. Und weil Sie nun ganz sicher waren, Heiner würde Ihnen nie mehr dazwischenfunken.«

»Mein Bruder hat mir keine Wahl gelassen. Kennen Sie das Gefühl, vollkommen satt zu sein? Wenn Sie zum Beispiel von einem Büfett so viel essen, dass Sie keinen Brocken mehr runterbringen? Würden Sie dann den noch hungrigen Gästen ins Gewissen reden? ›Seid satt! Esst weniger! Schont all die Tiere, die für diese Wurst und diese Butter und diesen Käse sterben müssen!‹«

Ich verstand ihre Botschaft. »Ihr Bruder hatte seine Schäflein schon im Trockenen, stand in der Milliardärsliste ganz oben. Aber Sie waren noch hungrig auf lukrative Geschäfte und fühlten sich von seinen moralischen Zwischenrufen ausgebremst.«

»Schade, dass wir künftig auf Ihre Mitarbeit verzichten müssen. Mit Ihrer Kombinationsgabe hätten Sie es in der Immobilienwirtschaft zu etwas bringen können.«

»Dafür bin ich nicht skrupellos genug. Wie haben Sie es angestellt, dass sein Flugzeug abgestürzt ist?«

Ein schmirgelndes Räuspern drang aus ihrem Hals. »Ich verkaufe meine Häuser nicht selber – ich habe meine Makler.«

»Ein Profikiller hat das Geschäft für Sie erledigt.«

»Ein Absturz ohne Spuren, sogar ohne Leichen – er hat seinen Job wirklich gut gemacht.«

»Warum musste Friedhelm Ganter sterben? Er stand doch auf Ihrer Seite, hat alle kritischen Berichte der Mieter abgefangen und die Wogen geglättet.«

»Er hat diese Berichte zurückgehalten, um mich damit zu erpressen. Bei dem zugemauerten Schornstein hat er behauptet, die Mieter verlangten einen siebenstelligen Betrag als Schweigeprämie. Aber ich weiß, dass er nur einen Bruchteil davon für ein Eigenheim weitergereicht hat. Den Rest hat er auf sein eigenes Konto gespendet. Er wurde zu einem Fass ohne Boden.«

»Ich habe von Anfang an gewusst, dass es kein Drogentod war!«

»O doch: Er ist an seiner Gier gestorben. Unterschätzen Sie die Folgen dieser Krankheit nicht.«

»Wenn Gier töten würde, wären Sie doch längst auf dem Friedhof! Sie lassen doch nichts unversucht, um Ihren Profit zu erhöhen: vertreiben anständige Menschen aus ihren Wohnungen, mauern Schornsteine zu, veranstalten

Höllenlärm, eröffnen Bordelle, verhüllen Häuser, legen Brände: Ich kenne Ihren Leitfaden zum Umgang mit langjährigen Mietern.«

»Ich weiß, dass Frau Römer solches Material an die Presse durchgestochen hat – ergebnislos. Denn alles, was dort steht, ist gesetzeskonform.«

»Weil Sie das Gegenteil meinen! Sie wollen Ihren Wohnraum säubern, als wären die Mieter nur lästiger Schimmel. Und wenn alles gereinigt ist, verticken Sie die Immobilien zu horrenden Preisen – an zahlungskräftige Investoren oder vermögende Mieter.«

»Aber so funktioniert doch das ganze Wirtschaftsleben: Überall steigen die Preise. Wer eine Tankstelle ansteuert, muss sich vorher fragen, ob er sich das Tanken zum aktuellen Preis leisten kann. Niemand zahlt heute noch den Benzinpreis von vor zwanzig Jahren. Warum sollte das beim Wohnraum anders sein? Die Altmieten sind völlig überholt, die Preise haben sich verdoppelt und verdreifacht. Der Gesetzgeber lässt uns nur eine Wahl: Wir müssen die Mieter dazu bringen, von alleine zu kündigen.«

»Sie ekeln die Leute raus und treiben die Kosten künstlich nach oben – durch Ihre unnötigen Renovierungen und durch explodierende Nebenkosten. Darum haben Sie auch so viele Unterfirmen gegründet, die Hausmeisterdienste, Handwerkerarbeiten und andere Nebenkosten zu total überzogenen Preisen abrechnen. Und Ihren Mietern ist durch die Tarnnamen der Firmen nicht einmal klar, dass Sie sich das Geld von einer in die andere Tasche stecken.«

»Ich bitte Sie, das tun alle großen Vermieter. In der Immobilienbranche ist es wie im Radsport: Wer sich an alle Gesetze hält, wer nicht dopt oder trickst, kommt niemals aufs Siegertreppchen. Nur dass ein hinterer Rang im Business vom Insolvenzverwalter besiegelt wird.«

»Selbst wenn Sie die Gesetze beachten würden, könnten Sie immer noch genug Geld verdienen.«

»Die Börse will immer mehr. Ich muss rausholen, was drin ist. Der soziale Wohnungsbau ist nicht mein Ressort.«

»Sie haben Mieterleben auf dem Gewissen! Hermann Weigel ist wegen Ihnen gestorben.«

»Ich kenne den Mann nicht einmal.«

»Ich habe versprochen, ihn zu beschützen! Er war herzkrank und ist am Lärm in seinem Haus eingegangen. Später brach in seinem Haus ein Feuer aus. Sie haben mich an diesem Abend in der Sitzung gezielt festgehalten, stimmt's?«

»Jetzt sehen Sie ja, was passiert, wenn ich Sie nicht davon abhalte, gefährliche Häuser zu betreten.«

»Das alles waren Ihre Ideen, auch die zugemauerten Schornsteine!«

»Ich habe angeregt, den Mietern ein paar noch handfestere Argumente für den Auszug zu liefern. Das gehört zu meinem Job. Verstanden?«

Alles in meinem Kopf surrte. »Wann wird dieses Haus gesprengt?«

»Sobald ich draußen bin.«

»Und wenn es früher schon knallt?«

»Ich habe dafür gesorgt, dass der Sprengtrupp noch in eine Sicherheitsbesprechung verwickelt wird. Schließlich wollte ich das Rendezvous zwischen Ihnen und diesem freundlichen Pärchen ermöglichen. Die Männer des Bautrupps sind gerade in einem Versammlungsraum. Sobald der Schulungsleiter auf seinem Handy ein Signal bekommt, geht es hier zur Sache.«

»Außerdem wollten Sie das Grundstück betreten und verlassen können, ohne erkannt zu werden.«

»Sie sagen es. Aber jetzt müssen wir das hier hinter uns bringen.«

»Was meinen Sie?«

Sie räusperte sich kurz und trocken. »Ich muss Sie erschießen.«

Ich glaubte, nicht richtig zu hören. »Erschießen? Ich sterbe doch ohnehin gleich.«

»Diese Waffe ist auf Volker Jaspers zugelassen. Ich habe sie mir aus seiner Wohnung organisieren lassen. Ein gescheiterter Sicherheitsdienstler, den Finger am Abzug, das passt.«

»Sie begehen einen Denkfehler! Wenn ich hier erschossen liege, aber keine Waffe in den Trümmern gefunden wird, dann kann er als Verschütteter nicht der Täter gewesen sein.« Es war ein lächerlicher Versuch, sie mit Scheinargumenten von der Tat abzuhalten. Wahrscheinlich wäre der Tod durch die Kugel sogar der bessere.

»Stellen Sie sich vor, man findet die Waffe in seiner Nähe. Dann bleiben keine Fragen offen. Ich werde dafür sorgen, dass sie dicht bei seinem Fundort liegt. Aber erst müssen wir das hier erledigen. Verstanden?«

Sie hob ihren Arm mit der Pistole und zielte auf meinen Kopf. Irgendwo hatte ich gelesen, dass die Kugel schneller als der Schall ist – dass man schon getroffen ist, bevor man den Knall hört. Aber der Schalldämpfer würde den Lärm ohnehin verschlucken. Ich hätte mich ducken können, ein Stück wegdrehen, aber ich würde ihr nicht entkommen. Die Gegenwehr war zwecklos.

»Eine Frage noch«, sagte ich – weil mich die Antwort interessierte und ich ein paar Sekunden Lebenszeit schinden wollte. »Wie haben Sie es geschafft, dass Ihnen die *Hamburger Allgemeine* die Stange hielt? Lag das nur an den Moderationshonoraren für den Chefredakteur?«

Sie lachte. »Haben Sie eine Ahnung, wie reich die von Leibringens sind? Die Moderationshonorare spendet Frank an die Welthungerhilfe, damit wir auf der sicheren Seite sind. Aber seine Familie besitzt nicht nur den halben Kiez, sondern ist auch stiller Teilhaber unserer Firma; wir sind seit vielen Jahren eng befreundet. Wenn der Aktienkurs um ein Prozent fällt, kostet das die von Leibringens viele Millionen – und im umgekehrten Fall profitieren sie um denselben Betrag.«

»Dann haben die von Leibringens Ihnen die Prostituierten besorgt, um den Mietern das Leben zu verleiden.«

»Wir haben einigen Menschen damit sogar Freude gemacht, darunter hochrangige Hamburger Politiker und Journalisten. Nur wurde diese Freude filmisch festgehalten.«

»Sie haben durch Erpressung verhindert, dass Ihnen jemand auf die Finger klopft!«

»Erpressung klingt so brutal. Aber genug jetzt.«

»Nur eine letzte Frage noch …«

»Abgelehnt!«

»Ich möchte nur …«

»Drücke ich mich undeutlich aus? Keine Fragen mehr!«

Ich sah, wie sie die zweite Hand an die Waffe führte, um den Rückschlag abzufangen, und hielt die Luft an.

Ein langes Tuten, wie von einem großen Schiff, drang von draußen in den Keller. Sie schaute zum Fenster, ihr Arm mit der Waffe sank. »Das kann nicht sein!«, rief sie entgeistert.

»Was kann nicht sein?«

»Das war das Signal! Die sprengen jetzt schon! Ich muss hier raus!«

Ich auch, dachte ich. Aber es war zu spät. Ein mächtiger Knall fuhr in den Raum, ein heller Lichtblitz zuckte auf, ich schloss die Augen. Es knallte erneut. Und wieder. Und wieder. Das war das Ende.

Bilder rasten durch meinen Kopf: Ich sah Sebastian, wie ich ihn als Baby auf dem Arm wiegte, seine Augen, die mich immer mit einem so feuchten Glanz anstrahlten. Manchmal hatte ich mein Gesicht darin als Spiegelbild gesehen und mich nie wieder so schön gefunden. In den Augen des eigenen Kindes ist jede Mutter am schönsten, von innen wie von außen.

Ich sah Iris, wie sie den goldenen Armreif meiner Mutter wie einen Hula-Hoop-Reifen um ihren Finger kreisen ließ. Ich sah Ratte, meinen damals obdachlosen Freund, wie er auf einer Bühne seine frisch restaurierte Gitarre mit Tränen in den Augen wieder in Empfang nahm, nachdem ein Schlägertrupp sie zertrümmert hatte.

Und ich sah mich auf der Autobahnbrücke stehen, sah mich weinen über das, was ich getan hatte, wenn auch in der Gewissheit, dass ich es hatte tun müssen. Ich spürte, wie mein Brustraum immer weiter wurde, groß wie der Bauch eines Wals, hier würde nie mehr ein Knallfrosch explodieren. Ich hatte Frieden mit mir geschlossen, in der letzten Sekunde meines Lebens.

War das Gebäude schon über mir zusammengestürzt? Ich atmete schwefligen Rauch ein, das musste der Geruch der Hölle sein. Und viele Teufel sprangen hier unten herum, ihre Schritte trommelten auf den Boden der Grotte, sie stießen tierische Schreie aus. »Hinlegen«, brüllte einer. Aha, aufrechte Haltung war in der Hölle verboten. Aber ich lag ja schon, es bestand kein Handlungsbedarf.

Als ich die Augen öffnete, konnte ich vor lauter Rauch nichts sehen, und sofort rannen mir Tränen über die Wangen. Der Qualm brannte in meinen Augen, ich blinzelte. Mehrere vermummte Gestalten wuselten durch den Dunst. Ein Mann in Uniform, mit Maske über dem Gesicht, beugte sich zu mir runter. »Ist mit Ihnen alles in Ordnung, Frau Mikula?«

»Ich muss tot sein.«

»Sie dürfen leben.«

»Sind Sie von der Feuerwehr?«

»Ich gehöre zum Sondereinsatzkommando. Wir wussten, dass Sie hier unten mit einer Waffe bedroht werden. Wir haben den Keller gerade mit Blendgranaten gestürmt. Die erste kam von oben durch den Materialschacht.«

Durch den Rauch sah ich, dass ein kräftiger Mann auf einem langen, bäuchlings liegenden Körper kniete. Das musste Patricia Stagemann sein. Ein anderer Mann riss ihr die Arme auf den Rücken, Handschellen klickten.

»Aber das Sprengsignal von draußen …«

»Haben wir simuliert. Es war nur eine Ablenkung. Wir haben Ihr Gespräch mit Frau Stagemann durch den Schacht belauscht. Erst wollten wir mit der Festnahme abwarten, bis sie den Raum verlassen hat. Aber als wir den Plan mit der Waffe hörten, mussten wir natürlich sofort eingreifen. Jetzt wird Frau Stagemann dem Staatsanwalt einiges zu erklären haben. Und das Pärchen dort drüben ebenso.«

»Aber woher wussten Sie überhaupt, dass ich in diesem Haus und in Gefahr bin?«

»Wir haben einen Hinweis bekommen.«

»Von wem?«

»Eine Frau hat uns angerufen.«

»Wie heißt sie?«

»Ich weiß es nicht.«

»Woher wusste sie, dass ich …«

»Das können Sie sie selber fragen. Sie wartet oben. Aber jetzt schneide ich Sie erst mal los.«

80

Als Jane mich sah, ging ein Lächeln in ihrem Gesicht auf. Sie sprang mir entgegen, drückte mich und rief: »Dem Himmel sei Dank.«

»Bist du der Himmel? Ich glaube, ich muss mich bei dir bedanken.« Mein Blick ruhte auf ihrem Gesicht, und jede ihrer Sommersprossen lachte mich an.

»Es war keine Heldentat, die Nummer der Polizei zu wählen.« Jetzt sah es aus, als pendelte ihr Oberkörper vor ungeduldiger Freude – sicher wollte sie die ganze Geschichte erzählen.

»Aber woher wusstest du, wo ich stecke?«

»Du hattest mich doch um Rückruf gebeten. Das klang dringend, so wie Informanten klingen, wenn es um etwas ganz Gefährliches …«

»Aber du hast nicht zurückgerufen.«

»Hab ich wohl! Aber es ging nur die Mailbox ran.«

»Wahrscheinlich hatte ich keinen Empfang in diesem alten Gemäuer. Und dann hat mir Volker Jaspers das Handy weggenommen.«

»Ich war in Sorge, weil ich dich nicht erreicht habe. Ich spürte, dass du in Gefahr …«

»Aber ich begreife nicht, wie du einen Zusammenhang zwischen mir und diesem Haus hier hergestellt hast.«

»Ich habe deine Tante angerufen und gefragt, wo du bist. Sie sagte, sie wisse es nicht.«

»Ich habe ihr nichts gesagt. Ich wollte sie nicht beunruhigen.«

»Dann habe ich sie gefragt: ›Was hat Susanne getan, eher sie aus dem Haus ging?‹ Deiner Tante fiel ein, dass du ein Taxi …«

»Jetzt sage aber nicht, sie wusste noch, wohin.«

»Doch. Sie hat gesagt, dass du zum Harvestehuder Weg 249 wolltest. Ich bin zu dem Haus gerast, habe die Sprengschilder gesehen, und mir wurde ganz anders. Es war ja gut möglich, dass du da drinnen warst.«

»Was hast du getan?«

»Ich bin unterm Zaun hindurchgeschlüpft und ins Haus gelaufen.«

»Aber die Tür war doch zu.«

»Nur die Vordertür. Die Hintertür war offen.«

»Das gibt's nicht! Das Haus war doch schon versiegelt; das Sprengteam muss total schlampig gearbeitet haben. Und dann?«

»Dann bin ich durchs Erdgeschoss geschlichen und habe gesehen, dass jemand im Haus ist.«

»Gesehen?«

»Ja, ich sah einen Mann von hinten, der auf ganz leisen Sohlen die Kellertreppe hinabpirschte.«

»Bist du ihm gefolgt?«

»Nein, ich habe mich erst mal versteckt, bin in einen kleinen Seitenraum eingebogen, eine Materialkammer. Dort war ein Schacht in der Wand. Und auf einmal hörte ich deine Stimme von unten. Du hast mit einer Frau geredet.«

»Patricia Stagemann?«

»Nein, ihre Stimme kenne ich ja. Es klang nach einer jüngeren Frau. Sie hat gerade einen Einbruch bei deiner

Tante zugegeben. Und dann habe ich auch den Mann gehört. Das alles klang sehr bedrohlich. Erst wollte ich runterkommen und dir helfen. Aber was hätte ich gegen den Mann ausrichten sollen? Also bin ich raus und habe die Nummer der Polizei …«

Sie trat von einem Fuß auf den anderen, bis ich sie an mich zog und fest drückte: »Du hast genau das Richtige getan, Jane. Wenn du runtergekommen wärst, wären wir jetzt beide tot.«

»Ganz feige war ich ja auch nicht. Ich bin wieder ins Haus und habe an dem Schacht gelauscht. Dann hörte ich unten eine Tür schlagen – und dass der Mann schauen wollte, was passiert ist. Kurz darauf ist der Mann an meiner Tür vorbeigehuscht.«

»Das war Volker Jaspers, der Freund von Marion.«

»Nein, es war der Mann, den ich als ersten die Treppe hatte runtergehen sehen. Eine halbe Minute später schlich ein zweiter Mann – Volker Jaspers, wie ich jetzt nach seiner Verhaftung weiß – an meiner Tür vorbei. Er schien dem ersten zu folgen. Aber der war offenbar schon weg. Und dann habe ich die Geräusche deines Kampfes aus dem Schacht gehört, am Ende einen lauten Schrei. Da ist Volker Jaspers wieder an meiner Tür vorbeigerannt, diesmal allerdings in die Gegenrichtung.«

Wer war dieser zweite Mann? Der, den ich durch die Tür belauscht hatte? Und was hatte er so kurz vor der Sprengung in dem Haus verloren? Vielleicht nur ein verirrter Penner, der im Suff die Warnschilder übersehen und einen Ort zum Schlafen gesucht hatte? Oder jemand, der etwas mit den krummen Geschäften der *StageBau* zu tun hatte?

»Da war ja richtig was los auf dem Flur!«

»Kann man so sagen. Denn kurz darauf sah ich eine Frau mit einer Pistole, die sich ebenfalls in den Keller schlich. Ich habe sie erst als Patricia Stagemann erkannt, als ich von unten ihre Stimme hörte. Offenbar hat sie das Pärchen abgefangen und eingesperrt. Den Rest der Geschichte kennst du.«

»Aber nur aus meiner Perspektive – erzähl weiter!«

»Wir haben oben durch den Schacht gehört, wie sich die Lage zuspitzte – dass sie dich erschießen wollte. Das Einsatzkommando hat daraufhin beschlossen, den Raum direkt zu stürmen. Das lange Hupen eines Polizeifahrzeugs hat das Sprengsignal imitiert. Das sollte die Stagemann ablenken und war das Startsignal für den Einsatz. Ein Polizist hat eine Blendgranate und Tränengas durch den Schacht geworfen – der Rest des Kommandos hatte sich schon in den Keller geschlichen. Was ich dann hörte, klang nach Weltuntergang: Es hat geknallt und gebrüllt und …«

»Ich dachte, das ist die Sprengung. Ich hatte schon mit dem Leben abgeschlossen.«

»Dann darfst du es jetzt wieder aufschließen!«

»Und ob!«, sagte ich – und merkte, dass meine Brust immer noch so weit wie die eines Wals war. Es kam mir vor, als hätte ich den Knallfrosch in meiner Brust endgültig überwunden. Ich freute mich schon riesig, gleich bei Tante Martha vorbeizuschauen und ihr bei einem Tee zu erzählen, was geschehen war. Ich hätte sie gleich ins Vertrauen ziehen sollen. In Wirklichkeit hatte ich durch mein Schweigen nicht sie, sondern mich schonen wollen.

Der Mann, der mich im Keller befreit hatte, war zu uns getreten. In der Hand hielt er eine Art Sturmhaube. »Wissen

Sie eigentlich schon, dass Sie höchstwahrscheinlich um 50.000 Euro reicher sind?«

Ich glotzte ihn an: »Wie bitte?«

»Das ist nicht offiziell. Ich darf das eigentlich nicht sagen.« Er schaute kurz über die Schulter, ehe er weiterredete: »Jemand hat diese Prämie zur Aufklärung gewisser Vorgänge bei der *StageBau* ausgesetzt. Wir hatten die Ermittlungen gerade aufgenommen.«

»50.000 Euro? Das kann ich nicht glauben. Sogar für die Aufklärung eines Mordes gibt es oft nur 5.000.«

»Die Belohnung wurde von privater Seite ausgesetzt. Eigentlich war ein noch deutlich höherer Betrag angedacht, aber das haben wir dem Sponsor ausgeredet.«

»Aber wer setzt so viel Geld aus, nur um einer Immobilienfirma das Handwerk zu legen?«

Verschmitzt sah er mich an. »Das darf ich Ihnen leider nicht sagen.«

Auf einmal war mir alles klar. Es gab nur einen Menschen, von dem dieses Geld stammen konnte. Und der gern noch höhere Summen geboten hätte. »Heiner Stagemann!«, rief ich. »Er hat den Absturz überlebt.«

Der Polizist führte seinen Zeigefinger an den Mund: »Psst, nicht so laut!«

»Es stimmt also!«

»Ich denke, wir gehen heute Nachmittag damit an die Öffentlichkeit. Er ist nicht abgestürzt, aber hielt sich nach dem Anschlag auf unseren Rat hin versteckt.«

»Ein Anschlag, sagen Sie? Aber nicht abgestürzt?«

»Sein Pilot wurde plötzlich ohnmächtig. Aber Herr Stagemann betreibt zahlreiche Hobbys, darunter auch das Fliegen. Er übernahm das Steuer und landete selbst auf einer kleinen Insel. Es stellte sich heraus, dass das Mineralwasser des Piloten mit Blutdrucksenker versetzt war. Er hat übrigens überlebt. Das muss sich jemand mit medizinischen Fachkenntnissen ausgedacht haben.«

Jane schaltete sich ein. »Aber die Polizei kann doch keinen Absturz melden, der nicht passiert ist. Damit wurde die Öffentlichkeit in die Irre ...«

»Das haben wir nicht. Diese Nachricht war schon in der Welt, als Heiner Stagemann sich bei uns gemeldet hat. Immerhin war das Flugzeug vom Radar verschwunden. Nur haben wir diese Meldung nicht mehr zurückgerufen, um den Täter in Sicherheit zu wiegen. Und ihn von einem zweiten Versuch abzuhalten.«

Ich fragte ihn, ob man die Frau hinter der Stahltür gefunden und einen weiteren Täter verhaftet habe – aber er versicherte mir, dort sei außer dem Pärchen niemand gewesen. Vielleicht hatte mir meine Wahrnehmung in dem finsteren Keller einen Streich gespielt?

50.000 Euro! Von dieser Belohnung würde ich all meine Schulden zurückzahlen und ein gutes Polster anlegen können. Am meisten freute ich mich darauf, Iris das Geld für den Armreif zurückzugeben. Ich war sicher, dass sie sich dafür verschuldet hatte. Diesmal würde ich sie hochheben. Und im Kreis drehen. Sie erst zurück auf den Boden lassen, wenn ich nicht mehr konnte. Und sie wieder anheben, sobald ich wieder konnte. Mit ihrem Einfall, den Armreif für mich zu ersteigern, mit ihrer Lebensenergie, die wie ein Frühlingswind in die Grabkammer meiner Wohnung gefahren war, hatte sie mir den Rückweg ins Leben gewiesen. Sie war eine echte Herzensfreundin.

Und Jane war auf dem besten Weg, es auch zu werden.

81

Auf dem Rückweg zu Tante Martha stattete ich der Südmarkt-Apotheke, eine der größten in Hamburg, noch einen Besuch ab. Ich brauchte etwas zum Einreiben, denn mein Rücken und mein Hintern mussten übel geprellt sein. Bei meinem nächsten Kampf würde ich mir definitiv einen weicheren Untergrund als einen Steinboden suchen.

Die Apotheke leuchtete wie eine Insel des Lichts aus dem Dunst des Nachmittags, der sich auf die Stadt senkte. Ich betrat den großen Verkaufsraum, es roch nach Medizin und Kamille. Ich umkurvte zwei Drehständer, die gegen Grippe mobilmachten. Fünf der sechs Schalter waren besetzt, Striche am Boden wiesen auf einen Diskretionsabstand hin.

Nur der Weg zum mittleren sechsten Schalter war frei. Es war der einzige Schalter, hinter dem ein Mann stand, ein hochgewachsener Typ mit hellblondem Haar, etwa Ende 40, mit goldenem Ring am Finger. Mir war sofort klar: Das musste der Apotheker sein. Sein Gesicht war fein geschnitten, hatte etwas Intellektuelles. Seine Augen leuchteten so blau, dass ich nicht sicher war, ob er Kontaktlinsen trug.

Ich trat vor. »Guten Tag, was empfehlen Sie zum Einreiben, wenn die Knochen schmerzen?«

»Es kommt drauf an, warum sie schmerzen«, sagte er mit einer sonoren Stimme. »Am Alter kann es ja bei Ihnen nicht liegen.« Er lächelte auf eine Weise, als würde er mich kennen. Ein angenehmer Mensch, ich kam mir willkommen vor.

»Ich bin gestürzt«, sagte ich.

»Dann empfehle ich Ihnen das Franzbranntwein Gel Menthol. Dieses Mittel verkaufe ich übrigens auch der Fitnessabteilung des HSV. Etliche Profisportler schwören darauf.«

Ich spürte seinen Stolz, er war eitel. »Dann ist es für mich das falsche Mittel, ich habe im letzten Jahr kaum Sport gemacht.«

»Das sieht man Ihnen erst recht nicht an«, sagte er. »Sie nehmen es also?«

Ich nickte. Ein wirklich netter Typ. Ich wartete darauf, dass mein inneres Teufelchen mich warnte, ihn gleich unter dem Tresen zu knutschen und mit einem Heiratsantrag zu belästigen, obwohl er ja schon einen Ring trug. Solche überzogenen Bezichtigungen hätten zu ihm gepasst. Aber mein Teufelchen, fiel mir gerade auf, war zuletzt überraschend still geblieben. Konnte es sein, dass es ebenso verschwunden war wie der Knallfrosch in meiner Brust? Dass ich mich jetzt so annehmen konnte, wie ich war, ohne mir selbst im Weg zu stehen durch schauerliche Bilder der Vergangenheit und durch meine ewige Selbstkritik? Das wäre eine Erleichterung, Rückenwind für meine nächsten Schritte.

Der Apotheker reichte mir das Medikament über den Tresen, er zwinkerte: »Und seien Sie künftig etwas vorsichtiger.«

»So schnell werde ich nicht mehr stürzen«, sagte ich – die Wahrheit, dass ich mich so schnell nicht mehr prügeln würde, hätte etwas merkwürdig geklungen.

»Ganz sicher?«, fragte er. »Das soll jetzt nicht eitel klingen, aber Konfuzius sagt ja: ›Erzähle mir deine Vergangenheit, und ich werde die Zukunft erkennen.‹«

Er war ein belesener Mann, das hatte ich geahnt. »Versprochen, ich bewahre für den nächsten Sturz einen Vorrat auf«. Er lachte. Und ich lachte auch.

»Einen schönen Tag noch«, sagte ich.

»Ihnen auch«, sagte er.

Ich war schon im Gehen, als er noch rief: »Und kommen Sie gut auf die andere Straßenseite.«

»Ich geb mir alle Mühe«, sagte ich lachend.

Direkt vor der Apotheke musste ich eine Ampel überqueren. Offenbar hatte er mich kommen sehen.